河北師範大學圖書館
古籍普查登記目録

全國古籍普查登記目録

國家圖書館出版社
National Library of China Publishing House

圖書在版編目（CIP）數據

河北師範大學圖書館古籍普查登記目録/河北師範大學圖書館編. —北京:國家圖書館
出版社, 2023.8
（全國古籍普查登記目録）
ISBN 978 – 7 – 5013 – 7782 – 4

Ⅰ.①河… Ⅱ.①河… Ⅲ.①院校圖書館—古籍—圖書館目録—石家莊 Ⅳ.①Z838

中國國家版本館 CIP 數據核字（2023）第 018617 號

書　　名　河北師範大學圖書館古籍普查登記目録
著　　者　河北師範大學圖書館　編
責任編輯　王　雷

出版發行　國家圖書館出版社（北京市西城區文津街 7 號　　100034）
　　　　　（原書目文獻出版社 北京圖書館出版社）
　　　　　010 – 66114536　63802249　nlcpress@ nlc. cn（郵購）
網　　址　http://www. nlcpress. com
排　　版　京荷（北京）科技有限公司
印　　裝　河北三河弘翰印務有限公司
版次印次　2023 年 8 月第 1 版　2023 年 8 月第 1 次印刷

開　　本　787 × 1092　1/16
印　　張　14
字　　數　290 千字
書　　號　ISBN 978 – 7 – 5013 – 7782 – 4
定　　價　150.00 圓

# 《全國古籍普查登記目録》

## 工作委員會

主　任：周和平

副主任：張永新　詹福瑞　劉小琴　李致忠　張志清

委　員（按姓氏筆畫排序）：

# 《全國古籍普查登記目録》

## 序　言

　　全國古籍普查登記工作是"中華古籍保護計劃"的首要任務,是全面開展古籍搶救、保護和利用工作的基礎,也是有史以來第一次由政府組織、參加收藏單位最多的全國性古籍普查登記工作。

　　2007 年國務院辦公廳發布《關於進一步加強古籍保護工作的意見》(國辦發〔2007〕6 號),明確了古籍保護工作的首要任務是對全國公共圖書館、博物館和教育、宗教、民族、文物等系統的古籍收藏和保護狀況進行全面普查,建立中華古籍聯合目録和古籍數字資源庫。2011 年 12 月,文化部下發《文化部辦公廳關於加快推進全國古籍普查登記工作的通知》(文辦發〔2011〕518 號),進一步落實了全國古籍普查登記工作。根據文化部 2011 年 518 號文件精神,國家古籍保護中心擬訂了《全國古籍普查登記工作方案》,進一步規範了古籍普查登記工作的範圍、内容、原則、步驟、辦法、成果和經費。目前進行的全國古籍普查登記工作的中心任務是通過每部古籍的身份證——"古籍普查登記編號"和相關信息,建立古籍總臺賬,全面瞭解全國古籍存藏情況,開展全國古籍保護的基礎性工作,加强各級政府對古籍的管理、保護和利用。

　　《全國古籍普查登記工作方案》規定了全國古籍普查登記工作的三個主要步驟:一、開展古籍普查登記工作;二、在古籍普查登記基礎上,編纂出版館藏古籍普查登記目録,形成《全國古籍普查登記目録》;三、在古籍普查登記工作基本完成的前提下,由省級古籍保護中心負責編纂出版本省古籍分類聯合目録《中華古籍總目》分省卷,由國家古籍保護中心負責編纂出版《中華古籍總目》統編卷。

　　在黨和政府領導下,在各地區、各有關部門和全社會共同努力下,古籍普查登記工作得以扎實推進。古籍普查已在除臺、港、澳之外的全國各省級行政區域開展,普查内容除漢文古籍外,還包括各少數民族文字古籍,特別是於 2010 年分別啓動了新疆古籍保護和西藏古籍保護專項,因地制宜,開展古籍普查登記工作;國家古籍保護中心研製的"全國古籍普查登記平臺"已覆蓋到全國各省級古籍保護中心,并進一步研發了"中華古籍索引庫",爲及時展現古籍普查成果提供有力支持;截至目前,已有11375 部古籍進入《國家珍貴古籍名録》,浙江、江蘇、山東、河北等省公布了省級《珍貴古籍名録》，古籍分級保護機制初步形成。

　　《全國古籍普查登記目録》是古籍普查工作的階段性成果，旨在摸清家底，揭示館藏，反映古籍的基本信息。原則上每申報單位獨立成册，館藏量少不能獨立成册者，則在本省範圍内幾個館目合并成册。無論獨立成册還是合并成册，均編製獨立的書名筆畫索引附於書後。著録的必填基本項目有：古籍普查登記編號、索書號、題名卷數、著者（含著作方式）、版本、册數及存缺卷數。其他擴展項目有：分類、批校題跋、版式、裝幀形式、叢書子目、書影、破損狀況等。有條件的收藏單位多著録的一些擴展項目，也反映在《全國古籍普查登記目録》上。目録編排按古籍普查登記編號排序，内在順序給予各古籍收藏單位較大自由度，可按分類排列古籍普查登記編號，也可按排架號、按同書名等排列古籍普查登記編號，以反映各館特色。

　　此次全國古籍普查登記工作，克服了古籍數量多、普查人員少、普查難度大等各種困難，也得到了全國古籍保護工作者的極大支持。在古籍普查登記過程中，國家古籍保護中心、各省古籍保護中心爲此舉辦了多期古籍普查、古籍鑒定、古籍普查目録審校等培訓班，全國共1600餘家單位參加了培訓，爲古籍普查登記工作培養了大量人才。同時在古籍普查登記工作中，也鍛煉了普查員的實踐能力，爲將來古籍保護事業發展奠定了良好的基礎。

　　《全國古籍普查登記目録》的出版，將摸清我國古籍家底，爲古籍保護和利用工作提供依據，也將是古籍保護長期工作的一個里程碑。

國家古籍保護中心

2013 年 10 月

# 《全國古籍普查登記目録》

## 編纂凡例

一、收録範圍爲我國境内各收藏機構或個人所藏,産生於 1912 年以前,具有文物價值、學術價值和藝術價值的文獻典籍,包括漢文古籍和少數民族文字古籍以及甲骨、簡帛、敦煌遺書、碑帖拓本、古地圖等文獻。其中,部分文獻的收録年限適當延伸。

二、以各收藏機構爲分册依據,篇幅較小者,適當合并出版。

三、一部古籍一條款目,複本亦單獨著録。

四、著録基本要求爲客觀登記、規範描述。

五、著録款目包括古籍普查登記編號、索書號、題名卷數、著者、版本、册數、存缺卷等。古籍普查登記編號的組成方式是:省級行政區劃代碼—單位代碼—古籍普查登記順序號。

六、以古籍普查登記編號順序排序。

# 《河北師範大學圖書館古籍普查登記目錄》

## 編委會

主　　任：郭　毅

主　　編：劉紹榮　趙海飛

副主編：門艷彬　董宗旺　姚秀敏

編　　委：陳素清　王杏允　閆瑞君　曹紅毅　黃梓良　王淑梅

1

# 《河北師範大學圖書館古籍普查登記目録》
## 前　言

　　河北師範大學是一所具有悠久歷史和文化底藴的百年老校。

　　學校起源於 1902 年創建於北京的順天府學堂（河北師範學院前身）和 1906 年創建於天津的北洋女師範學堂（河北師範大學前身），啓民智、育英才，開近代平民教育、女子教育之先河。1996 年 6 月，原河北師範大學、河北師範學院與創建於 1952 年的河北教育學院、創建於 1984 年的河北職業技術師範學院合并，組建成新的河北師範大學。新中國成立以來，學校共爲國家培養了 52 萬餘名各類專業人才。在新的歷史起點，學校以建設"高水準綜合性師範大學"爲目標，傳承"懷天下・求真知"校訓精神，不斷賡續文明、孕育英才。

　　河北師範大學圖書館是一所融通歷史與現代的文獻信息中心。

　　從最早的北京順天府學堂圖書室、天津北洋女師範學堂圖書室起步，到如今的文獻信息中心，歷經了幾代圖書館人的薪火相傳和艱苦奮鬥。2013 年 9 月落成的新校區圖書館總建築面積 4.5 萬平方米，閲覽座位 4000 餘席，研修間 30 多間。圖書館現有館藏文獻總量 330 餘萬册，中外文數據庫 70 餘個。近年來，圖書館不斷推進智慧化體系建設，以知識共享、服務高效、使用便捷爲目標，努力打造資源、空間、服務三位一體的現代化大學圖書館。

　　河北師範大學圖書館古籍藏量豐富、珍品衆多。

　　圖書館現有善本古籍兩千多種，具有較高的學術研究價值，形成鮮明的特色館藏。2011 年，圖書館被河北省人民政府授予"河北省古籍重點保護單位"；2016 年，被國務院授予"全國古籍重點保護單位"。2009 年，館藏元左克明編次明嘉靖二十三年（1544）蕭一中刻本《古樂府》十卷，入選第二批《國家珍貴古籍名録》；2011 年，明唐順之撰明嘉靖十六年（1537）唐國達刻本《唐荆川先生文集》十二卷、明凌稚隆輯校明萬曆五年（1577）刻本《史記評林》一百三十卷、明王世貞輯明璩之璞校補明萬曆二十三年（1595）刻本《蘇長公外紀》十二卷，入選首批《河北省珍貴古籍名録》。

　　建館伊始，學校高度重視古籍的整理和保護工作，建設標準化古籍書庫，配備古籍保護設備設施，開展古籍數字化和古籍修復工作。2015 年，按照全國古籍普查工作要求，圖書館組織專門人員對館藏古籍進行了細緻的核查與登記。歷經數載，幾經調整,現已完成古籍普查目録的審校、修訂。本書收入古籍 3223 部 46607 册。目前,《河北師範大學圖書館古籍普查登記目録》出版在即,感謝諸位專家、學者對編纂工作的幫助和指導,以及編纂成員的辛勤付出。特别感謝國家古籍保護中心、河北省古籍保護中心、國家圖書館出版社對《河北師範大學圖書館古籍普查登記目録》出版工作的大力支持。

　　古籍的整理和版本鑒定是一項學術性極强的工作,因編纂水準有限,著録疏誤之處,尚祈方家不吝賜正。

河北師範大學圖書館

2023 年 4 月

# 目　　録

130000－0442－0000001　00001

**通志堂經解** （清）成德輯　清同治十二年(1873)刻本　十冊　存二種二十八卷(儀禮集說十七卷、子夏易傳十一卷)

130000－0442－0000002　00002

**儀禮十七卷** （漢）鄭玄注　（清）張爾岐句讀　清光緒四年(1878)錦江書局刻本　六冊

130000－0442－0000003　00003

**儀禮十七卷** （漢）鄭玄注　（明）金蟠訂　清永懷堂刻本　四冊

130000－0442－0000004　00004

**儀禮十七卷** （漢）鄭玄注　（唐）陸德明音義　清同治七年(1868)湖北崇文書局刻本　四冊

130000－0442－0000005　00005

**儀禮圖六卷** （清）張惠言撰　清崇文書局刻本　三冊

130000－0442－0000006　00006

**儀禮音訓不分卷** （清）楊國楨撰　清道光十年(1830)刻本　二冊

130000－0442－0000007　00007

**儀禮經注疏正譌十七卷附例言一卷** （清）金日追撰　（清）郁熙灝修　清咸豐四年(1854)刻本　二冊

130000－0442－0000008　00008

**儀禮十七卷附監本正誤一卷石本誤字一卷** （漢）鄭玄注　（清）張爾岐撰　清同治七年(1868)金陵書局刻本　四冊

130000－0442－0000009　00009

**十三經註疏** 明崇禎毛氏汲古閣刻本　十四冊　存二種三十七卷(儀禮註疏十七卷、論語註疏解經二十卷)

130000－0442－0000010　00010

**頤志齋叢書二十一種** （清）丁晏撰　清咸豐至同治山陽丁氏六藝堂刻同治元年(1862)彙印本　十冊　存九種十八卷(周易述傳二卷、續錄一卷,禹貢錐指正誤一卷,禹貢蔡傳正誤

一卷,周易訟卦淺說一卷,尚書餘論一卷,禹貢集釋三卷,毛鄭詩釋三卷、續錄一卷,詩考補注二卷、補遺一卷,鄭氏詩譜攷證一卷)

130000－0442－0000011　00011

**倚晴樓詩集十二卷續集四卷詩餘四卷傳奇九卷** （清）黃燮清撰　清同治十一年(1872)刻本　九冊

130000－0442－0000012　00012

**亦有生齋集五十九卷** （清）趙懷玉撰　清道光元年(1821)刻本　二十冊

130000－0442－0000013　00013

**亦政堂重修宣和博古圖錄三十卷考古玉圖二卷** （清）黃晟校刊　清乾隆十八年(1753)槐蔭草堂刻本　十二冊

130000－0442－0000014　00014

**易緯八種十二卷** （漢）鄭玄注　清道光八年(1828)刻本　二冊

130000－0442－0000015　00015

**易緯乾鑿度二卷易緯稽覽圖二卷易緯辨終備一卷** （漢）鄭玄注　清乾隆三十八年(1773)刻本　一冊

130000－0442－0000016　00016

**通志堂經解** （清）成德輯　清康熙通志堂刻本　十九冊　存八種四十九卷(易璇璣三卷,周易義海撮要十二卷,易小傳六卷,古周易一卷,易圖說三卷,周易輯聞六卷,周易本義集成十二卷、首一卷,易圖通變五卷)

130000－0442－0000017　00017

**異方便淨土傳燈歸元鏡三祖實錄二卷** （明）釋智達撰　（明）釋德日閱錄　清光緒十一年(1885)刻本　一冊

130000－0442－0000018　00018

**異號類編二十卷** （清）史夢蘭輯　清同治刻本　四冊

130000－0442－0000019　00019

**異魚圖贊補三卷閏集一卷** （明）胡世安述（明）雷琯　（明）胡璞箋　明萬曆刻本　一冊

130000－0442－0000020　00020

翊翊齋遺書四卷　（清）馬翮飛撰　清道光十
八年（1838）刻本　一冊

130000－0442－0000021　00021

意林五卷　（唐）馬總撰　清乾隆四十七年
（1782）刻本　二冊

130000－0442－0000022　00022

義大利獨立戰史六卷附錄一卷　東京留學生
譯　清光緒二十八年（1902）商務印書館鉛印
本　一冊

130000－0442－0000023　00023

義和拳教門源流考不分卷　勞乃宣撰　清光
緒刻本　一冊

130000－0442－0000024　00024

義衛軒文集十二卷文外集一卷年譜一卷
（清）方東樹撰　清同治七年（1868）刻本　四
冊

130000－0442－0000025　00025

翼教叢編六卷　（清）蘇輿輯　清光緒二十四
年（1898）石印本　四冊

130000－0442－0000026　00026

藝風堂文集七卷外篇一卷　繆荃孫撰　清光
緒二十七年（1901）刻本　四冊

130000－0442－0000027　00027

藝風藏書記八卷　繆荃孫撰　清光緒二十六
年（1900）刻本　二冊

130000－0442－0000028　00028

藝槩六卷　（清）劉熙載撰　清光緒三年
（1877）刻本　二冊

130000－0442－0000029　00029

藝文類聚一百卷　（唐）歐陽詢撰　明刻本
三十冊

130000－0442－0000030　00030

藝文類聚一百卷　（唐）歐陽詢撰　（明）王元
貞校　清光緒五年（1879）華陽宏達堂刻本
三十五冊

130000－0442－0000031　00031

藝苑捃華四十八種　（清）顧之逵編　清同治
刻本　二十四冊

130000－0442－0000032　00032

繹史一百六十卷世系圖一卷年表一卷　（清）
馬驌撰　清康熙九年（1670）刻本　四十八冊

130000－0442－0000033　00033

繹史一百六十卷世系圖一卷年表一卷　（清）
馬驌撰　清康熙九年（1670）刻本　二十四冊

130000－0442－0000034　00034

繹志十九卷　（清）胡承諾撰　清同治十一年
（1872）浙江書局刻本　八冊

130000－0442－0000035　00035

音釋坐花誌果八卷　（清）汪道鼎撰　清光緒
十四年（1888）廣百宋齋刻本　二冊

130000－0442－0000036　00036

音學辨微一卷　（清）江永撰　清刻本　五冊

130000－0442－0000037　00037

音學五書三十八卷　（清）顧炎武撰　清光緒
十一年（1885）刻本　十二冊

130000－0442－0000038　00038

音學五書三十八卷　（清）顧炎武撰　清光緒
十六年（1890）思賢講舍刻本　十二冊

130000－0442－0000039　00039

音韻闡微十八卷韻譜一卷　（清）李光地撰
清光緒七年（1881）刻本　五冊

130000－0442－0000040　00040

音韻闡微十八卷　（清）李光地撰　清雍正六
年（1728）刻本　六冊

130000－0442－0000041　00041

音韻逢源四卷　（清）裕恩撰　清道光二十年
（1840）刻本　四冊

130000－0442－0000042　00042

音韻貫珠八集　（清）賈椿齡編　清嘉慶九年
（1804）刻本　八冊

130000－0442－0000043　00043

音韻同異辨八卷　（清）單可琪輯　清嘉慶八

年(1803)刻本　四册

130000－0442－0000044　00044
**音韻須知二卷**　(清)李書雲輯　(清)朱素臣校　清康熙刻本　二册

130000－0442－0000045　00045
**殷商貞卜文字攷一卷**　羅振玉撰　清宣統二年(1910)玉簡齋石印本　一册

130000－0442－0000046　00046
**隱拙齋文鈔二卷**　(清)沈廷芳撰　清乾隆十五年(1750)刻本　三册

130000－0442－0000047　00047
**英民史記三卷**　(英國)葛耳雲原著　(英國)馬林　(清)李玉書譯　清光緒三十三年(1907)美華書館鉛印本　三册

130000－0442－0000048　00048
**英軺日記十二卷**　(清)載振撰　清光緒二十九年(1903)文明編譯書局鉛印本　四册

130000－0442－0000049　00049
**瀛環新志十卷**　(清)李慎儒撰　清光緒二十八年(1902)石印本　六册

130000－0442－0000050　00050
**瀛環新志十卷**　(清)李慎儒撰　清光緒二十八年(1902)石印本　六册

130000－0442－0000051　00051
**瀛環志略十卷續集四卷末一卷補遺一卷**
(清)徐繼畬撰　清光緒二十四年(1898)掃葉山房鉛印本　八册

130000－0442－0000052　00052
**瀛奎律髓二十八卷**　(宋)方回撰　清康熙五十一年(1712)刻本　六册

130000－0442－0000053　00053
**瀛奎律髓刊誤四十九卷**　(元)方回撰　(清)紀昀批點　清嘉慶五年(1800)刻本　十册

130000－0442－0000054　00054
**瀛奎律髓刊誤四十九卷**　(元)方回撰　(清)紀昀批點　清嘉慶五年(1800)刻本　六册

130000－0442－0000055　00055
**瀛奎律髓刊誤四十九卷**　(元)方回撰　(清)紀昀批點　清嘉慶五年(1800)刻本　十二册

130000－0442－0000056　00056
**影舊鈔卷子原本玉篇二十七卷**　(南朝梁)顧野王撰　(清)黎庶昌校刊　清光緒八年(1882)遵義黎氏刻本　二册

130000－0442－0000057　00057
**庸庵全集十種四十七卷**　(清)薛福成撰　清光緒十三年(1887)刻本　三十八册

130000－0442－0000058　00058
**庸庵文編四卷**　(清)薛福成撰　清光緒十四年(1888)刻本　四册

130000－0442－0000059　00059
**庸盦文別集六卷**　(清)薛福成撰　清光緒二十九年(1903)石印本　六册

130000－0442－0000060　00060
**庸閒齋筆記十二卷**　(清)陳其元撰　清同治十三年(1874)刻本　六册

130000－0442－0000061　00061
**庸閒齋筆記十二卷**　(清)陳其元撰　清光緒十五年(1889)上海檢古齋石印本　五册

130000－0442－0000062　00062
**雍益集一卷**　(清)王士禎撰　(清)程哲編　清康熙三十六年(1697)刻本　一册

130000－0442－0000063　00063
**永嘉叢書十五種**　(清)孫衣言編　清同治至光緒瑞安孫氏詒善祠墊刻光緒武昌書局彙印本　六十四册　缺一種五十卷(習學記言五十卷)

130000－0442－0000064　00064
**永慶昇平二十四卷**　(清)郭廣瑞撰　清光緒十八年(1892)刻本　二十四册

130000－0442－0000065　00065
**甬上耆舊詩三十卷**　(清)胡文學輯選　(清)李鄴嗣敘傳　清康熙十四年(1675)敬義堂刻本　十册

130000－0442－0000066　00066

湧幢小品三十二卷　（明）朱國禎輯　明刻本
六冊　存六卷（一至六）

130000－0442－0000067　00067

游梁詩草一卷附游梁詞一卷　（清）王汝純撰
（清）徐建藩校　清宣統三年（1911）鉛印本
一冊

130000－0442－0000068　00068

游藝錄二卷別錄一卷　（清）蔣湘南撰　清光
緒十四年（1888）刻本　二冊

130000－0442－0000069　00069

游戲三昧六卷　（清）曾廷枚撰　清刻本　二
冊

130000－0442－0000070　00070

輶軒使者絕代語釋別國方言十三卷　（漢）揚
雄撰　（晉）郭璞注　清光緒十七年（1891）刻
本　二冊

130000－0442－0000071　00071

有福讀書堂叢刻四種六卷　（清）吳引孫輯刊
清光緒二十七年（1901）刻本　二冊

130000－0442－0000072　00072

有正味齋駢文十六卷　（清）吳錫麒著　（清）
葉聯芬箋註　清同治七年（1868）刻本　八冊

130000－0442－0000073　00073

有正味齋駢文十六卷　（清）吳錫麒著　（清）
葉聯芬箋註　清同治七年（1868）刻本　八冊

130000－0442－0000074　00074

右軍年譜一卷　（清）魯一同編　清咸豐五年
（1855）刻本　一冊

130000－0442－0000075　00075

邘上題襟集一卷續集一卷　（清）曾燠輯　清
嘉慶二年（1797）刻本　二冊

130000－0442－0000076　00076

於越先賢像傳贊二卷　（清）王齡撰　清咸豐
七年（1857）刻本　二冊

130000－0442－0000077　00077

榆園叢刻十五種附一種　（清）許增編　清同

治至光緒刻本　十六冊　存十五種六十六卷
（白石道人詩集二卷、集外詩一卷、附錄一卷、
附錄補遺一卷、詩說一卷，白石道人歌曲四
卷、別集一卷，山中白云詞八卷、附錄一卷、逸
事一卷，詞源二卷，衍波詞二卷，納蘭詞五卷、
補遺一卷，靈芬館詞七卷，拜石山房詞鈔四
卷，憶云詞甲稿一卷、乙稿一卷、丙稿一卷、丁
稿一卷、刪存一卷，微波詞一卷，松壺畫贅二
卷，松壺畫憶二卷，縵雅堂駢體文八卷，笙月
詞五卷，花影詞一卷）

130000－0442－0000078　00078

虞文靖公道園全集六十卷　（元）虞集撰　清
道光十七年（1837）古棠書屋刻本　十六冊

130000－0442－0000079　00079

漁洋山人古詩選三十二卷　（清）王士禛選
清同治七年（1868）湘鄉曾氏刻本　十冊

130000－0442－0000080　00080

漁洋山人古詩選三十二卷　（清）王士禛選
清同治五年（1866）金陵書局刻本　十冊

130000－0442－0000081　00081

漁洋山人精華錄會心偶筆六卷　（清）王士禛
撰　（清）伊應鼎編述　清光緒五年（1879）刻
本　四冊

130000－0442－0000082　00082

漁洋山人精華錄箋注十二卷附年譜一卷箋注
補一卷　（清）王士禛撰　（清）金榮箋注
（清）徐淮纂輯　清刻本　八冊

130000－0442－0000083　00083

漁洋山人精華錄十卷　（清）王士禛撰　（清）
林佶編　清康熙三十九年（1700）刻本　五冊

130000－0442－0000084　00084

漁洋山人精華錄訓纂十卷目錄二卷年譜二卷
附錄一卷　（清）惠棟撰　清光緒十七年
（1891）刻本　十四冊

130000－0442－0000085　00085

漁洋詩話二卷　（清）王士禛撰　清嘉慶三年
（1798）刻本　一冊

130000－0442－0000086　00086

漁洋詩話三卷　（清）王士禎撰　（清）程哲編
　清乾隆刻本　一冊

130000－0442－0000087　00087

漁隱叢話前集六十卷後集四十卷　（清）胡仔
纂　清乾隆五年(1740)刻本　十冊

130000－0442－0000088　00088

[光緒]餘姚縣志二十七卷首一卷末一卷
（清）周炳麟修　（清）孫德祖纂　清光緒二十
五年(1899)刻本　十七冊

130000－0442－0000089　00089

輿地廣記三十八卷　（宋）歐陽忞撰　校勘札
記二卷　（清）黃丕烈校勘　清光緒六年
(1880)金陵書局刻本　四冊

130000－0442－0000090　00090

輿地沿革表四十卷首一卷　（清）楊丕復撰
清光緒十四年(1888)刻本　二十四冊

130000－0442－0000091　00091

禹貢注節讀一卷圖說一卷　（清）馬俊良輯
清端溪書院刻本　二冊

130000－0442－0000092　00092

禹貢錐指二十卷圖一卷　（清）胡渭撰　清康
熙四十四年(1705)刻本　十二冊

130000－0442－0000093　00093

禹貢錐指二十卷圖一卷　（清）胡渭撰　清康
熙四十四年(1705)刻本　十六冊

130000－0442－0000094　00094

庚子山集十六卷　（北周）庚信撰　（清）倪璠
注　清光緒二十年(1894)儒雅堂刻本　十二
冊

130000－0442－0000095　00095

庚子山集十六卷　（北周）庚信撰　（清）倪璠
註釋　清道光十九年(1839)刻本　十二冊

130000－0442－0000096　00096

庚子山集十六卷　（北周）庚信撰　（清）倪璠
註釋　清道光十九年(1839)刻本　十二冊

130000－0442－0000097　00097

庚子山集十六卷年譜一卷總釋一卷　（北周）
庚信撰　（清）倪璠注　清刻本　六冊

130000－0442－0000098　00098

語石十卷　葉昌熾撰　清宣統元年(1909)刻
本　四冊

130000－0442－0000099　00099

語石十卷　葉昌熾撰　清宣統元年(1909)刻
本　四冊

130000－0442－0000100　00100

語石齋畫譜一卷　（清）楊伯潤繪　清光緒二
十七年(1901)文美齋石印本　一冊

130000－0442－0000101　00101

玉海二百卷附刻辭學指南四卷詩考一卷詩地
理考六卷漢藝文志考證十卷通鑑地理通釋十
四卷周書王會補注一卷漢制考四卷踐阼篇集
解一卷姓氏急就篇二卷急救篇補注四卷小學
紺珠十卷六經天文篇二卷周易鄭康成注一卷
通鑑答問五卷　（宋）王應麟撰　清刻本　一
百二十冊

130000－0442－0000102　00102

玉海二百卷辭學指南四卷詩考一卷詩地理考
六卷漢藝文志考證十卷通鑑地理通釋十四卷
周書王會補注一卷漢制考四卷踐阼篇集解一
卷姓氏急就篇二卷急救篇補注四卷小學紺珠
十卷六經天文篇二卷周易鄭康成注一卷通鑑
答問五卷　（宋）王應麟撰　清嘉慶十一年
(1806)刻本　九十六冊

130000－0442－0000103　00103

玉函山房輯佚書六百二十二種附一種　（清）
馬國翰輯　清光緒十年(1884)刻本　一百三
十冊

130000－0442－0000104　00104

玉簡齋叢書十四種二集八種　羅振玉輯　清
宣統二年(1910)上虞羅氏刻本　二十冊

130000－0442－0000105　00105

玉井山館文畧五卷文續三卷詩十五卷詩餘一
卷西行日記一卷　（清）許宗衡撰　清同治刻
本　五冊　缺三卷(文續三卷)

130000－0442－0000106　00106

**大廣益會玉篇三十卷**　（南朝梁）顧野王撰
清康熙四十三年(1704)刻本　三冊

130000－0442－0000107　00107

**大廣益會玉篇三十卷**　（南朝梁）顧野王撰
清康熙四十三年(1704)刻本　三冊

130000－0442－0000108　00108

**玉山詩集四卷**　（清）周馥撰　（清）周學淵校
清宣統三年(1911)鉛印本　二冊

130000－0442－0000109　00109

**玉臺新詠十卷**　（南朝陳）徐陵編　清光緒五
年(1879)宏達堂刻本　四冊

130000－0442－0000110　00110

**玉臺新詠十卷**　（南朝陳）徐陵編　清光緒五
年(1879)宏達堂刻本　六冊

130000－0442－0000111　00111

**玉溪生詩說二卷**　（清）紀昀編　清光緒十四
年(1888)鉛印本　二冊

130000－0442－0000112　00112

**玉溪生詩意八卷**　（清）屈復著　清乾隆四年
(1739)刻本　四冊

130000－0442－0000113　00113

**玉谿生詩箋註三卷首一卷**　（唐）李商隱撰
（清）馮浩編訂　清乾隆四十五年(1780)刻本
四冊

130000－0442－0000114　00114

**玉芝堂談薈三十六卷**　（明）徐應秋輯　清康
熙四十二年(1703)刻本　二十冊

130000－0442－0000115　00115

**欎華閣遺集四卷**　（清）盛昱撰　清光緒三十
一年(1905)刻本　一冊

130000－0442－0000116　00116

**御定歷代賦彙一百四十卷外集二十卷逸向二
卷補遺二十二卷**　（清）陳元龍輯　清光緒十
二年(1886)石印本　十六冊

130000－0442－0000117　00117

**御定歷代題畫詩類一百二十卷**　（清）陳邦彥

輯　清康熙四十六年(1707)刻本　二十四冊

130000－0442－0000118　00118

**御定駢字類編二百四十卷**　（清）聖祖玄燁勅
撰　清光緒十三年(1887)上海同文書局石印
本　四十八冊

130000－0442－0000119　00119

**御定全唐詩錄一百卷**　（清）徐倬　（清）徐元
正校刊　清康熙四十五年(1706)刻本　三十
六冊

130000－0442－0000120　00120

**御定全唐詩錄一百卷**　（清）徐倬　（清）徐元
正校刊　清康熙四十五年(1706)刻本　二十
四冊

130000－0442－0000121　00121

**御訂全金詩增補中州集七十二卷首二卷**
（清）郭元釪補輯　清乾隆三十年(1765)刻本
三十二冊

130000－0442－0000122　00122

**御刻三希堂石渠寶笈法帖十六卷**　（清）陳焯
編　清乾隆六十年(1795)刻本　六冊

130000－0442－0000123　00123

**御批歷代通鑑輯覽一百二十卷**　（清）傅恆纂
清同治十三年(1874)湖南書局刻本　五十
冊　缺二十五卷(十六至十七、二十至二十
一、二十八至二十九、三十六至四十一、四十
六、五十五、五十七、六十九至七十、七十三至
七十四、七十九、八十八至八十九、一百二至
一百三、一百十六)

130000－0442－0000124　00124

**御批歷代通鑑輯覽一百二十卷附明唐桂二王
本末四卷**　（清）傅恆纂　清光緒二十八年
(1902)上海仁記書局石印本　二十四冊

130000－0442－0000125　00125

**御批歷代通鑑輯覽一百二十卷**　（清）傅恆等
纂　清同治十三年(1874)湖南書局刻本　四
十八冊

130000－0442－0000126　00126

御批歷代通鑑輯覽一百二十卷　（清）傅恆等纂　清同治十一年(1872)崇文書局刻本　六十冊

130000－0442－0000127　00127
御批歷代通鑑輯覽一百二十卷　（清）傅恆等纂　清同治十三年(1874)湖南書局刻本　六十冊

130000－0442－0000128　00128
御批歷代通鑑輯覽一百二十卷　（清）傅恆等纂　清刻本　一冊　存一卷(三十二)

130000－0442－0000129　00129
御批續通鑑綱目二十七卷　（明）商輅等撰　清刻本　二十冊

130000－0442－0000130　00130
御批資治通鑑綱目全書一百九卷　清康熙四十六年(1707)刻本　四十四冊　缺十四卷(正編三十九,續編十三至二十、二十三至二十七)

130000－0442－0000131　00131
御選唐詩三十二卷目錄三卷　（清）聖祖玄燁輯　（清）陳廷敬等輯注　清康熙五十二年(1713)刻本　二十九冊

130000－0442－0000132　00132
御選唐宋詩醇四十七卷目錄二卷　（清）高宗弘曆選輯　清乾隆十六年(1751)刻四色套印本　二十冊

130000－0442－0000133　00133
御選唐宋詩醇四十七卷目錄二卷　（清）高宗弘曆選輯　清光緒七年(1881)中華圖書館石印本　十冊

130000－0442－0000134　00134
御選唐宋詩醇四十七卷目錄二卷　（清）高宗弘曆選輯　清光緒七年(1881)浙江書局刻本　二十冊

130000－0442－0000135　00135
御選唐宋文醇五十八卷目錄一卷　（清）高宗弘曆輯　清光緒三年(1877)浙江書局刻本　二十冊

130000－0442－0000136　00136
御選唐宋文醇五十八卷目錄一卷　（清）高宗弘曆輯　清乾隆三年(1738)內府刻四色套印本　二十四冊

130000－0442－0000137　00137
御選唐宋文醇五十八卷目錄一卷　（清）高宗弘曆輯　清乾隆三年(1738)內府刻四色套印本　二十冊

130000－0442－0000138　00138
御選唐宋文醇五十八卷目錄一卷　（清）高宗弘曆輯　清乾隆三年(1738)內府刻四色套印本　二十冊

130000－0442－0000139　00139
欽定繙譯五經四書一百三十一卷　（宋）朱熹撰　清刻本　十六冊

130000－0442－0000140　00140
御纂周易折中二十二卷首一卷　（清）李光地撰　清康熙五十四年(1715)刻本　十二冊

130000－0442－0000141　00141
古文淵鑑四十九卷　（清）徐乾學等編注　清康熙二十四年(1685)刻本　二十二冊

130000－0442－0000142　00142
日講春秋解義六十四卷　（清）庫勒納　（清）李光地總裁　清乾隆二年(1737)刻本　四十六冊

130000－0442－0000143　00143
日講易經解義十八卷　（清）牛鈕撰　清乾隆二十三年(1758)刻本　八冊

130000－0442－0000144　00144
御撰資治通鑑綱目三編二十卷　（清）張廷玉等撰　清乾隆十一年(1746)刻本　六冊

130000－0442－0000145　00145
御撰資治通鑑綱目三編二十卷　（清）張廷玉等撰　清乾隆十一年(1746)刻本　四冊

130000－0442－0000146　00146
御撰資治通鑑綱目三編四十卷　（清）丁寶楨

輯　清光緒六年(1880)山東書局刻本　十二冊

130000－0442－0000147　00147
御纂詩義折中二十卷　(清)傅恆等撰　清光緒十六年(1890)善成堂刻本　六冊

130000－0442－0000148　00148
御纂周易述義十卷　(清)傅恆撰　清乾隆二十年(1755)刻本　八冊

130000－0442－0000149　00149
御纂周易述義十卷　(清)傅恆撰　清乾隆二十年(1755)刻本　六冊

130000－0442－0000150　00150
御纂周易折中二十二卷首一卷　(清)李光地編　清康熙五十四年(1715)刻本　十二冊

130000－0442－0000151　00151
御纂周易折中二十二卷首一卷　(清)李光地等纂　清同治十一年(1872)江西書局刻本　十二冊

130000－0442－0000152　00152
御纂朱子全書六十六卷　(宋)朱熹撰　(清)李光地輯　清康熙五十三年(1714)刻本　二十四冊

130000－0442－0000153　00153
御纂朱子全書六十六卷　(宋)朱熹撰　(清)李光地輯　清康熙五十三年(1714)刻本　二十五冊

130000－0442－0000154　00154
御纂朱子全書六十六卷　(宋)朱熹撰　(清)李光地輯　清康熙五十三年(1714)刻本　二十五冊

130000－0442－0000155　00155
御纂朱子全書六十六卷　(宋)朱熹撰　(清)李光地輯　清康熙五十三年(1714)刻本　二十五冊

130000－0442－0000156　00156
御纂朱子全書六十六卷　(宋)朱熹撰　(清)李光地輯　清康熙五十三年(1714)刻本　二十四冊

130000－0442－0000157　00157
淵鑑類函四百五十卷目錄四卷　(清)張英纂　清康熙四十九年(1710)清吟堂刻本　一百三十九冊　缺三卷(四十七至四十九)

130000－0442－0000158　00158
淵鑑類函四百五十卷目錄四卷　(清)張英等纂　清康熙四十九年(1710)刻本　一百二十六冊　缺五十八卷(一百二至一百三十二、二百二十三至二百四十九)

130000－0442－0000159　00159
淵鑑類函四百五十卷目錄四卷　(清)張英等編　清光緒十三年(1887)上海同文書局石印本　四十八冊

130000－0442－0000160　00160
淵雅堂全集五十四卷　(清)王芑孫撰　寫韻軒小稿二卷　(清)曹秀珍撰　波餘遺稿一卷　(清)王翼孫撰　清嘉慶八年至二十年(1803－1815)刻本　十六冊

130000－0442－0000161　00161
淵穎集十二卷　(元)吳萊撰　(清)胡鳳丹校梓　清光緒元年(1875)退補齋刻本　四冊

130000－0442－0000162　00162
元朝祕史注十五卷　(清)李文田注　清光緒二十二年(1896)通隱堂刻本　四冊

130000－0442－0000163　00163
元朝祕史注十五卷　(清)李文田注　清光緒二十九年(1903)上海文瑞樓石印本　四冊

130000－0442－0000164　00164
元朝名臣事略十五卷　(元)蘇天爵撰　清道光十五年(1835)刻本　四冊

130000－0442－0000165　00165
元豐九域志十卷　(宋)王存編著　清光緒八年(1882)金陵書局刻本　四冊

130000－0442－0000166　00166
元豐類稿五十卷　(宋)陳師道編輯　清乾隆二十八年(1763)刻本　十冊

130000－0442－0000167　00167

**元和郡縣圖志四十卷**　（唐）李吉甫撰　**闕卷逸文一卷**　（清）孫星衍輯　**補志九卷**　（清）嚴觀輯　清光緒六年(1880)金陵書局刻本　八冊

130000－0442－0000168　00168

**元和郡縣志四十卷**　（唐）李吉甫撰　清光緒十九年(1893)補刻本　十二冊

130000－0442－0000169　00169

**元經薛氏傳十卷**　（隋）王通經　（唐）薛收傳　（宋）阮逸注　**三國志辨誤一卷**　（宋）□□撰　清刻本　一冊　存七卷(一至六、三國志辨誤一卷)

130000－0442－0000170　00170

**元詩選十集首一卷**　（清）顧嗣立輯　清康熙三十三年(1694)長洲顧氏秀野草堂刻本　二十六冊　缺一集(癸集)

130000－0442－0000171　00171

**元詩選六卷補遺一卷**　（清）顧奎光選輯　（清）陶玉禾　（清）陶瀚參評　清乾隆十六年(1751)刻本　四冊

130000－0442－0000172　00172

**元詩選六卷補遺一卷**　（清）顧奎光選輯　（清）陶玉禾　（清）陶瀚參評　清乾隆十六年(1751)刻本　八冊

130000－0442－0000173　00173

**元史紀事本末二十七卷**　（明）陳邦瞻撰　（明）張溥論正　清同治十三年(1874)江西書局刻本　三冊

130000－0442－0000174　00174

**元史紀事本末二十七卷**　（明）陳邦瞻撰　（明）張溥論正　清同治十三年(1874)江西書局刻本　四冊

130000－0442－0000175　00175

**元史譯文證補三十卷**　（清）洪鈞撰　清光緒二十九年(1903)石印本　六冊

130000－0442－0000176　00176

**元白長慶集一百四十一卷**　（明）馬元調編　明萬曆三十二年至三十四年(1604－1606)松江馬元調刻本　二十冊

130000－0442－0000177　00177

**元書一百二卷**　（清）曾廉撰　清宣統三年(1911)刻本　二十冊

130000－0442－0000178　00178

**元文類七十卷目錄三卷**　（元）蘇天爵編　清光緒十五年(1889)江蘇書局刻本　十冊

130000－0442－0000179　00179

**元遺山詩集箋注十四卷**　（元）張德輝類次　（清）施國祁箋注　**附錄一卷**　（明）儲瓘輯　**補載一卷**　（清）施國祁輯　清宣統三年(1911)掃葉山房石印本　八冊

130000－0442－0000180　00180

**元遺山詩集箋注十四卷附錄一卷補載一卷**　（元）張德輝撰　（清）施國祁箋注　清道光二年(1822)刻本　八冊

130000－0442－0000181　00181

**元遺山詩集箋注十四卷**　（元）張德輝類次　（清）施國祁箋注　**附錄一卷**　（明）儲瓘輯　**補載一卷**　（清）施國祁輯　清道光二年(1822)南潯蔣氏瑞松堂刻本　四冊

130000－0442－0000182　00182

**元遺山先生集四十卷**　（金）元好問撰　**附錄一卷**　（明）儲瓘輯　**補載一卷**　（清）施國祁輯　清光緒七年(1881)讀書山房刻本　十七冊

130000－0442－0000183　00183

**元祐黨人傳十卷**　（清）陸心源纂　清光緒十五年(1889)刻本　四冊

130000－0442－0000184　00184

**元張文忠公歸田類稿二十卷**　（元）張養浩撰　（清）周永年　（清）毛堃校刊　清乾隆五十五年(1790)刻本　六冊

130000－0442－0000185　00185

**原本海公大紅袍傳十卷**　（明）李春芳編次

清咸豐十年(1860)刻本　十冊

130000－0442－0000186　00186

袁中郎全集四十卷　（明）袁宏道撰　（明）鍾惺增定　清刻本　二十冊

130000－0442－0000187　00187

援鶉堂筆記五十卷刊誤一卷刊物補遺一卷（清）姚範撰　清道光十六年(1836)刻本　十六冊

130000－0442－0000188　00188

圓音正考不分卷　（□）□□撰　清道光十年(1830)刻本　一冊

130000－0442－0000189　00189

約章成案匯覽甲篇十卷乙篇四十二卷　（清）北洋洋務局纂輯　清光緒三十一年(1905)上海點石齋石印本　四十六冊

130000－0442－0000190　00190

約章分類輯要三十八卷首一卷　（清）蔡乃煌編纂　清光緒二十六年(1900)湖南商務局刻本　三十冊

130000－0442－0000191　00191

岳忠武王文集八卷首一卷末一卷　（清）何焜（清）楊景素鑒定　清乾隆三十五年(1770)刻本　四冊

130000－0442－0000192　00192

岳忠武王文集八卷首一卷末一卷　（清）何焜（清）楊景素鑒定　清刻本　四冊

130000－0442－0000193　00193

越諺三卷賸語二卷　（清）范寅輯　清光緒八年(1882)谷應山房刻本　三冊

130000－0442－0000194　00194

粵東金石略九卷附錄二卷　（清）翁方綱撰清光緒十七年(1891)廣州石經堂書局影印本　四冊

130000－0442－0000195　00195

粵十三家集　（清）伍元薇輯　清道光二十年(1840)南海伍氏詩雪軒刻本　三十冊

130000－0442－0000196　00196

粵西叢載三十卷文載七十五卷發凡二十五卷（清）汪森編輯　清康熙四十四年(1705)梅雪堂刻本　三十冊

130000－0442－0000197　00197

粵雅堂叢書續集四十九種　（清）伍崇曜輯清道光至光緒南海伍氏刻彙印本　八十冊

130000－0442－0000198　00198

粵雅堂叢書一百八十四種　（清）伍崇曜輯清道光二十九年至光緒十一年(1849－1885)南海刻伍氏刻彙印本　四百冊

130000－0442－0000199　00199

閱微草堂筆記二十四卷　（清）紀昀撰　清道光十五年(1835)廣州財政司刻本　十二冊

130000－0442－0000200　00200

閱微草堂筆記二十四卷　（清）紀昀撰　清嘉慶二十一年(1816)北平盛氏刻本　十四冊

130000－0442－0000201　00201

閱微草堂筆記二十四卷　（清）紀昀撰　清嘉慶五年(1800)北平盛氏刻本　八冊

130000－0442－0000202　00202

雲左山房詩鈔八卷附一卷　（清）林則徐撰清光緒十二年(1886)刻本　二冊

130000－0442－0000203　00203

雲左山房詩鈔八卷附一卷　（清）林則徐撰清光緒十二年(1886)刻本　二冊

130000－0442－0000204　00204

芸荄詩集八卷　（清）劉開兆撰　清嘉慶二十三年(1818)刻本　二冊

130000－0442－0000205　00205

鄖陽輿地志八卷首一卷　（清）吳葆儀輯　清同治九年(1870)刻本　十二冊

130000－0442－0000206　00206

雲谷雜紀四卷首一卷末一卷　（宋）張淏撰清乾隆三十九年(1774)刻本　二冊

130000－0442－0000207　00207

雲樵詩箋四卷　（清）吳芳培撰　（清）戴昶（清）邵璽注　清刻本　四冊

130000－0442－0000208　00208

**雲自在龕叢書五集十九種**　繆荃孫校刊　清光緒二十五年(1899)江陰繆氏刻本　三十二冊

130000－0442－0000209　00209

**芸香館遺詩二卷**　（清）那遜蘭保撰　清同治十三年(1874)刻本　一冊

130000－0442－0000210　00210

**韞山堂文集八卷**　（清）管世銘撰　清光緒十九年(1893)刻本　四冊

130000－0442－0000211　00211

**韻辨附文不分卷**　（清）沈兆霖撰　清道光二十三年(1843)刻本　四冊

130000－0442－0000212　00212

**韻補五卷**　（宋）吳棫撰　**韻補正一卷**　（清）顧炎武撰　清光緒九年(1883)刻本　一冊

130000－0442－0000213　00213

**韻補五卷**　（宋）吳棫撰　**韻補正一卷**　（清）顧炎武撰　清光緒九年(1883)刻本　二冊

130000－0442－0000214　00214

**韻府鈎沉五卷**　（清）雷浚撰　清光緒十三年(1887)刻本　二冊

130000－0442－0000215　00215

**韻府拾遺一百六卷**　（清）汪灝等纂　清康熙五十九年(1720)刻本　二十冊

130000－0442－0000216　00216

**韻詁一卷補遺一卷**　（清）方濬頤輯　清光緒四年(1878)淮南書局刻本　六冊

130000－0442－0000217　00217

**韻考略五卷**　（清）謝庭蘭著　清光緒九年(1883)刻本　二冊

130000－0442－0000218　00218

**韻考略五卷**　（清）謝庭蘭著　清光緒九年(1883)刻本　二冊

130000－0442－0000219　00219

**韻歧五卷**　（清）江昱輯　清光緒七年(1881)刻本　二冊

130000－0442－0000220　00220

**韻歧五卷**　（清）江昱輯　清乾隆二十五年(1760)刻本　二冊

130000－0442－0000221　00221

**韻學辨中備五卷**　（清）張亨釪撰　清咸豐十年(1860)刻三色套印本　二冊

130000－0442－0000222　00222

**韻學蠡言舉要五卷**　（清）丁顯撰　清光緒二十六年(1900)刻本　八冊

130000－0442－0000223　00223

**韻學驪珠二卷**　（清）沈乘麐輯　清光緒十八年(1892)華亭顧文善齋刻本　二冊

130000－0442－0000224　00224

**韻學驪珠二卷**　（清）沈乘麐輯　清抄本　二冊

130000－0442－0000225　00225

**韻學五卷**　（清）王植撰　清刻本　十冊

130000－0442－0000226　00226

**韻學五卷臆說一卷**　（清）王植撰　清刻本　六冊

130000－0442－0000227　00227

**韻徵十六卷**　（清）安吉纂輯　清道光十七年(1837)親仁堂刻本　四冊

130000－0442－0000228　00228

**韻字略十二集**　（清）毛謨編　清同治十年(1871)刻本　四冊

130000－0442－0000229　00229

**韻字略十二集**　（清）毛謨編　清光緒元年(1875)湖北崇文書局刻本　二冊

130000－0442－0000230　00230

**韻字同異辨二卷**　（清）胡文炳輯　清光緒二年(1876)蘭石齋刻本　二冊

130000－0442－0000231　00231

**韻綜不分卷**　（清）陳詒厚編輯　清嘉慶十七年(1812)刻本　八冊

130000－0442－0000232　00232

再生緣全傳二十卷　（清）香葉閣主人稿　清道光二年（1822）映松草堂刻本　二十四冊

130000－0442－0000233　00233

澤存堂五種　（清）張士俊輯　清光緒十四年（1888）上海蜚英館石印本　八冊

130000－0442－0000234　00234

曾胡批牘二卷　（清）曾國藩　（清）胡林翼批點　清宣統元年（1909）石印本　二冊

130000－0442－0000235　00235

曾惠敏公遺集四種十七卷　（清）曾紀澤撰　清光緒十九年（1893）刻本　八冊

130000－0442－0000236　00236

曾南豐文集四卷　（宋）曾鞏撰　清宣統二年（1910）會文堂粹記石印本　二冊

130000－0442－0000237　00237

曾文正公全集十五種　（清）曾國藩撰　清同治至光緒傳忠書局刻本　一百二十八冊　缺二種十二卷（曾文正公家書十卷、曾文正公家訓二卷）

130000－0442－0000238　00238

曾文正公全集十五種　（清）曾國藩撰　清光緒二十九年（1903）石印本　四十冊

130000－0442－0000239　00239

曾文正公全集十五種　（清）曾國藩撰　清同治至光緒傳忠書局刻本　一百六十冊　缺二種十二卷（曾文正公家書十卷、曾文正公家訓二卷）

130000－0442－0000240　00240

曾文正公手書日記不分卷（清道光二十年至同治十一年）　（清）曾國藩撰　清宣統元年（1909）中國圖書公司石印本　四十冊

130000－0442－0000241　00241

曾文正公全集　（清）曾國藩撰　清光緒二十八年（1902）石印本　八冊　存六種六十五卷（曾文正公書札三十三卷、曾文正公批牘六卷、曾文正公雜著二卷、曾文正公年譜十二卷、曾文正公家書十卷、曾文正公家訓二卷）

130000－0442－0000242　00242

曾文正公書札三十三卷　（清）曾國藩撰　清光緒二年（1876）傳忠書局刻本　十六冊

130000－0442－0000243　00243

六臣註文選六十卷　（南朝梁）蕭統撰　（唐）李善等註　明嘉靖二十八年（1549）刻本　二十四冊

130000－0442－0000244　00244

中州集十卷首一卷　（金）元好問輯　明弘治九年（1496）汲古閣刻本　十冊

130000－0442－0000245　00245

中州名賢文表二十八卷　（明）劉昌輯　明成化七年（1471）刻本　六冊

130000－0442－0000246　00246

制義叢話二十四卷　（清）梁章鉅撰　清咸豐九年（1859）刻本　八冊

130000－0442－0000247　00247

忠武誌十卷　（清）張鵬翮撰　清嘉慶十九年（1814）周畹蘭刻本　四冊

130000－0442－0000248　00248

制義叢話二十四卷　（清）梁章鉅撰　清咸豐九年（1859）知足知不足齋刻本　八冊

130000－0442－0000249　00249

鄭志三卷　（三國魏）鄭小同撰　清乾隆四十二年（1777）刻本　一冊

130000－0442－0000250　00250

新刻張太岳先生詩文集四十七卷　（明）張居正撰　（明）雷思霈　（明）馬啟圖校　明萬曆四十年（1612）刻本　二十四冊

130000－0442－0000251　00251

中庸時習錄二卷　（清）馬鑾宇撰　清光緒二十年（1894）刻本　二冊

130000－0442－0000252　00252

正字攷一卷　（清）□□彙鈔　清刻本　六冊

130000－0442－0000253　00253

鄭少谷先生全集二十四卷首一卷附錄一卷　（明）鄭善夫撰　（清）鄭炳文校　清道光五年

（1825）刻本　　十册

130000－0442－0000254　　00254
**趙子常選杜律五言註六卷**　　（清）查弘道
（清）金集補　　清刻本　　二册

130000－0442－0000255　　00255
**增廣新訂四書補註備旨四卷**　　（明）鄧林著
（清）鄧煜編次　　（清）杜定基增訂　　清光緒十
八年（1892）刻本　　五册

130000－0442－0000256　　00256
**增補五經備旨萃精四十五卷**　　（清）鄒可庭編
　　清光緒五年（1879）濯纓山房刻本　　五册
存二十二卷（易經七卷、禮記十一卷、春秋九
至十二）

130000－0442－0000257　　00257
**禮記體註大全四卷**　　（清）范翔鑒定　　（清）徐
旦參訂　　清雍正三年（1725）天德堂刻本　　四
册

130000－0442－0000258　　00258
**中西紀事二十四卷**　　（清）夏燮撰　　清同治七
年（1868）刻本　　八册

130000－0442－0000259　　00259
**增廣試帖玉芙蓉五卷續集二卷**　　（□）守閣老
人輯　　清光緒十四年（1888）鴻寶齋書局石印
本　　七册

130000－0442－0000260　　00260
**鐘山札記四卷**　　（清）盧文弨撰　　清刻本　　一
册

130000－0442－0000261　　00261
**增評加批金玉緣圖說十二卷**　　（清）曹霑撰
（清）蝶薌仙史評定　　清光緒三十二年（1906）
刻本　　八册

130000－0442－0000262　　00262
**增廣訓蒙讀本一卷**　　（□）□□撰　　清光緒三
十一年（1905）刻本　　一册

130000－0442－0000263　　00263
**新刻張太岳先生詩文集四十七卷**　　（明）張居
正撰　　（明）雷思霈　　（明）馬啟圖校　　明萬曆

四十年（1612）刻本　　十六册

130000－0442－0000264　　00264
**趙文敏公松雪齋集十卷外集一卷**　　（元）趙孟
頫撰　　（清）曹培廉校　　清刻本　　四册

130000－0442－0000265　　00265
**增訂合聲簡字譜一卷附重訂合聲簡字譜一卷**
　　勞乃宣撰　　清光緒三十二年（1906）刻本
一册

130000－0442－0000266　　00266
**正字通三十六卷**　　（明）張自烈撰　　（清）廖文
英輯　　清刻本　　三十二册

130000－0442－0000267　　00267
**豸華堂文鈔二十卷首一卷**　　（清）金應麟撰
清光緒元年（1875）刻本　　六册

130000－0442－0000268　　00268
**忠雅堂文集三十卷**　　（清）蔣士銓撰　　清乾隆
二十七年（1762）刻本　　十册

130000－0442－0000269　　00269
**增註字類標韻六卷**　　（清）華綱鑒定　　（清）范
多玨重訂　　清光緒二年（1876）鉛印本　　一册

130000－0442－0000270　　00270
**湛然居士文集十四卷**　　（元）耶律楚材撰　　清
光緒元年（1875）刻本　　四册

130000－0442－0000271　　00271
**正誼堂全集**　　（清）董沛撰　　清刻本　　五册

130000－0442－0000272　　00272
**增廣字學舉隅四卷**　　（清）鐵珊輯　　清光緒元
年（1875）刻本　　四册

130000－0442－0000273　　00273
**正字略定本一卷**　　（清）王筠撰　　清道光十三
年（1833）刻本　　一册

130000－0442－0000274　　00274
**中國魂二卷**　　梁啟超輯　　清光緒二十九年
（1903）上海廣智書局鉛印本　　二册

130000－0442－0000275　　00275
**增訂詩韻便覽五卷**　　（清）王星奎輯　　清光緒

元年（1875）刻本　　五冊

130000－0442－0000276　00276

趙文敏公松雪齋全集十卷　（元）趙孟頫撰
（清）曹培廉校　清光緒八年（1882）刻本　六
冊

130000－0442－0000277　00277

增訂金壼字考十九卷二集二十一卷補錄一卷
補註一卷　（宋）釋適之編　（清）田朝恒續編
　清乾隆二十七年（1762）刻本　六冊

130000－0442－0000278　00278

正誼堂文集二十二卷詩集十卷　（清）董詔撰
　（清）謝玉珩編次　清道光四年（1824）刻本
九冊

130000－0442－0000279　00279

中東戰紀本末八卷續編四卷文學興國策二卷
　（美國）林樂知譯　（清）蔡爾康纂輯　清光
緒二十三年（1897）上海圖書集成局鉛印本
十二冊

130000－0442－0000280　00280

鐘鼎字源五卷附錄一卷　（清）汪立名撰　清
光緒二年（1876）刻本　二冊

130000－0442－0000281　00281

鐘鼎字源五卷附錄一卷　（清）汪立名撰　清
光緒二年（1876）刻本　三冊

130000－0442－0000282　00282

昭明文選六臣彙註疏解十九卷　（清）顧施禎
纂輯　（清）鄭重鑒定　清文獻堂刻本　二十
冊

130000－0442－0000283　00283

戰國策三十三卷附重刻剡川姚氏本戰國策札
記三卷　（漢）劉向校　（漢）高誘　（宋）姚
宏注　清嘉慶八年（1803）吳門黃氏讀未見書
齋刻本　八冊

130000－0442－0000284　00284

枝山文集四卷　（明）祝允明撰　（清）李文楷
編校　清同治十三年（1874）刻本　四冊

130000－0442－0000285　00285

中東戰紀一卷　（清）洪棄父纂　清光緒鉛印
本　一冊

130000－0442－0000286　00286

曾文正公文集五卷　（清）曾國藩撰　（清）李
瀚章編次　清光緒二十八年（1902）石印本
一冊

130000－0442－0000287　00287

文選六十卷　（南朝梁）蕭統撰　（唐）李善注
　（清）葉樹藩參訂　清乾隆三十七年（1772）
海錄軒刻朱墨套印本　十二冊

130000－0442－0000288　00288

止止堂集五卷　（明）戚繼光撰　清光緒十四
年（1888）山東書局刻本　四冊

130000－0442－0000289　00289

震川先生集三十卷別集十卷　（明）歸有光撰
　（清）歸莊校勘　（清）歸玠編輯　清光緒六
年（1880）常熟歸氏刻本　十六冊

130000－0442－0000290　00290

試帖三十卷　（清）羅繞典撰　清光緒三十年
（1904）刻本　二冊

130000－0442－0000291　00291

忠雅堂詩集二十七卷補遺二卷銅弦詞二卷
（清）蔣士銓撰　清嘉慶三年（1798）刻本　四
冊

130000－0442－0000292　00292

增註船山詩草八卷　（清）張問陶撰　（清）李
岑註　（清）匋澂增註　清鉛印本　四冊

130000－0442－0000293　00293

戰國策十卷　（宋）鮑彪校注　（元）吳師道校
　清乾隆二十七年（1762）刻本　八冊

130000－0442－0000294　00294

昭代名人尺牘小傳二十四卷　（清）吳修編
清光緒三十四年（1908）石印本　二冊

130000－0442－0000295　00295

國策評林天下要書十七卷　（清）張北拱評點
　清刻本　六冊

130000－0442－0000296　00296

徵君孫先生年譜稿四卷　（清）湯斌等編　清康熙十四年(1675)刻本　二冊

130000－0442－0000297　00297

知足齋詩集二十卷文集六卷詩續集四卷進呈文藁二卷　（清）朱珪撰　清嘉慶十年(1805)刻本　十四冊

130000－0442－0000298　00298

增像劉忠誠事略不分卷　（□）□□撰　清光緒二十九年(1903)石印本　一冊

130000－0442－0000299　00299

浙江同官錄不分卷　（清）劉秉璋撰　清光緒十二年(1886)刻本　二冊

130000－0442－0000300　00300

中興名臣事略八卷　朱孔彰撰　清光緒二十八年(1902)漢讀樓書局石印本　二冊

130000－0442－0000301　00301

中西聞見錄一卷　（美國）丁韙良撰　清同治十二年(1873)刻本　四冊

130000－0442－0000302　00302

中興將帥別傳三十卷　朱孔彰撰　清光緒二十五年(1899)掃葉山房石印本　六冊

130000－0442－0000303　00303

中興將帥別傳續編六卷　朱孔彰撰　清光緒三十二年(1906)刻本　二冊

130000－0442－0000304　00304

職官錄不分卷　（清）□□撰　清宣統三年(1911)鉛印本　八冊

130000－0442－0000305　00305

中西紀事二十四卷　（清）夏燮撰　清光緒十七年(1891)刻本　六冊

130000－0442－0000306　00306

增像第六才子書五卷首一卷　（清）金聖歎批點　清刻本　六冊

130000－0442－0000307　00307

中俄界約斠注七卷首一卷附中外交涉類要表光緒通商綜覽表　（清）錢恂撰　清光緒二十年(1894)上海醉六堂刻本　四冊

130000－0442－0000308　00308

戰國策補註三十三卷　（漢）高誘注　（清）吳曾祺補注　（清）朱元善校　清宣統三年(1911)上海商務印書館刻本　四冊

130000－0442－0000309　00309

中西度量權衡表一卷　（清）□□撰　（清）洪恩波校　清光緒二十一年(1895)刻本　一冊

130000－0442－0000310　00310

治河方略十卷首一卷　（清）靳輔撰　清嘉慶四年(1799)刻本　十一冊

130000－0442－0000311　00311

中外和戰議十六卷　（清）王棻著　清光緒二十一年(1895)抄本　十六冊

130000－0442－0000312　00312

中國近世輿地圖說二十三卷首一卷　（清）羅汝楠編纂　（清）方新校繪　清宣統元年(1909)廣東教忠學堂石印本　四冊

130000－0442－0000313　00313

中外輿地全圖不分卷　（清）輿地學會編譯　清光緒二十九年(1903)刻本　一冊

130000－0442－0000314　00314

書目答問補正五卷　（清）張之洞撰　清宣統元年(1909)刻本　二冊

130000－0442－0000315　00315

忠武祠墓志七卷首一卷末一卷　（清）虛白道人輯　清同治六年(1867)刻本　四冊

130000－0442－0000316　00316

直齋書錄解題二十二卷　（宋）陳振孫撰　清乾隆三十八年(1773)木活字印本　八冊

130000－0442－0000317　00317

彙刻書目初編十卷補一卷續編一卷　（清）顧修輯　清光緒元年(1875)刻本　二十二冊

130000－0442－0000318　00318

曾文正公全集　（清）曾國藩撰　（清）李瀚章編次　清光緒二年(1876)傳忠書局刻本　五十二冊　存六種九十一卷(曾文正公雜箸二卷、曾文正公奏稿三十六卷、曾文正公書札三

十三卷、曾文正批讀六卷、曾文正年譜十二卷、求闕齋日記類鈔二卷)

130000－0442－0000319　　00319

浙西水利備考不分卷　　(清)王鳳生撰　　清光緒四年(1878)浙江書局刻本　　一冊

130000－0442－0000320　　00320

中外輿地彙鈔十四卷　　(清)馬冠群輯　　清光緒二十年(1894)蘇州文瑞樓石印本　　四冊

130000－0442－0000321　　00321

浙西水利備考不分卷　　(清)王鳳生撰　　清光緒四年(1878)浙江書局刻本　　一冊

130000－0442－0000322　　00322

昭德先生郡齋讀書志二十卷　　(宋)晁公武撰　(清)姚應績編　附志二卷　　(宋)趙希弁撰　清光緒十年(1884)長沙王氏刻本　　十冊

130000－0442－0000323　　00323

中外地輿圖說集成一百三十卷首三卷　　(清)同康盧主人著　清光緒二十年(1894)上海順成書局石印本　　二十四冊

130000－0442－0000324　　00324

中說十卷　　(宋)阮逸注　清光緒十六年(1890)貴陽陳氏影宋刻本　　一冊

130000－0442－0000325　　00325

直隸工藝志初編四卷　　(清)周爾潤編　清光緒三十三年(1907)工藝總局鉛印本　　八冊

130000－0442－0000326　　00326

趙忠定奏議四卷別錄八卷　　(宋)趙汝愚撰　葉德輝編輯　清宣統二年(1910)長沙葉氏觀古堂刻本　　六冊

130000－0442－0000327　　00327

中等教育生理衛生學不分卷　　(日本)齋藤功太郎著　戴任譯　清光緒三十年(1904)鉛印本　　一冊

130000－0442－0000328　　00328

箋註繪像第六才子西廂釋解八卷　　(元)王德信撰　　(清)吳山三婦合評　(清)金人瑞批點　清刻本　　六冊

130000－0442－0000329　　00329

札迻十二卷　　(清)孫詒讓撰　清光緒二十年(1894)刻本　　四冊

130000－0442－0000330　　00330

札樸十卷　　(清)桂馥撰　清光緒九年(1883)長洲蔣氏心矩齋刻本　　四冊

130000－0442－0000331　　00331

中西兵法通義不分卷　　(清)易熙著　清光緒三十三年(1907)鉛印本　　一冊

130000－0442－0000332　　00332

增訂精忠演義說本全傳二十卷八十回　　(清)錢彩編　(清)金豐訂　清同治九年(1870)永和堂刻本　　二十冊

130000－0442－0000333　　00333

咫進齋叢書三十五種九十二卷　　(清)姚覲元輯　清光緒九年(1883)歸安姚氏刻本　　二十四冊

130000－0442－0000334　　00334

增像全圖東周列國志八卷首一卷　　(清)蔡元放評點　清乾隆十七年(1752)錦章圖書局刻本　　八冊

130000－0442－0000335　　00335

正誼堂全書六十三種　　(清)張伯行輯　　(清)楊浚重輯　清同治五年(1866)福州正誼書院刻本　　一百十九冊　缺二十三種一百七十一卷(黃勉齋集四卷,陳克齋先生集五卷,許魯齋先生集六卷,薛敬軒先生文集十卷,諸葛武侯文集四卷,魏莊渠先生集一卷,羅整庵先生存稿二卷,陳剩夫先生集四卷,張陽和文選三卷,湯潛庵先生集二卷,陸稼書先生文集二卷,道統錄二卷、附錄一卷,二程語錄十八卷,朱子語類輯略一至二,廣近思錄十四卷,困學錄集粹八卷,小學集解六卷,濂洛風雅九卷,學規類編二十七卷,養正類編十三卷,居濟一得八卷,正誼堂文集十二卷,正誼堂續集八卷)

130000－0442－0000336　　00336

增評補圖大觀一百二十卷首一卷　　(清)曹霑

撰　（清）王希廉評　（清）大某山民加評　清
光緒十二年(1886)鉛印本　十六冊

130000－0442－0000337　00337

爭春園全傳四十八回　（清）□□撰　清道光
十八年(1838)刻本　四冊

130000－0442－0000338　00338

增評補圖石頭記一百二十卷首一卷　（清）曹
霑撰　（清）王希廉評　清光緒十二年(1886)
鉛印本　十六冊

130000－0442－0000339　00339

增評補像全圖金玉緣一百二十回　（清）曹霑
撰　清光緒十八年(1892)石印本　十六冊

130000－0442－0000340　00340

昭昧詹言十卷續八卷續錄二卷　（清）方東樹
撰　清光緒刻本　四冊

130000－0442－0000341　00341

昭代叢書十二集五百六十三卷　（清）張潮
（清）張漸輯　（清）沈楙惪　（清）楊復吉續
輯　清道光二十九年(1849)沈氏世楷堂刻本
　一百六十冊

130000－0442－0000342　00342

中西算學叢書初編二十種　（清）王錫藩輯
清光緒二十二年(1896)上海鴻寶齋石印本
三十冊　存十八種七十六卷(新儀象法要三
卷,同文算指前編二卷,同文算指通編八卷,
渾蓋通憲圖說二卷,句股義一卷,測量法義一
卷,測量異同一卷,簡平儀說一卷,五星行度
解一卷,數學八卷、續一卷,推步法解五卷,鄒
徵君遺書十五卷,里堂學算記十六卷,三統術
詳說四卷,弧三角平視法一卷,數對簡法一
卷,續對數簡法一卷,代數句股術四卷)

130000－0442－0000343　00343

正誼堂全書六十三種　（清）張伯行輯　（清）
楊浚重輯　清同治五年(1866)福州正誼書院
刻本　一百六十冊

130000－0442－0000344　00344

珍埶宦遺書十一種　（清）莊述祖撰　清嘉慶
至道光刻本　二十冊

130000－0442－0000345　00345

增訂漢魏叢書八十六種　（漢）王謨輯　清乾
隆五十六年(1791)刻本　六十二冊

130000－0442－0000346　00346

咫進齋叢書三集三十七種　（清）姚覲元輯
清光緒九年(1883)歸安姚氏刻本　二十四冊

130000－0442－0000347　00347

張氏適園叢書初集七種　張鈞衡輯　清宣統
三年(1911)國學扶輪社鉛印本　十冊

130000－0442－0000348　00348

振綺堂叢書初集十種　（清）汪康年輯　清宣
統二年(1910)鉛印本　六冊

130000－0442－0000349　00349

增訂漢魏叢書九十六種　（清）王謨輯　清光
緒二十一年(1895)石印本　十六冊

130000－0442－0000350　00350

重訂路史全本四十七卷　（宋）羅泌輯　（宋）
羅苹注　清嘉慶六年(1801)刻本　二十冊

130000－0442－0000351　00351

正誼堂全書六十種續刻五種　（清）張伯行輯
　（清）楊浚重輯　清同治五年(1866)福州正
誼書院刻八年至九年(1869－1870)續刻本
　一百九十一冊

130000－0442－0000352　00352

重定金石契一卷附石鼓文釋存一卷釋存補注
一卷　（清）張燕昌撰　清光緒二十二年
(1896)聚學軒主劉氏刻本　五冊

130000－0442－0000353　00353

重定金石契一卷續錄一卷　（清）張燕昌撰
清乾隆四十三年(1778)刻本　四冊

130000－0442－0000354　00354

重訂併音連聲韻學集成十三卷　（明）章黼撰
　明萬曆三十四年(1606)刻本　十四冊

130000－0442－0000355　00355

重訂廣事類賦四十卷　（清）華希閔著　（清）
鄒升恒糸　（清）華希閎重訂　清道光二十七
年(1847)刻本　十二冊

130000 – 0442 – 0000356　00356

**重訂普法戰紀四卷**　（清）李光廷纂　（清）王韜撰　（清）張宗良譯　清光緒二十四年（1898）中華印務總局鉛印本　八冊

130000 – 0442 – 0000357　00357

**重訂事類賦三十卷**　（宋）吳淑撰註　（明）華麟祥校刊　清道光二十七年（1847）刻本　六冊

130000 – 0442 – 0000358　00358

**重訂文選集評十五卷首一卷末一卷**　（清）于光華編次　清乾隆四十三年（1778）刻本　四冊　存七卷（一至七）

130000 – 0442 – 0000359　00359

**重訂文選集評十五卷首一卷末一卷**　（清）于光華編次　清同治十一年（1872）江蘇書局刻本　十六冊

130000 – 0442 – 0000360　00360

**重訂楊園先生全集十九種五十五卷附年譜一卷**　（清）張履祥撰　清同治十年（1871）江蘇書局刻本　十六冊

130000 – 0442 – 0000361　00361

**重輯蒼頡篇二卷**　（清）姬覺彌輯　清廣倉學宭鉛印本　四冊

130000 – 0442 – 0000362　00362

**重斠唐韻攷五卷**　（清）紀容舒著　（清）錢元　（清）錢恂重斠　清光緒刻本　三冊

130000 – 0442 – 0000363　00363

**重刊拜經樓叢書七種**　（清）吳騫輯　清光緒十一年（1885）刻本　六冊

130000 – 0442 – 0000364　00364

**重校拜經樓叢書十種**　（清）吳騫輯　清光緒二十年（1894）吳縣朱氏校經堂刻本　十二冊

130000 – 0442 – 0000365　00365

**重刊李扶九原選古文筆法百篇六卷**　（清）李扶九編　清光緒二十八年（1902）湖南崇德書局刻本　三冊

130000 – 0442 – 0000366　00366

**重刊明成化本東坡七集一百十卷**　（宋）蘇軾撰　清光緒三十四年至宣統元年（1908 – 1909）寶華盦刻本　四十八冊

130000 – 0442 – 0000367　00367

**繆篆分韻五卷附補一卷**　（清）桂馥撰　（清）姚覲元校刊　清嘉慶元年（1796）歸安姚氏咫進齋刻本　二冊

130000 – 0442 – 0000368　00368

**重刊宋本十三經注疏附校勘記**　（清）阮元撰　（清）盧宣旬摘錄　清道光六年（1826）刻本　一百六十冊　缺二種六十六卷（附釋音毛詩注疏二十一至七十、附釋音春秋左傳注疏十三至二十八）

130000 – 0442 – 0000369　00369

**重刊文信國公全集十七卷首一卷**　（宋）文天祥撰　清道光二十五年（1845）刻本　十冊

130000 – 0442 – 0000370　00370

**笠澤叢書四卷補遺一卷續補遺一卷**　（唐）陸龜蒙撰　清大疊山房刻本　一冊

130000 – 0442 – 0000371　00371

**重刊校正唐荊川先生文集十二卷補遺五卷外集三卷附錄一卷**　（明）唐順之撰　清光緒三十年（1904）刻本　十冊

130000 – 0442 – 0000372　00372

**重刊許氏說文解字五音韻譜十二卷**　（漢）許慎撰　（五代）徐鉉等校定　清刻本　十二冊

130000 – 0442 – 0000373　00373

**文選六十卷**　（南朝梁）蕭統撰　（唐）李善注　（清）何焯評點　（清）葉樹藩參訂　清乾隆三十七年（1772）海錄軒刻朱墨套印本　十二冊

130000 – 0442 – 0000374　00374

**重刻朱文端公三傳五十一卷**　（清）朱軾　（清）蔡世遠訂　（清）李清植分纂　清雍正七年（1729）刻本　三十二冊

130000 – 0442 – 0000375　00375

新爾雅二卷 （清）汪榮寶 （清）葉瀾編纂
清鉛印本 二冊

130000－0442－0000376 00376
重修奉賢縣志二十卷首一卷末一卷 （清）張
文虎纂 （清）韓佩金修 清光緒四年(1878)
刻本 六冊

130000－0442－0000377 00377
重修名法指掌圖四卷 （清）徐灝撰 清同治
九年(1870)湖北崇文書局刻本 四冊

130000－0442－0000378 00378
周季編略九卷 （清）黃式三纂 清同治十二
年(1873)浙江書局刻本 三冊

130000－0442－0000379 00379
周季編略九卷 （清）黃式三纂 清同治十二
年(1873)浙江書局刻本 四冊

130000－0442－0000380 00380
周禮六卷 （漢）鄭玄注 （唐）陸德明音義
清光緒四年(1878)錦江書局刻本 六冊

130000－0442－0000381 00381
周禮六卷 （漢）鄭玄注 （唐）陸德明音義
清嘉慶十一年(1806)清芬閣刻本 六冊

130000－0442－0000382 00382
十三經讀本附校勘記 （清）丁寶楨等校并撰
校勘記 清同治十一年(1872)山東書局刻本
二十冊 存五種四十九卷(周禮六卷、附校
勘記一卷,儀禮鄭注句讀十七卷,監本正誤一
卷、附校勘記一卷,春秋公羊傳十一卷,春秋
穀梁傳十二卷)

130000－0442－0000383 00383
周禮六卷 （清）黃叔琳撰 （清）姚培謙重訂
（清）王永祺參閱 清光緒十三年(1887)刻
本 二冊

130000－0442－0000384 00384
周禮十二卷 （漢）鄭玄注 （唐）陸德明音義
清同治七年(1868)湖北崇文書局刻本 六
冊

130000－0442－0000385 00385

周禮十二卷 （漢）鄭玄注 （唐）陸德明音義
清光緒三年(1877)永康退補齋胡氏刻本
六冊

130000－0442－0000386 00386
周禮四十二卷 （漢）鄭玄注 （明）金蟠訂
清永懷堂刻本 四冊

130000－0442－0000387 00387
周書斠補四卷 （清）孫詒讓著 清光緒二十
六年(1900)刻本 二冊

130000－0442－0000388 00388
周松靄先生遺書八種 （清）周春撰 清嘉慶
十三年(1808)刻本 十一冊

130000－0442－0000389 00389
周易本義四卷附圖說一卷 （宋）朱熹撰 清
光緒二十年(1894)淮南書局刻本 二冊

130000－0442－0000390 00390
周易傳義音訓八卷首一卷末一卷 （宋）程頤
傳 （宋）朱熹本義 （宋）呂祖謙音訓 清刻
本 八冊

130000－0442－0000391 00391
周易函書約註依講合鈔四十六卷附錄周易原
圖約鈔一卷卦爻占附一卷別集辨四書解節錄
一卷 （清）張拱北輯 清同治十年(1871)刻
本 二十冊

130000－0442－0000392 00392
周易十卷 （三國魏）王弼注 清乾隆四十八
年(1783)刻本 四冊

130000－0442－0000393 00393
周易注疏十三卷略例一卷附考證 （三國魏）
王弼注 （唐）陸德明音義 （唐）孔穎達疏
清乾隆四年(1739)刻本 五冊

130000－0442－0000394 00394
朱九江先生集十卷首一卷 （清）朱次琦撰
清光緒二十三年(1897)刻本 四冊

130000－0442－0000395 00395
朱文端公藏書十三種 （清）朱軾校輯 清光
緒二十三年(1897)朱衡等刻本 八十冊

130000－0442－0000396　00396

**朱文公校昌黎先生文集四十卷外集十卷傳一卷遺文一卷**　（唐）韓愈撰　（明）朱吾弼重編　明萬曆三十三年(1605)刻本　六冊

130000－0442－0000397　00397

**朱子大全文集一百卷續集五卷別集七卷正僞一卷記疑一卷**　（宋）朱熹撰　清光緒十年(1884)刻本　四十八冊

130000－0442－0000398　00398

**朱子節要十四卷**　（宋）朱熹撰　（清）朱之弼選　清康熙十四年(1675)刻本　五冊

130000－0442－0000399　00399

**朱子論語集注訓詁攷二卷**　（清）潘衍桐輯　清光緒十六年(1890)刻本　一冊

130000－0442－0000400　00400

**朱子通鑑綱目原本五十九卷**　（宋）朱熹撰　清光緒十年(1884)刻本　三十冊

130000－0442－0000401　00401

**硃批八家詩選箋注**　（清）張熙宇評選　（清）張昶注釋　清道光十二年(1832)刻朱墨套印本　六冊

130000－0442－0000402　00402

**硃批諭旨不分卷**　（清）世宗胤禛批　（清）鄂爾泰　（清）張廷玉編次　清光緒十三年(1887)上海點石齋石印本　六十冊

130000－0442－0000403　00403

**諸葛丞相集四卷**　（三國蜀）諸葛亮撰　（清）朱璘彙訂　清光緒二年(1876)四勿堂刻本　四冊

130000－0442－0000404　00404

**諸子平議三十五卷**　（清）俞樾撰　清光緒二十五年(1899)刻本　十冊

130000－0442－0000405　00405

**竹書紀年統箋十二卷**　（南朝梁）沈約附註　（清）徐文靖統箋　清乾隆十六年(1751)刻本　四冊

130000－0442－0000406　00406

**竹書紀年統箋十二卷**　（南朝梁）沈約附註　（清）徐文靖統箋　清光緒三年(1877)浙江書局刻本　四冊

130000－0442－0000407　00407

**竹書紀年統箋十二卷**　（南朝梁）沈約附註　（清）徐文靖統箋　清光緒三年(1877)浙江書局刻本　四冊

130000－0442－0000408　00408

**竹書紀年校正十四卷通考一卷**　（清）郝懿行撰　清光緒五年(1879)刻本　一冊　存八卷（一至八）

130000－0442－0000409　00409

**竹垞小志五卷**　（清）阮元手訂　（宋）楊蟠編錄　清嘉慶三年(1798)刻本　二冊

130000－0442－0000410　00410

**竹軒摭錄八卷**　（清）龍顧山人輯　清刻本　四冊

130000－0442－0000411　00411

**竹葉亭雜記八卷**　（清）姚元之撰　清光緒十九年(1893)刻本　二冊

130000－0442－0000412　00412

**竺國紀游四卷**　（清）周藹聯撰　清道光十二年(1832)刻本　二冊

130000－0442－0000413　00413

**助字辨略五卷**　（清）劉淇撰　清乾隆四十四年(1779)福源堂刻本　五冊

130000－0442－0000414　00414

**助字辨略五卷**　（清）劉淇撰　清咸豐五年(1855)刻本　五冊

130000－0442－0000415　00415

**註釋唐詩三百首四卷**　（清）蘅塘退士編　清乾隆二十八年(1763)刻本　一冊

130000－0442－0000416　00416

**註釋小倉山房文集三十五卷**　（清）袁枚撰　（清）雷瑨註釋　清掃葉山房石印本　二冊　存十二卷（一至十二）

130000－0442－0000417　00417

註釋韻蘭賦鈔二集八卷 （清）屈塵菴撰（清）余逢瑗補註 清道光二十五年(1845)文錦堂刻本 四冊

130000－0442－0000418 00418

轉注古音畧五卷古音叢目五卷 （明）楊慎撰 （清）李調元校定 清刻本 四冊

130000－0442－0000419 00419

篆字彙十二集 （清）佟世男編 清康熙三十年(1691)刻本 六冊

130000－0442－0000420 00420

莊子獨見兩卷 （清）胡文英評釋 （清）武啟圖訂 清乾隆文淵堂刻本 二冊

130000－0442－0000421 00421

莊子集解八卷 王先謙輯 清宣統元年(1909)掃葉山房石印本 四冊

130000－0442－0000422 00422

莊子集解八卷 王先謙輯 清宣統元年(1909)思賢書局刻本 三冊

130000－0442－0000423 00423

莊子集釋十卷 （清）郭慶藩纂 清光緒二十年(1894)思賢講舍刻本 八冊

130000－0442－0000424 00424

莊子集釋十卷 （清）郭慶藩輯 清光緒二十年(1894)思賢講舍刻本 八冊

130000－0442－0000425 00425

莊子集釋十卷 （清）郭慶藩輯 清光緒二十年(1894)思賢講舍刻本 十冊

130000－0442－0000426 00426

莊子解十二卷 （清）吳世尚評注 （清）陳以明等校 清雍正四年(1726)易老莊書屋刻本 六冊

130000－0442－0000427 00427

莊子十卷 （晉）郭象注 （唐）陸德明音義 清光緒二年(1876)浙江書局刻本 四冊

130000－0442－0000428 00428

莊子因六卷 （清）林雲銘評述 清康熙二十七年(1688)刻本 二冊

130000－0442－0000429 00429

莊子因六卷 （清）林雲銘評述 清光緒六年(1880)刻本 六冊

130000－0442－0000430 00430

壯悔堂文集十卷遺稿一卷四憶堂詩集六卷遺稿一卷 （清）侯方域撰 （清）徐作肅 （清）賈開宗選 清同治十三年(1874)刻本 八冊

130000－0442－0000431 00431

壯悔堂文集十卷附四憶堂詩集六卷 （清）侯方域撰 （清）賈開宗等評點 清乾隆四年(1739)壯悔堂刻本 八冊

130000－0442－0000432 00432

壯悔堂文集十卷四憶堂詩集六卷 （清）侯方域撰 （清）賈開宗等評點 清康熙三十四年(1695)刻本 八冊

130000－0442－0000433 00433

壯悔堂文集十卷 （清）侯方域撰 清嘉慶七年(1802)刻本 四冊

130000－0442－0000434 00434

綴白裘新集十編 （清）朱鴻鈞撰 清乾隆四十七年(1782)刻本 一冊

130000－0442－0000435 00435

卓氏藻林八卷 （明）卓明卿撰 清道光二十七年(1847)刻本 八冊

130000－0442－0000436 00436

拙修集十卷 （清）吳廷棟撰 清同治十年(1871)刻本 四冊

130000－0442－0000437 00437

拙尊園叢稿六卷 （清）黎庶昌撰 清光緒二十一年(1895)刻本 四冊

130000－0442－0000438 00438

資治通鑑補二百九十四卷 （宋）司馬光編 （元）胡三省音注 （明）嚴衍補 清光緒二年(1876)思補樓刻本 八十冊

130000－0442－0000439 00439

資治通鑑二百九十四卷 （宋）司馬光撰

（元）胡三省音注　**宋元資治通鑑六十四卷**
（宋）王宗沐撰　明崇禎十年(1637)刻本　九
十冊

130000－0442－0000440　00440

**資治通鑑目錄二百九十四卷**　（宋）司馬光撰
清光緒十七年(1891)長沙楊氏刻本　三十
四冊　存一百十五卷(一至三十、五十一至七
十七、一百五至一百三十七、二百七十至二百
九十四)

130000－0442－0000441　00441

**資治通鑑綱目前編十八卷**　（宋）金履祥撰
清刻本　八冊　存十卷(九至十八)

130000－0442－0000442　00442

**資治通鑑綱目五十九卷凡例一卷重刊朱子通
鑑綱目原本改字備考一卷**　（宋）朱熹撰　清
光緒五年(1879)山東書局刻本　五十五冊

130000－0442－0000443　00443

**資治通鑑考異三十卷附通鑑釋例一卷通鑑問
疑一卷通鑑釋文十七卷**　（宋）司馬光編集
（清）胡元常審校　清光緒十四年(1888)刻本
十六冊

130000－0442－0000444　00444

**資治新書十四卷首一卷二集二十卷**　（清）李
漁輯　清康熙二年(1663)刻本　八冊　缺六
卷(二集一至六)

130000－0442－0000445　00445

**子史輯要詩賦題解四卷題解續編四卷**　（清）
胡本淵編輯　清乾隆三十九年(1774)刻本
一冊

130000－0442－0000446　00446

**子史精華一百六十卷**　（清）吳襄等纂修
（清）允祿　（清）允禮監修　清雍正五年
(1727)刻本　三十二冊

130000－0442－0000447　00447

**子史精華一百六十卷**　（清）吳襄等纂修
（清）允祿　（清）允禮監修　清光緒十三年
(1887)積山書局石印本　八冊

130000－0442－0000448　00448

**子史精華一百六十卷**　（清）吳襄等纂修
（清）允祿　（清）允禮監修　清光緒十五年
(1889)蜚英館石印本　八冊

130000－0442－0000449　00449

**子書百家**　（清）崇文書局輯　清光緒元年
(1875)湖北崇文書局刻本　一百十冊

130000－0442－0000450　00450

**字典考證十二集三十六卷**　（清）奕繪等撰
清道光十一年(1831)刻本　四冊

130000－0442－0000451　00451

**字典考證十二集三十六卷**　（清）奕繪等撰
清道光十一年(1831)刻本　一冊

130000－0442－0000452　00452

**字典考證十二集三十六卷**　（清）奕繪等撰
清道光十一年(1831)刻本　八冊

130000－0442－0000453　00453

**字彙十二卷首一卷末一卷韻法直圖一卷韻法
橫圖一卷**　（明）梅膺祚撰　明萬曆四十三年
(1615)刻本　十四冊

130000－0442－0000454　00454

**字類標韻六卷**　（清）華綱輯　（清）王乃棠重
校　清光緒二年(1876)刻本　二冊

130000－0442－0000455　00455

**字林古今正俗異同通考四卷**　（清）湯容焴輯
清道光五年(1825)四明滋德堂刻本　二冊

130000－0442－0000456　00456

**字林考逸八卷補一卷附錄一卷**　（清）任大椿
撰　清乾隆四十七年(1782)刻本　四冊

130000－0442－0000457　00457

**字林考逸八卷**　（清）任大椿撰　清光緒七年
(1881)章氏刻本　二冊

130000－0442－0000458　00458

**字林考逸八卷**　（清）任大椿撰　**補本一卷**
（清）陶方琦撰　清乾隆四十七年(1782)刻本
四冊

130000－0442－0000459　00459

字林考逸八卷 （清）任大椿撰 **補本一卷**
（清）陶方琦撰 清光緒十六年(1890)江蘇書
局刻本 四冊

130000－0442－0000460 00460
字說一卷 （清）吳大澂撰 清光緒十九年
(1893)思賢講舍刻本 一冊

130000－0442－0000461 00461
字說一卷 （清）吳大澂撰 清光緒刻本 一
冊

130000－0442－0000462 00462
字學舉隅一卷 （清）黃虎癡撰 （清）龍光甸
（清）龍啟瑞輯 清同治十年(1871)琉璃廠
懿文齋刻本 一冊

130000－0442－0000463 00463
字學舉隅一卷 （清）黃虎癡撰 （清）龍光甸
（清）龍啟瑞輯 清光緒十五年(1889)刻本
一冊

130000－0442－0000464 00464
字學舉隅一卷 （清）黃虎癡撰 （清）龍光甸
（清）龍啟瑞輯 清同治十三年(1874)湖北
崇文書局刻本 一冊

130000－0442－0000465 00465
字學舉隅一卷 （清）黃虎癡撰 （清）龍光甸
（清）龍啟瑞輯 清光緒八年(1882)刻本
一冊

130000－0442－0000466 00466
字學七種二卷 （清）李秘園撰 （清）張邦泰
校刊 清道光十三年(1833)刻本 二冊

130000－0442－0000467 00467
字學七種二卷 （清）李秘園撰 （清）張邦泰
校刊 清光緒十二年(1886)松竹齋刻本 二冊

130000－0442－0000468 00468
自警錄四卷 （清）湯應求編 （清）朱櫄輯
清道光八年(1828)刻本 四冊

130000－0442－0000469 00469
奏定學堂章程二十種 （清）張百熙等訂 清
光緒二十九年(1903)湖北學務處鉛印本 三

冊

130000－0442－0000470 00470
醉白堂文集四卷續集一卷 （清）謝良琦撰
清光緒十九年(1893)刻本 二冊

130000－0442－0000471 00471
醉茶誌怪四卷 （清）李慶辰著 清光緒十八
年(1892)刻本 二冊 存二卷(一、四)

130000－0442－0000472 00472
醉芙詩餘一卷 （清）王汝純撰 清光緒十九
年(1893)刻本 一冊

130000－0442－0000473 00473
檇李遺書二十六種 （清）孫福清輯 清光緒
四年(1878)秀水孫氏望雲仙館刻本 三十冊

130000－0442－0000474 00474
左傳紀事本末五十三卷 （清）高士奇撰 清
同治十二年(1873)刻本 十二冊

130000－0442－0000475 00475
左傳經世鈔二十三卷 （清）魏禧評點 （清）
彭家屏參訂 清乾隆十三年(1748)石翠山房
刻本 十六冊

130000－0442－0000476 00476
左傳經世鈔二十三卷 （清）魏禧評點 （清）
彭家屏參訂 清乾隆十三年(1748)刻本 十
二冊

130000－0442－0000477 00477
左傳評林八卷 （清）張光華輯 （清）李恕谷
鑒定 清道光二十六年(1846)刻本 四冊

130000－0442－0000478 00478
左傳事緯十二卷 （清）馬驌撰 清懷澄堂刻
本 十二冊

130000－0442－0000479 00479
左傳事緯十二卷 （清）馬驌編 清光緒四年
(1878)敏德堂刻本 十冊

130000－0442－0000480 00480
左傳事緯十二卷前書八卷 （清）馬驌撰 清
道光十二年(1832)刻本 二十冊

130000－0442－0000481　00481

**左傳事緯十二卷字釋一卷小傳一卷**　(清)馬驌撰　(清)潘霨重校　清光緒四年(1878)敏德堂刻本　十二冊

130000－0442－0000482　00482

**左傳事緯十二卷字釋一卷小傳一卷**　(清)馬驌撰　(清)潘霨重校　清光緒四年(1878)敏德堂刻本　十冊

130000－0442－0000483　00483

**左海全集九種**　(清)陳壽祺撰　清嘉慶十八年至道光三年(1813－1823)刻本　十四冊　存三種十一卷(五經異義疏證三卷、左海經辨二卷、絳跗草堂詩集六卷)

130000－0442－0000484　00484

**左恪靖侯奏稿初編三十八卷續編七十六卷三編六卷**　(清)左宗棠撰　清光緒十二年(1886)刻本　二十七冊　存四十三卷(初編一至八、二十六至三十八,續編二十八至四十三,三編六卷)

130000－0442－0000485　00485

**左通補釋三十二卷**　(清)梁履繩撰　清光緒元年(1875)刻本　二十冊

130000－0442－0000486　00486

**左文襄公手札一卷**　(清)左宗棠著　清光緒三十三年(1907)影印本　一冊

130000－0442－0000487　00487

**左文襄公奏稿五十五卷**　(清)左宗棠撰　清光緒十六年(1890)刻本　五十五冊

130000－0442－0000488　00488

**左文襄公奏疏初編三十八卷續編七十六卷**　(清)左宗棠撰　清光緒十六年(1890)上海圖書集成局石印本　十九冊

130000－0442－0000489　00489

**左文襄公奏疏初集三十八卷續集七十六卷**　(清)左宗棠撰　清光緒二十七年(1901)刻本　四十八冊

130000－0442－0000490　00490

**左繡三十卷**　(清)馮李驊　(清)陸浩評輯　清康熙五十九年(1720)華川書屋刻本　十四冊

130000－0442－0000491　00491

**左忠毅公集三卷**　(明)左光斗撰　清乾隆四年(1739)刻本　六冊

130000－0442－0000492　00492

**碧溪詩話十卷**　(宋)黄徹撰　清乾隆四十二年(1777)刻本　一冊

130000－0442－0000493　00493

**十三經注疏附考證**　清乾隆四年(1739)武英殿刻本　九十冊　存八種二百七十四卷(周禮注疏四十二卷、儀禮注疏十七卷、春秋左傳注疏六十卷附考證、春秋公羊傳注疏二十八卷附考證、論語注疏二十卷、禮記注疏六十三卷、尚書注疏十九卷、毛詩注疏六至三十)

130000－0442－0000494　00494

**武英殿聚珍版書**　清乾隆武英殿聚珍版印本　一百五十八冊　存二十五種三百卷(儀禮識誤三卷,儀禮釋宫一卷,春秋傳說例一卷,禹貢指南四卷,易說六卷,易象意言一卷,御選明臣奏議四十卷,止堂集十八卷,拙軒集六卷,孫子算經三卷,五經算術二卷,猗覺寮雜記二卷,唐語林八卷,雪山集十六卷,絜齋集二十四卷、拾遺一卷,文苑英華辨證十卷、拾遺一卷,歲寒堂詩話二卷,春秋辨疑四卷,茶山集八卷,春秋集註四十卷,祠部集三十五卷,東觀漢記二十四卷,方言注十三卷,公是弟子記四卷,尚書詳解一至二十三)

130000－0442－0000495　00495

**毛詩鄭箋改字說四卷**　(清)陳喬樅撰　清道光九年(1829)小娜嬛館刻本　一冊

130000－0442－0000496　00496

**毛鄭詩斠議一卷**　羅振玉撰　清光緒十六年(1890)鉛印本　一冊

130000－0442－0000497　00497

**茆桂題襟集二卷**　(清)陸枝珊編　清光緒二十九年(1903)刻本　一冊

130000－0442－0000498　00498

**梅村家藏稿五十八卷補遺一卷世系一卷年譜
四卷**　（清）吳偉業撰　清宣統三年(1911)董
氏誦芬室刻本　八冊

130000－0442－0000499　00499

**梅村詩集箋注十八卷**　（清）吳翌鳳撰　清光
緒十年(1884)湖北官書處刻本　十二冊

130000－0442－0000500　00500

**梅村詩集箋注十八卷**　（清）吳翌鳳撰　清光
緒十年(1884)湖北官書處刻本　十二冊

130000－0442－0000501　00501

**梅村詩集箋注十八卷**　（清）吳翌鳳撰　清光
緒十年(1884)湖北官書處刻本　十二冊

130000－0442－0000502　00502

**梅村詩集箋注十八卷**　（清）吳翌鳳撰　清光
緒十年(1884)湖北官書處刻本　八冊

130000－0442－0000503　00503

**梅氏叢書**　（清）梅文鼎撰　（清）魏荔彤輯
清咸豐九年(1859)閩妙香刻本　二十四冊

130000－0442－0000504　00504

**湄湖吟十一卷聽松軒遺文一卷**　（清）杜濬撰
清康熙十九年(1680)刻本　四冊

130000－0442－0000505　00505

**楳薲詩鈔五卷首一卷**　（清）鐵保著　清嘉慶
五年(1800)水繪園刻本　二冊

130000－0442－0000506　00506

**美國獨立戰史二卷**　（日本）羽化生著　（清）
中國東京留學生譯　清鉛印本　一冊

130000－0442－0000507　00507

**夢溪筆談二十六卷**　（宋）沈括撰　清光緒三
十二年(1906)番禺陶氏愛廬刻本　四冊

130000－0442－0000508　00508

**蒙古游牧記十六卷**　（清）張穆撰　清光緒二
十年(1894)上海復古書局石印本　六冊

130000－0442－0000509　00509

**蒙古游牧記十六卷**　（清）張穆撰　清同治六
年(1867)壽陽祁氏刻本　四冊

130000－0442－0000510　00510

**孟鄰堂文鈔十六卷**　（清）楊椿撰　清嘉慶二
十三年(1818)刻本　九冊

130000－0442－0000511　00511

**孟子集註七卷**　（宋）朱熹集註　清刻本　七
冊

130000－0442－0000512　00512

**孟子十四卷**　（漢）趙岐注　（明）金蟠訂　清
刻本　二冊　存十一卷(四至十四)

130000－0442－0000513　00513

**秘傳花鏡六卷**　（清）陳淏子訂輯　清康熙二
十七年(1688)刻本　六冊

130000－0442－0000514　00514

**秘書廿一種**　（清）汪士漢輯　清乾隆七年
(1742)刻本　十四冊　缺三種二十一卷(博
物志十卷、桂海虞蘅志一卷、續博物志十卷）

130000－0442－0000515　00515

**[光緒]沔縣志四卷**　（清）孫銘鐘修　清光緒
九年(1883)刻本　四冊

130000－0442－0000516　00516

**苗氏說文四種四十六卷**　（清）苗夔撰　清道
光二十一年至咸豐元年(1841－1851)壽陽祁
氏漢專亭刻本　四冊

130000－0442－0000517　00517

**苗氏說文四種四十六卷**　（清）苗夔撰　清道
光二十一年至咸豐元年(1841－1851)壽陽祁
氏漢專亭刻本　八冊

130000－0442－0000518　00518

**苗氏說文四種四十六卷**　（清）苗夔撰　清道
光二十一年至咸豐元年(1841－1851)壽陽祁
氏漢專亭刻本　四冊

130000－0442－0000519　00519

**苗氏說文四種四十六卷**　（清）苗夔撰　清道
光二十一年至咸豐元年(1841－1851)壽陽祁
氏漢專亭刻本　四冊

130000－0442－0000520　00520

**蟻蠓集五卷**　（明）盧柟撰　清同治四年

(1865)刻本　　五冊

130000－0442－0000521　　00521
閩產錄異六卷　（清）郭柏蒼輯　清光緒十二
年（1886）刻本　　三冊

130000－0442－0000522　　00522
閩詩錄甲集六卷乙集四卷丙集二十三卷丁集
一卷戊集七卷　（清）鄭杰輯　（清）陳衍補
清宣統三年（1911）刻本　　十冊

130000－0442－0000523　　00523
名賢手札不分卷　（清）郭慶藩輯　清光緒十
五年（1889）上海點石齋石印本　　二冊

130000－0442－0000524　　00524
名賢手札墨跡一卷　（清）郭慶藩輯　清光緒
十一年（1885）點石齋石印本　　六冊

130000－0442－0000525　　00525
名原二卷　（清）孫詒讓撰　清光緒三十一年
（1905）千頃堂書局刻本　　一冊

130000－0442－0000526　　00526
名媛詩話十二卷續集三卷　（清）沈善寶著
清光緒五年（1879）刻本　　八冊

130000－0442－0000527　　00527
明詞綜十二卷　　（清）王昶撰　清嘉慶七年
（1802）刻本　　二冊

130000－0442－0000528　　00528
明季稗史彙編二十七卷　（清）留雲居士輯
清光緒十三年（1887）上海圖書集成書局鉛印
本　　六冊

130000－0442－0000529　　00529
明季稗史彙編二十七卷　（清）留雲居士輯
清光緒二十二年（1896）鉛印本　　六冊

130000－0442－0000530　　00530
明季稗史彙編二十七卷　（清）留雲居士輯
清都城琉璃廠留雲居士活字印本　　十六冊

130000－0442－0000531　　00531
明季稗史彙編二十七卷　（清）留雲居士輯
清光緒二十二年（1896）鉛印本　　六冊

130000－0442－0000532　　00532
明季北略二十四卷　（清）計六奇編輯　清活
字印本　　十四冊

130000－0442－0000533　　00533
明季南略十八卷　（清）計六奇編輯　清活字
印本　　十二冊

130000－0442－0000534　　00534
明紀六十卷　　（清）陳鶴纂　清同治十年
（1871）刻本　　二十冊

130000－0442－0000535　　00535
明儒學案六十二卷　（清）黃宗羲撰　清光緒
十二年（1886）刻本　　十二冊

130000－0442－0000536　　00536
明儒學案六十二卷　（清）黃宗羲撰　清光緒
十四年（1888）刻本　　二十八冊

130000－0442－0000537　　00537
明儒學案六十二卷　（清）黃宗羲撰　清光緒
十四年（1888）刻本　　二十九冊　缺二卷（九
至十）

130000－0442－0000538　　00538
明三十家詩選初集八卷二集八卷　（清）汪端
輯　清同治十二年（1873）蘊蘭吟館刻本　　八
冊

130000－0442－0000539　　00539
明詩紀事甲籤三十卷乙籤二十二卷丙籤十二
卷丁籤十七卷戊籤二十二卷己籤二十卷庚籤
三十卷辛籤三十四卷　（清）陳田輯　清光緒
二十三年至宣統三年（1897－1911）貴陽陳氏
聽詩齋刻本　　三十八冊

130000－0442－0000540　　00540
明詩紀事甲籤三十卷　（清）陳田輯　清光緒
二十三年至宣統三年（1897－1911）貴陽陳氏
聽詩齋刻本　　六冊

130000－0442－0000541　　00541
明詩綜一百卷　（清）朱彝尊錄　（清）汪森緝
評　清康熙四十四年（1705）刻本　　二十冊

130000－0442－0000542　　00542

明詩綜一百卷　（清）朱彝尊錄　（清）汪森緝評　清康熙四十四年(1705)刻本　二十五冊

130000－0442－0000543　00543
明詩綜一百卷　（清）朱彝尊錄　（清）汪森緝評　清康熙四十四年(1705)刻本　三十二冊

130000－0442－0000544　00544
明詩綜一百卷　（清）朱彝尊錄　（清）汪森緝評　清康熙四十四年(1705)刻本　二十四冊

130000－0442－0000545　00545
明詩綜一百卷　（清）朱彝尊錄　（清）汪森緝評　清康熙四十四年(1705)刻本　二十冊

130000－0442－0000546　00546
明詩綜一百卷　（清）朱彝尊錄　（清）汪森緝評　清康熙四十四年(1705)刻本(前三冊爲配本)　二十五冊

130000－0442－0000547　00547
明詩綜一百卷　（清）朱彝尊錄　（清）汪森緝評　清康熙四十四年(1705)刻本　二十六冊

130000－0442－0000548　00548
明史紀事本末八十卷　（清）谷應泰編輯　清光緒十三年(1887)廣雅書局刻本　十六冊

130000－0442－0000549　00549
明史紀事本末八十卷　（清）谷應泰編輯　清同治十三年(1874)江西書局刻本　十五冊

130000－0442－0000550　00550
明史紀事本末詳節六卷　（清）谷應泰編輯　（清）林紓重編　清光緒二十九年(1903)鉛印本　六冊

130000－0442－0000551　00551
明史三百三十二卷　（清）張廷玉等纂修　清乾隆四年(1739)武英殿刻本　一百十三冊

130000－0442－0000552　00552
明史三百三十二卷　（清）張廷玉等纂修　清乾隆四年(1739)武英殿刻本　八十二冊

130000－0442－0000553　00553
明史三百三十二卷　（清）張廷玉等纂修　清同治八年(1869)刻本　九十四冊

130000－0442－0000554　00554
明書一百七十一卷　（清）傅維鱗纂　清刻本　三十八冊

130000－0442－0000555　00555
明通鑑一百卷首一卷　（清）夏燮編輯　清光緒二十六年(1900)上海掃葉山房石印本　十六冊

130000－0442－0000556　00556
明通鑑九十卷目錄二十卷前編四卷附編六卷　（清）夏燮編輯　清同治十二年(1873)宜黃官廨刻本　四十七冊

130000－0442－0000557　00557
明文在一百卷　（清）薛熙纂輯　清光緒十五年(1889)江蘇書局刻本　十冊

130000－0442－0000558　00558
明文在一百卷　（清）薛熙纂輯　清光緒十五年(1889)江蘇書局刻本　十冊

130000－0442－0000559　00559
明賢尺牘四卷　（清）程化騄　（清）王元勳輯　清光緒二十六年(1900)刻本　二冊

130000－0442－0000560　00560
明選古文神駒六種三十卷　（明）梅之煥編次　清光緒二十七年(1901)石印本　九冊　缺十四卷(戰國策神駒一至四,三蘇文神駒一至六,史記三,秦漢文神駒一、三至四)

130000－0442－0000561　00561
明夷待訪錄糾謬一卷　（清）李滋然撰　清宣統三年(1911)鉛印本　一冊

130000－0442－0000562　00562
明夷待訪錄一卷　（清）黃宗羲撰　清光緒二十四年(1898)新學書局刻本　一冊

130000－0442－0000563　00563
明張文忠公全集五卷附錄二卷　（明）張居正撰　清光緒二十七年(1901)紅藤碧樹山館刻本　十六冊

130000－0442－0000564　00564
黃漳浦集五十卷首一卷目錄二卷年譜二卷

（明）黄道周撰　清道光三年(1823)刻本　二十四册

130000－0442－0000565　00565

茗柯文初編一卷二編二卷三編一卷四編一卷　（清）張惠言撰　清光緒七年(1881)刻本　二册

130000－0442－0000566　00566

鳴原堂論文二卷　（清）曾國荃審訂　清同治十二年(1873)刻本　二册

130000－0442－0000567　00567

繆篆分韻五卷補一卷　（清）桂馥撰　清嘉慶元年(1796)刻本　二册

130000－0442－0000568　00568

繆篆分韻五卷補一卷　（清）桂馥撰　清嘉慶元年(1796)刻本　三册

130000－0442－0000569　00569

秣陵集六卷圖考一卷附金陵歷代紀年事表一卷　（清）陳文述撰　清光緒十年(1884)淮南書局刻本　三册

130000－0442－0000570　00570

莫愁湖志六卷首一卷　（清）馬士圖撰　清光緒八年(1882)刻本　四册

130000－0442－0000571　00571

墨子閒詁十五卷目錄一卷附錄一卷後語二卷　（清）孫詒讓撰　清光緒三十三年(1907)刻本　八册　缺三卷(十四至十五、附錄一卷)

130000－0442－0000572　00572

墨子閒詁十五卷目錄一卷附錄一卷後語二卷　（清）孫詒讓撰　清宣統二年(1910)刻本　八册

130000－0442－0000573　00573

墨子斠注補正二卷　（清）王樹枏撰　清光緒十三年(1887)刻本　一册

130000－0442－0000574　00574

牡丹亭還魂記二卷　（明）湯顯祖編　清光緒十二年(1886)石印本　四册

130000－0442－0000575　00575

牧菴雜紀六卷　（清）徐一麟撰　清光緒二十五年(1899)刻本　四册

130000－0442－0000576　00576

牧令全書四種附欽頒州縣事宜一卷　（清）徐棟原編　（清）丁日昌選評　清同治七年(1868)刻本　十册　缺九卷(牧令書輯要三、六、九,劉簾舫先生吏治三書一至六)

130000－0442－0000577　00577

牧令須知六卷　（清）剛毅輯　清光緒十四年(1888)晉陽課吏館刻本　四册

130000－0442－0000578　00578

錢牧齋先生列朝詩集小傳十卷　（清）錢謙益編　清康熙三十七年(1698)刻本　十二册　存八卷(一至八)

130000－0442－0000579　00579

拿破崙本紀四卷　（英國）洛加德著　林紓（清）魏易譯　清光緒三十一年(1905)京師學務處官書局鉛印本　四册

130000－0442－0000580　00580

納書楹曲譜正集四卷續集四卷補遺四卷外集二卷納書楹玉茗堂四夢曲譜八卷　（清）葉堂訂譜　清乾隆五十七年(1792)刻本　四十册　存八卷(納書楹玉茗堂四夢曲譜八卷)

130000－0442－0000581　00581

納書楹四夢全譜八卷　（清）葉堂訂譜　清乾隆五十七年(1792)納書楹刻本　八册

130000－0442－0000582　00582

南北史識小錄二十八卷　（清）沈名蓀　（清）朱昆田輯　（清）張應昌補正　清同治十年(1871)刻本　十二册

130000－0442－0000583　00583

南疆繹史勘本五十六卷　（清）溫睿臨輯(清)李瑤勘定　清道光十年(1830)都城琉璃廠半松居士活字印本　三十二册

130000－0442－0000584　00584

南疆繹史勘本五十六卷　（清）溫睿臨輯（清）李瑤勘定　清道光十年(1830)都城琉璃

廠半松居士活字印本　十六冊

130000 – 0442 – 0000585　00585

**南山全集十六卷**　(清)戴名世著　清道光三十年(1850)刻本　八冊

130000 – 0442 – 0000586　00586

**南史八十卷**　(唐)李延壽撰　明崇禎十三年(1640)毛氏刻本　十二冊

130000 – 0442 – 0000587　00587

**南史八十卷**　(唐)李延壽撰　清同治十一年(1872)金陵書局刻本　十二冊

130000 – 0442 – 0000588　00588

**南宋樂府一卷**　(清)章季英著　(清)趙葆燧纂注　清光緒二年(1876)刻本　一冊

130000 – 0442 – 0000589　00589

**南宋文範七十卷外編四卷**　(清)莊仲方編　清光緒十四年(1888)江蘇書局刻本　十六冊

130000 – 0442 – 0000590　00590

**南宋文範外編四卷**　(清)莊仲方編　清道光五年(1825)刻本　一冊

130000 – 0442 – 0000591　00591

**南宋文錄錄二十四卷**　(清)董兆熊輯　清光緒十七年(1891)刻本　六冊

130000 – 0442 – 0000592　00592

**南宋雜事詩七卷**　(清)沈嘉轍等撰　清道光九年(1829)扶荔山房刻本　四冊

130000 – 0442 – 0000593　00593

**南宋雜事詩七卷**　(清)沈嘉轍等撰　清道光九年(1829)扶荔山房刻本　四冊

130000 – 0442 – 0000594　00594

**南唐書十八卷附音釋一卷**　(清)蔣國祥輯　清康熙刻本　六冊

130000 – 0442 – 0000595　00595

**南天痕二十六卷附錄一卷**　(清)凌雪纂修　清宣統二年(1910)復古社鉛印本　六冊

130000 – 0442 – 0000596　00596

**南巡盛典一百二十卷**　(清)高晉等纂　清光

緒八年(1882)上海點石齋石印本　八冊

130000 – 0442 – 0000597　00597

**南巡盛典一百二十卷**　(清)高晉等纂　清乾隆三十六年(1771)刻本　四十八冊

130000 – 0442 – 0000598　00598

**逆黨禍蜀記不分卷**　(清)汪堃撰　清同治五年(1866)刻本　二冊

130000 – 0442 – 0000599　00599

**廿二史考異一百卷**　(清)錢大昕撰　清乾隆四十五年(1780)刻本　二十三冊

130000 – 0442 – 0000600　00600

**廿二史劄記三十六卷補遺一卷**　(清)趙翼撰　清光緒二十五年(1899)湖南書局刻本　十六冊

130000 – 0442 – 0000601　00601

**廿二史劄記三十六卷補遺一卷**　(清)趙翼撰　清嘉慶二十年(1815)湛貽堂刻本　十二冊

130000 – 0442 – 0000602　00602

**廿二史劄記三十六卷補遺一卷**　(清)趙翼撰　清嘉慶五年(1800)刻本　十四冊　存三十六卷(廿二史劄記三十六卷)

130000 – 0442 – 0000603　00603

**廿二史劄記三十六卷補遺一卷**　(清)趙翼撰　清石印本　八冊

130000 – 0442 – 0000604　00604

**廿二史劄記三十六卷補遺一卷**　(清)趙翼撰　清刻本　十一冊

130000 – 0442 – 0000605　00605

**廿一史四譜五十四卷**　(清)沈炳震鈔　清同治十年(1871)武林吳氏清來堂刻本　十六冊

130000 – 0442 – 0000606　00606

**廿一史約編八卷首一卷**　(清)鄭元慶撰　清光緒六年(1880)刻本　八冊

130000 – 0442 – 0000607　00607

**廿一史戰略考三十三卷**　(明)茅元儀輯　清光緒二十五年(1899)刻本　十冊

130000－0442－0000608　　00608

寧都三魏全集八十三卷　（清）林時益輯　清
道光二十五年(1845)刻本　五十冊

130000－0442－0000609　　00609

[同治]寧化縣志七卷　（清）祝文郁修
（清）李世熊纂　清同治八年(1869)刻本　八
冊

130000－0442－0000610　　00610

說文新附考六卷附說文續考一卷　（清）鈕樹
玉撰　清同治十三年(1874)湖北崇文書局刻
本　二冊

130000－0442－0000611　　00611

農桑輯要七卷　（元）司農司撰　蠶事要略一
卷　（清）張行孚撰　清光緒二十一年(1895)
中江権署刻本　二冊

130000－0442－0000612　　00612

樗經廬詩集初編八卷　（清）王軒撰　清同治
十三年(1874)刻本　二冊

130000－0442－0000613　　00613

歐陽氏遺書一卷　（清）歐陽直撰　清同治十
年(1871)刻本　一冊

130000－0442－0000614　　00614

歐陽文公圭齋集十六卷首一卷末一卷　（元）
歐陽玄撰　（清）鄧顯鶴增訂　清道光二十六
年(1846)新化鄧氏南村草堂刻本　六冊

130000－0442－0000615　　00615

歐陽文忠公集一百二十六卷目錄十二卷附錄
四卷　（宋）歐陽修撰　明萬曆四十年(1612)
刻本　三十冊　缺三十四卷（十一至十九、六
十一至六十六、七十一至七十五、七十八至九
十一）

130000－0442－0000616　　00616

歐陽文忠公全集一百五十三卷附錄五卷
（宋）歐陽修撰　清乾隆十一年(1746)孝思堂
刻本　二十四冊

130000－0442－0000617　　00617

歐陽文忠公全集一百五十三卷首一卷附錄五

卷　（宋）歐陽修撰　清嘉慶二十五年(1820)
刻本　二十四冊

130000－0442－0000618　　00618

歐洲列國戰事本末二十二卷　（清）王樹枏撰
清光緒二十八年(1902)刻本　六冊

130000－0442－0000619　　00619

甌北集五十三卷　（清）趙翼撰　清嘉慶十七
年(1812)刻本　十二冊

130000－0442－0000620　　00620

甌北全集七種一百七十六卷　（清）趙翼撰
清乾隆至嘉慶湛貽堂刻本　六十四冊

130000－0442－0000621　　00621

甌北詩鈔不分卷　（清）趙翼撰　清乾隆五十
六年(1791)湛貽堂刻本　六冊

130000－0442－0000622　　00622

鷗陂漁話六卷　（清）葉廷琯撰　清同治八年
(1869)刻本　六冊

130000－0442－0000623　　00623

藕香零拾三十九種　繆荃孫輯　清光緒二十
二年至宣統二年(1896－1910)刻本　三十二
冊

130000－0442－0000624　　00624

藕香零拾三十九種　繆荃孫輯　清光緒二十
二年至宣統二年(1896－1910)刻本　三十二
冊

130000－0442－0000625　　00625

攀古小廬文一卷　（清）許瀚撰　清刻本　一
冊

130000－0442－0000626　　00626

桺湖詩錄六卷首一卷釣者風一卷　（清）吳敏
樹著　清同治八年(1869)刻本　四冊

130000－0442－0000627　　00627

桺湖詩錄六卷首一卷釣者風一卷　（清）吳敏
樹著　清同治八年(1869)刻本　四冊

130000－0442－0000628　　00628

槃薖文甲乙集五卷　（清）湯紀尚撰　清光緒
十八年(1892)刻本　二冊

130000－0442－0000629　00629

**盤山志十卷首一卷補遺四卷**　（清）釋智樸纂
（清）朱彝尊　（清）王士禛訂　清同治十一
年(1872)刻本　四冊

130000－0442－0000630　00630

**滂喜齋叢書五十四種**　（清）潘祖蔭輯　清同
治十一年(1872)吳縣潘氏京師刻本　三十二
冊

130000－0442－0000631　00631

**佩蘭軒繡餘草一卷**　（清）文篁撰　清光緒九
年(1883)刻本　一冊

130000－0442－0000632　00632

**佩文廣韻匯編五卷**　（清）李元祺編輯　清同
治十一年(1872)金陵書局刻本　二冊

130000－0442－0000633　00633

**佩文詩韻釋要五卷**　（清）陸潤庠重校　清宣
統三年(1911)影印本　二冊

130000－0442－0000634　00634

**佩文詩韻釋要五卷附辯正**　（清）周兆基輯
清光緒三年(1877)粤東使署刻本　二冊

130000－0442－0000635　00635

**佩文韻府一百六卷**　（清）張玉書等纂　清康
熙五十年(1711)刻本　九十五冊

130000－0442－0000636　00636

**佩文齋廣羣芳譜一百卷**　（清）汪灝編　清同
治七年(1868)刻本　四十冊

130000－0442－0000637　00637

**彭剛直公詩稿八卷**　（清）彭玉麟撰　清光緒
十七年(1891)刻本　四冊

130000－0442－0000638　00638

**彭剛直公奏稿八卷**　（清）彭玉麟撰　清光緒
十七年(1891)鉛印本　四冊

130000－0442－0000639　00639

**[光緒]重修彭縣志十三卷首一卷末一卷補遺
一卷**　（清）張龍甲修　（清）呂調陽纂　清光
緒四年(1878)刻本　八冊

130000－0442－0000640　00640

**分韻試帖青雲集合註四卷**　（清）楊逢春輯
清光緒四年(1878)刻本　四冊

130000－0442－0000641　00641

**批點燕子箋二卷**　（明）阮大鋮撰　清宣統二
年(1910)刻本　二冊

130000－0442－0000642　00642

**皮氏經學叢書九種二十四卷**　（清）皮錫瑞撰
清光緒二十二年至三十四年(1896－1908)
刻本　十四冊

130000－0442－0000643　00643

**毘陵集十六卷**　（宋）張守撰　清乾隆四十四
年(1779)武英殿聚珍版木活字印本　五冊

130000－0442－0000644　00644

**埤雅二十卷**　（宋）陸佃撰　明武林堂策檻刻
本　六冊

130000－0442－0000645　00645

**琵琶記五卷首一卷**　（元）高明撰　清宣統二
年(1910)鉛印本　二冊

130000－0442－0000646　00646

**駢體文鈔三十一卷**　（清）李兆洛輯　清光緒
八年(1882)刻本　十冊

130000－0442－0000647　00647

**駢文類纂四十六卷**　王先謙纂　清光緒二十
八年(1902)思賢書局刻本　二十四冊

130000－0442－0000648　00648

**駢雅七卷序目一卷訓纂十六卷**　（清）魏茂林
輯　清光緒七年(1881)渝雅齋刻本　八冊

130000－0442－0000649　00649

**駢雅訓纂十六卷首一卷**　（明）朱謀㙔撰　清
刻本　十二冊

130000－0442－0000650　00650

**駢雅訓纂七卷首一卷**　（清）魏茂林輯　清光
緒十二年(1886)刻本　八冊

130000－0442－0000651　00651

**頻羅庵遺集十六卷**　（清）梁同書撰　清嘉慶
二十二年(1817)刻本　五冊

130000－0442－0000652　00652

**平定關隴紀畧十三卷**　（清）易孔昭纂輯　清
光緒十三年(1887)刻本　十二冊

130000－0442－0000653　00653

**平定粵匪紀略十八卷附記四卷**　（清）杜文瀾
撰　清同治九年(1870)刻本　九冊

130000－0442－0000654　00654

**平定粵寇紀略十八卷附記四卷**　（清）杜文瀾
撰　清光緒元年(1875)詁谷堂刻本　十冊

130000－0442－0000655　00655

**平津館叢書四十三種**　（清）孫星衍輯　清光
緒十一年(1885)刻本　四十八冊

130000－0442－0000656　00656

**平津館鑒藏書籍記三卷補遺一卷續編一卷**
（清）孫星衍撰　清光緒十一年(1885)木犀軒
刻本　一冊

130000－0442－0000657　00657

**平臺紀略一卷**　（清）藍鼎元著　清雍正十年
(1732)刻本　一冊

130000－0442－0000658　00658

**平浙紀略十六卷**　（清）陳鍾英纂輯　清光緒
元年(1875)申報館鉛印本　四冊

130000－0442－0000659　00659

**屏山全集二十卷**　（宋）劉子翬撰　清道光十
七年(1837)刻本　六冊

130000－0442－0000660　00660

**瓶花齋集十卷**　（明）袁宏道撰　清宣統三年
(1911)石印本　四冊

130000－0442－0000661　00661

**瓶水齋詩集十七卷別集二卷詩話一卷**　（清）
舒位撰　清光緒十二年(1886)刻本　八冊

130000－0442－0000662　00662

**忠雅堂評選四六法海八卷**　（清）蔣士銓評選
　清同治十年(1871)朱墨套印本　八冊

130000－0442－0000663　00663

**坡門酬唱二十三卷**　（宋）蘇軾撰　（宋）邵浩
編　清宣統二年(1910)刻本　八冊

130000－0442－0000664　00664

**坡仙集十六卷**　（宋）蘇軾撰　明萬曆二十八
年(1600)刻本　五冊

130000－0442－0000665　00665

**鄱陽詩集十二卷補遺一卷**　（宋）彭汝礪撰
清嘉慶二十三年(1818)刻本　四冊

130000－0442－0000666　00666

**普天忠憤集十四卷首一卷**　（清）孔廣德編
清光緒二十一年(1895)石印本　十二冊

130000－0442－0000667　00667

**重修南海普陀山志二十卷首一卷**　（清）許琰
編輯　清乾隆五年(1740)刻本　一冊　存七
卷(一至六、首一卷)

130000－0442－0000668　00668

**曝書亭詞拾遺三卷**　（清）朱彝尊撰　（清）翁
之潤輯錄　清光緒二十二年(1896)刻本　二
冊

130000－0442－0000669　00669

**曝書亭集八十卷附錄一卷**　（清）朱彝尊撰
清光緒十五年(1889)刻本　十二冊

130000－0442－0000670　00670

**曝書亭集八十卷附錄一卷笛魚小稿十卷**
（清）朱彝尊撰　清刻本　十六冊

130000－0442－0000671　00671

**曝書亭集詞註七卷**　（清）朱彝尊撰　（清）李
富孫纂　清嘉慶十九年(1814)刻本　四冊

130000－0442－0000672　00672

**曝書亭集詞註七卷**　（清）朱彝尊撰　（清）李
富孫纂　清嘉慶十九年(1814)刻本　四冊

130000－0442－0000673　00673

**曝書亭集詩註二十四卷年譜一卷**　（清）朱彝
尊撰　（清）楊謙纂　清刻本　八冊　缺二卷
(二十三至二十四)

130000－0442－0000674　00674

**曝書亭集詩註二十四卷年譜一卷**　（清）朱彝
尊撰　（清）楊謙纂　清乾隆木山閣刻本　六
冊　缺二卷(二十三至二十四)

130000 – 0442 – 0000675　00675

**曝書亭集外詩八卷**　（清）朱彝尊撰　（清）馮登府輯　清道光二年(1822)刻本　二冊

130000 – 0442 – 0000676　00676

**七國地理考七卷**　（清）顧觀光著　清光緒二十八年(1902)刻本　三冊

130000 – 0442 – 0000677　00677

**七國地理考七卷附國策編年一卷**　（清）顧觀光著　清光緒五年(1879)刻本　六冊

130000 – 0442 – 0000678　00678

**七經精義七種**　（清）黃淦纂　清嘉慶十二年(1807)刻本　十四冊

130000 – 0442 – 0000679　00679

**七修類藁五十一卷**　（明）郎瑛撰　清乾隆四十年(1775)耕煙草堂刻本　十四冊

130000 – 0442 – 0000680　00680

**奇觚室吉金文述二十卷**　（清）劉心源撰　清光緒二十八年(1902)石印本　二十冊

130000 – 0442 – 0000681　00681

**齊省堂增訂儒林外史五十六回**　（清）吳敬梓著　清同治十三年(1874)刻本　八冊　存二十七回(一至二十七)

130000 – 0442 – 0000682　00682

**齊詩遺說攷四卷敘錄一卷**　（清）陳壽祺撰　（清）陳喬樅述　清道光二十二年(1842)刻本　六冊

130000 – 0442 – 0000683　00683

**契文舉例二卷**　（清）孫詒讓著　清光緒三十年(1904)蟫隱廬石印本　二冊

130000 – 0442 – 0000684　00684

**契文舉例二卷**　（清）孫詒讓著　清光緒三十年(1904)蟫隱廬石印本　二冊

130000 – 0442 – 0000685　00685

**千甓亭古磚圖釋二十卷**　（清）陸心源輯　清光緒十七年(1891)吳興陸氏石印本　四冊

130000 – 0442 – 0000686　00686

**千文六書統要二卷**　（明）胡正言輯　清刻本

四冊

130000 – 0442 – 0000687　00687

**前漢補注一百二十卷首一卷**　（漢）班固撰　（唐）顏師古注　王先謙補注　清光緒二十六年(1900)刻本　三十二冊

130000 – 0442 – 0000688　00688

**乾坤正氣集二十卷**　（清）顧沅輯　清同治六年(1867)刻本　八冊

130000 – 0442 – 0000689　00689

**乾坤正氣集五百七十四卷**　（清）潘錫恩輯　清光緒七年(1881)刻本　一百冊

130000 – 0442 – 0000690　00690

**錢敏肅公奏疏七卷**　（清）錢鼎銘撰　清光緒六年(1880)刻本　四冊

130000 – 0442 – 0000691　00691

**錢頤壽中丞全集五十三卷**　（清）錢寶琛撰　清同治七年至光緒六年(1868 – 1880)刻本　十二冊

130000 – 0442 – 0000692　00692

**黔記四卷**　（清）李宗昉撰　清道光十四年(1834)刻本　一冊

130000 – 0442 – 0000693　00693

**潛夫論十卷**　（漢）王符撰　（清）汪繼培箋　清光緒十七年(1891)刻本　四冊

130000 – 0442 – 0000694　00694

**潛邱劄記六卷**　（清）閻若璩撰　（清）許廷鑅選　清乾隆十年(1745)刻本　六冊

130000 – 0442 – 0000695　00695

**潛確居類書一百二十卷**　（明）陳仁錫輯　明崇禎三年(1630)刻本　四十八冊

130000 – 0442 – 0000696　00696

**潛溪集六卷首一卷**　（明）宋濂著　清宣統三年(1911)刻本　六冊

130000 – 0442 – 0000697　00697

**嘉定錢氏潛研堂全書二十一種**　（清）錢大昕撰　清光緒十年(1884)長沙龍氏家塾刻本　六十冊　存二百四十四卷(聲類四卷,廿二史考異一百卷,三史拾遺五卷,諸史拾遺五卷,元史氏族表三卷,元史藝文志四卷,四史朔閏二卷,通鑑注辯正二卷,洪文惠公年譜一卷,洪文敏公年譜一卷,陸放翁先生年譜一卷,王伯厚年譜一卷,王弇洲年譜一卷,疑年錄四卷,金石文跋尾二十卷,金石文字目錄八卷,十駕齋養新錄二十三卷,三統術衍四卷,恒言錄一至六,文集一至九、十五至五十,詩集一至四)

130000－0442－0000698　00698
潛研堂文集五十卷詩集十卷續集十卷　（清）錢大昕撰　清嘉慶十一年(1806)刻本　四冊　存二十一卷(文集十至十四、詩集五至十、續集十卷)

130000－0442－0000699　00699
潛園總集十種四百二十五卷　（清）陸心源輯　清光緒十年(1884)刻本　七十冊　缺一百三十六卷(儀顧堂文集十六卷、古專圖釋二十卷、群書校補一百卷)

130000－0442－0000700　00700
樵歌三卷　（宋）朱敦儒撰　清光緒二十六年(1900)刻本　一冊

130000－0442－0000701　00701
樵隱詩話十三卷　（清）林鈞著　清光緒二年(1876)刻本　六冊

130000－0442－0000702　00702
切問齋文鈔三十卷　（清）陸燿輯　清乾隆四十一年(1776)吳門劉萬傳局刻本　十冊

130000－0442－0000703　00703
切音蒙引一卷　（清）陳錦著　清光緒九年(1883)刻本　一冊

130000－0442－0000704　00704
切字肆考不分卷　（清）張畊撰　清道光三年(1823)刻本　一冊

130000－0442－0000705　00705
秦漢瓦當文字一卷　（清）程敦著錄　清乾隆五十二年(1787)橫渠書院刻本　三冊

130000－0442－0000706　00706
秦漢文懷二十卷　（明）鍾惺評選　明崇禎六年(1633)刻本　十冊

130000－0442－0000707　00707
欽定春秋傳說彙纂三十八卷首二卷　（清）王掞撰　清康熙六十年(1721)刻本　四冊

130000－0442－0000708　00708
欽定春秋傳說彙纂三十八卷首二卷　（清）王掞撰　清康熙六十年(1721)刻本　二十四冊

130000－0442－0000709　00709
欽定春秋左傳讀本三十卷　（清）英和撰　清光緒十二年(1886)居俟書屋刻本　十冊　存十九卷(一至十六、十九至二十、三十)

130000－0442－0000710　00710
欽定大清會典事例一千二百二十卷　（清）崑岡等纂　清光緒二十五年(1899)石印本　三百七十六冊　缺二十卷(一百九十四至二百十三)

130000－0442－0000711　00711
欽定大清會典事例一千二百二十卷首一卷　（清）崑岡等纂　清光緒三十四年(1908)商務印書館石印本　一百五十冊

130000－0442－0000712　00712
欽定大清會典圖二百七十卷　（清）崑岡等纂　清光緒二十五年(1899)石印本　七十四冊

130000－0442－0000713　00713
欽定大清會典一百卷　（清）崑岡等纂　清光緒二十五年(1899)石印本　三十六冊

130000－0442－0000714　00714
欽定大清會典一百卷　（清）允裪修　清乾隆三十九年(1774)武英殿聚珍版活字印本　二十四冊　缺三卷(九十八至一百)

130000－0442－0000715　00715
欽定大清會典一百卷　（清）允裪修　清乾隆三十九年(1774)武英殿聚珍版活字印本　二十四冊

130000－0442－0000716　00716

欽定大清會典一百卷首一卷 （清）崑岡等纂
　清光緒三十四年(1908)商務印書館石印本
　十冊

130000－0442－0000717　00717

欽定古今圖書集成醫部全錄五百四十卷
（清）陳夢雷輯　清光緒二十三年(1897)影印
本　五十冊

130000－0442－0000718　00718

欽定國朝詩別裁集三十二卷 （清）沈德潛纂
評　清乾隆二十六年(1761)刻本　十六冊

130000－0442－0000719　00719

欽定剿平捻匪方略三百二十卷 （清）奕訢纂
修　清同治十一年(1872)鉛印本　三百一冊
　缺二十卷(二十一至三十、一百三十一至一
百四十)

130000－0442－0000720　00720

欽定剿平粵匪方略四百二十卷 （清）朱學勤
纂　清刻本　三百九十冊　存四百十卷(十
一至四百二十)

130000－0442－0000721　00721

欽定理藩部則例六十四卷 （清）松森修　清
光緒三十四年(1908)鉛印本　十六冊

130000－0442－0000722　00722

欽定禮記義疏八十二卷首一卷 （清）允祿等
纂修　清乾隆十三年(1748)刻本　五十冊

130000－0442－0000723　00723

欽定禮記義疏八十二卷首一卷 （清）允祿等
纂修　清乾隆十三年(1748)刻本　八十三冊

130000－0442－0000724　00724

欽定禮記義疏八十二卷首一卷 （清）允祿等
纂修　清刻本　三十冊　缺五卷(六十三至
六十七)

130000－0442－0000725　00725

欽定禮記義疏八十二卷首一卷 （清）允祿等
纂修　清同治十年(1871)湖北崇文書局刻本
　四十八冊

130000－0442－0000726　00726

欽定歷代職官表七十二卷首一卷 （清）永瑢
修　（清）紀昀纂　清光緒二十二年(1896)廣
雅書局刻本　三十二冊

130000－0442－0000727　00727

遼金元三史語解四十六卷 （清）高宗弘曆敕
撰　清光緒四年(1878)江蘇書局刻本　二冊
　存十四卷(遼史一至六、金史九至十二、元
史一至四)

130000－0442－0000728　00728

欽定滿洲源流考二十卷首一卷 （清）阿桂等
修　清光緒三十年(1904)中西書局石印本
四冊

130000－0442－0000729　00729

欽定明鑑二十四卷首一卷 （清）托津等撰
清同治九年(1870)崇文書局刻本　十冊

130000－0442－0000730　00730

欽定明鑑二十四卷首一卷 （清）托津等撰
清嘉慶二十三年(1818)刻本　十二冊

130000－0442－0000731　00731

佩文韻府一百六卷韻府拾遺一百六卷 （清）
張玉書等纂　清光緒十二年(1886)上海同文
書局石印本　六十冊

130000－0442－0000732　00732

佩文韻府一百六卷韻府拾遺一百六卷 （清）
張玉書等纂　清光緒十三年(1887)點石齋石
印本　六十冊

130000－0442－0000733　00733

欽定七經匯纂二百九十四卷 （□）□□輯
清光緒三十年(1904)育文書局石印本　十二
冊

130000－0442－0000734　00734

欽定七經綱領不分卷附奏定學堂章程摘錄不
分卷 （□）□□撰　清宣統元年(1909)學部
圖書局鉛印本　一冊

130000－0442－0000735　00735

欽定錢錄十六卷 （清）紀昀等纂　清道光二
十一年(1841)刻本　四冊

130000－0442－0000736　00736

欽定錢錄十六卷　（清）紀昀等纂　清乾隆五十二年(1787)刻本　二冊

130000－0442－0000737　00737

全唐詩三十二卷　（清）聖祖玄燁編　清光緒十三年(1887)同文書局石印本　三十二冊

130000－0442－0000738　00738

欽定全唐文一千卷　（清）董誥等編　清光緒二十七年(1901)廣雅書局刻本　二百冊

130000－0442－0000739　00739

欽定全唐文一千卷　（清）董誥等編　清嘉慶二十三年(1818)刻本　二百四十冊

130000－0442－0000740　00740

欽定日下舊聞考一百六十卷　（清）朱彝尊原輯　（清）于敏中修　（清）竇光鼐纂　清乾隆四十六年(1781)刻本　四十二冊

130000－0442－0000741　00741

欽定詩經傳說彙纂二十一卷首二卷詩序二卷　（清）王鴻緒等纂　清同治七年(1868)刻本　十六冊

130000－0442－0000742　00742

欽定詩經傳說彙纂二十一卷首二卷詩序二卷　（清）王鴻緒等纂　清雍正五年(1727)刻本　二十四冊　缺一卷(詩序下)

130000－0442－0000743　00743

欽定詩經傳說彙纂二十一卷首二卷詩序二卷　（清）王鴻緒等纂　清雍正五年(1727)刻本　十八冊

130000－0442－0000744　00744

欽定詩經傳說彙纂二十一卷首二卷詩序二卷　（清）王鴻緒等纂　清雍正五年(1727)刻本　十二冊

130000－0442－0000745　00745

欽定詩經傳說彙纂二十一卷首二卷詩序二卷　（清）王鴻緒等纂　清雍正五年(1727)刻本　二十四冊

130000－0442－0000746　00746

欽定授時通考七十八卷　（清）鄂爾泰等纂　清光緒二十八年(1902)富文局石印本　六冊

130000－0442－0000747　00747

欽定書經傳說彙纂二十一卷首二卷書序一卷　（清）王頊齡等纂　清同治十年(1871)崇文書局刻本　六冊　存十一卷(一至九、首二卷)

130000－0442－0000748　00748

欽定書經傳說彙纂二十一卷首二卷書序一卷　（清）王頊齡等纂　清雍正八年(1730)刻本　十二冊　存十二卷(一至十、首二卷)

130000－0442－0000749　00749

欽定書經傳說彙纂二十一卷首二卷書序一卷　（清）王頊齡等纂　清雍正八年(1730)刻本　十四冊

130000－0442－0000750　00750

欽定書經傳說彙纂二十一卷首二卷書序一卷　（清）王頊齡等纂　清雍正九年(1731)刻本　二十四冊

130000－0442－0000751　00751

欽定書經圖說五十卷　（清）孫家鼐等纂　清光緒三十一年(1905)刻本　十六冊

130000－0442－0000752　00752

欽定四庫全書總目二百卷首一卷　（清）紀昀等撰　清同治七年(1868)廣東書局刻本　一百二十冊

130000－0442－0000753　00753

欽定四庫全書總目二百卷首一卷簡明目錄二十卷首一卷　（清）紀昀等撰　清同治七年(1868)廣東書局刻本　一百十二冊

130000－0442－0000754　00754

欽定四書文選　（清）方苞編　清乾隆五年(1740)刻本　十六冊

130000－0442－0000755　00755

欽定同文韻統六卷　（清）允祿編　清宣統二年(1910)刻本　五冊

130000－0442－0000756　00756

武英殿聚珍版書三十九種　（清）金簡纂修
清刻本　一百二十四冊

130000－0442－0000757　00757
欽定西清古鑑四十卷錢錄十六卷　（清）梁詩
正編纂　清光緒三十四年(1908)石印本　二
十四冊

130000－0442－0000758　00758
欽定新疆識署十二卷首一卷　（清）松筠纂
清道光元年(1821)刻本　十冊

130000－0442－0000759　00759
欽定續通志六百四十卷　（清）曹仁虎等纂
清石印本　四十冊

130000－0442－0000760　00760
欽定續文獻通考二百五十卷　（清）嵇璜等纂
清光緒二十六年(1900)北洋石印官書局石
印本　三十二冊

130000－0442－0000761　00761
欽定續文獻通考二百五十卷　（清）嵇璜等纂
清石印本　三十冊

130000－0442－0000762　00762
欽定儀禮義疏四十八卷首二卷　（清）鄂爾泰
等纂修　清乾隆十三年(1748)刻本　三十六
冊

130000－0442－0000763　00763
欽定儀禮義疏四十八卷首二卷　（清）鄂爾泰
等纂修　清乾隆十三年(1748)刻本　五十冊

130000－0442－0000764　00764
欽定儀禮義疏四十八卷首二卷　（清）鄂爾泰
等纂修　清同治十年(1871)湖州崇文書局刻
本　三十二冊

130000－0442－0000765　00765
欽定周官義疏四十八卷首二卷　（清）鄂爾泰
等撰　清乾隆十三年(1748)刻本　四十九冊

130000－0442－0000766　00766
欽定周官義疏四十八卷首二卷　（清）鄂爾泰
等撰　清同治七年(1868)浙江巡撫翻刻本
二十四冊

130000－0442－0000767　00767
欽定宗人府則例三十一卷首一卷　（清）奕誴
等修　清光緒刻本　十冊

130000－0442－0000768　00768
青門詩十卷　（清）邵長蘅撰　清康熙三十四
年(1695)木活字印本　三冊　存六卷(一至
六)

130000－0442－0000769　00769
青邱高季迪先生詩集十八卷首一卷補遺一卷
詩餘一卷附錄一卷鳬藻集五卷　（明）高啟撰
（清）金檀輯注　清刻本　十六冊

130000－0442－0000770　00770
青邱高季迪先生詩集十八卷首一卷補遺一卷
詩餘一卷附錄一卷鳬藻集五卷　（明）高啟撰
（清）金檀輯注　清雍正六年(1728)刻本
十冊

130000－0442－0000771　00771
青霞沈公遺集十六卷　（明）沈鍊撰　清刻本
四冊

130000－0442－0000772　00772
清芬集十卷　（清）劉寶楠輯　清道光十八年
(1838)刻本　四冊

130000－0442－0000773　00773
清河書畫舫十二卷　（明）張丑著　清乾隆二
十八年(1763)池北草堂刻本　十二冊

130000－0442－0000774　00774
太上老君說常清淨經一卷　（□）□□撰　清
同治十一年(1872)刻本　一冊

130000－0442－0000775　00775
清秘述聞十六卷　（清）法式善編　清嘉慶四
年(1799)刻本　六冊

130000－0442－0000776　00776
清秘述聞續十六卷補一卷　（清）王家相編
清光緒十五年(1889)刻本　四冊

130000－0442－0000777　00777
清綺軒詞選十三卷　（清）夏秉衡纂　清光緒
二十一年(1895)刻本　四冊

130000－0442－0000778　　00778

**清容居士集五十卷札記一卷**　（元）袁桷撰
清道光二十年（1840）刻本　十三冊

130000－0442－0000779　　00779

**清容外集十三卷**　（清）蔣士銓撰　清乾隆四
十六年（1781）刻本　十冊

130000－0442－0000780　　00780

**清容外集十三卷**　（清）蔣士銓撰　清刻本
十二冊

130000－0442－0000781　　00781

**清容外集十三卷**　（清）蔣士銓撰　清刻本
十冊

130000－0442－0000782　　00782

**清尊集十六卷**　（清）汪遠孫輯　清道光十九
年（1839）振綺堂刻本　四冊

130000－0442－0000783　　00783

**邱真人西遊記一百回**　（明）吳承恩撰　（清）
含晶子評註　清光緒十八年（1892）刻本　十
二冊

130000－0442－0000784　　00784

**秋燈叢話十八卷**　（清）王椷撰　清嘉慶十七
年（1812）刻本　八冊

130000－0442－0000785　　00785

**秋燈叢話十八卷**　（清）王椷撰　清乾隆五十
六年（1791）刻本　十冊

130000－0442－0000786　　00786

**秋笳集八卷補遺一卷**　（清）吳兆騫著　清宣
統三年（1911）鉛印本　三冊

130000－0442－0000787　　00787

**秋浦雙忠錄四十卷**　（清）劉世珩編　清光緒
二十六年（1900）刻本　六冊

130000－0442－0000788　　00788

**秋士先生遺集六卷**　（清）彭績撰　清光緒七
年（1881）刻本　二冊

130000－0442－0000789　　00789

**秋潭外集十六卷**　（清）彭淑撰　清嘉慶八年
（1803）刻本　四冊

130000－0442－0000790　　00790

**求己錄三卷**　（清）蘆涇逸士編　清光緒二十
四年（1898）刻本　三冊

130000－0442－0000791　　00791

**求闕齋弟子記三十二卷**　（清）王定安撰　清
光緒二年（1876）刻本　十六冊

130000－0442－0000792　　00792

**求自得之室文鈔十二卷尚絅廬詩存二卷**
（清）吳嘉賓撰　清同治五年（1866）刻本　六
冊

130000－0442－0000793　　00793

**曲表一卷**　（清）支豐宜輯　清道光二十三年
（1843）刻本　一冊

130000－0442－0000794　　00794

**曲錄四卷**　王國維撰　清宣統元年（1909）刻
本　二冊

130000－0442－0000795　　00795

**屈宋古音義三卷**　（明）陳第著　清刻本　二
冊

130000－0442－0000796　　00796

**屈子章句七卷**　（清）劉夢鵬撰　清乾隆五十
四年（1789）刻本　四冊

130000－0442－0000797　　00797

**去偽齋集十卷附錄一卷闕疑一卷**　（明）呂坤
撰　清道光七年（1827）刻本　十冊

130000－0442－0000798　　00798

**全本繡像鏡花緣不分卷**　（清）李汝珍撰　清
光緒九年（1883）刻本　二冊

130000－0442－0000799　　00799

**全上古三代秦漢三國六朝文七百四十六卷**
（清）嚴可均校輯　清光緒十三年至十九年
（1887－1893）廣雅書局刻本　一百冊

130000－0442－0000800　　00800

**全上古三代秦漢三國六朝文七百四十一卷**
（清）嚴可均校輯　清光緒二十年（1894）刻本
一百冊

130000－0442－0000801　　00801

全唐詩鈔八十卷補遺十六卷　（清）吳成儀編次　清嘉慶十三年(1808)刻本　二十冊

130000－0442－0000802　00802
全唐詩九百卷　（清）曹寅輯　清康熙四十六年(1707)武英殿內府刻本　一百九冊　缺一百十卷(第七函第二冊六至十、第十一函第十冊一百五卷)

130000－0442－0000803　00803
全唐詩三十二卷　（清）曹寅輯　清光緒十三年(1887)同文書局石印本　三十二冊

130000－0442－0000804　00804
全唐詩三十二卷　（清）曹寅輯　清光緒十三年(1887)同文書局石印本　三十二冊

130000－0442－0000805　00805
全唐詩三十二卷　（清）曹寅輯　清光緒十三年(1887)同文書局石印本　三十二冊

130000－0442－0000806　00806
全唐詩三十二卷　（清）曹寅輯　清光緒十三年(1887)同文書局石印本　三十二冊

130000－0442－0000807　00807
全唐詩三十二卷　（清）曹寅輯　清光緒十三年(1887)同文書局石印本　三十二冊

130000－0442－0000808　00808
全唐詩三十二卷　（清）曹寅輯　清光緒十三年(1887)同文書局石印本　三十二冊

130000－0442－0000809　00809
全唐詩三十二卷　（清）曹寅輯　清光緒十三年(1887)同文書局石印本　三十二冊

130000－0442－0000810　00810
全唐詩三十二卷　（清）曹寅輯　清光緒十三年(1887)同文書局石印本　十八冊　缺四卷(十六、十九至二十、三十一)

130000－0442－0000811　00811
全唐詩三十二卷　（清）曹寅輯　清光緒十三年(1887)同文書局石印本　三十一冊　缺一卷(十六)

130000－0442－0000812　00812

全唐文紀事一百二十二卷首一卷　（清）陳鴻墀撰　清同治十二年(1873)刻本　三十二冊

130000－0442－0000813　00813
全體通考十八卷　（英國）德貞撰　清光緒十二年(1886)鉛印本　十二冊

130000－0442－0000814　00814
全五代詩四十卷　（清）李調元編　清乾隆四十五年(1780)刻本　十冊

130000－0442－0000815　00815
經韻集字析解二卷拾遺補注一卷　（清）熊守謙撰　清刻本　一冊　存二卷(經韻集字析解二卷)

130000－0442－0000816　00816
羣經平議三十五卷　（清）俞樾撰　清光緒二十八年(1902)刻本　十六冊

130000－0442－0000817　00817
羣書校補一百卷　（清）陸心源輯　清同治光緒刻本　二十四冊　缺八卷(十七、二十七至三十三)

130000－0442－0000818　00818
羣經平議三十五卷　（清）俞樾撰　清刻本　十二冊

130000－0442－0000819　00819
羣書疑辨十二卷　（清）萬斯同撰　清嘉慶二十一年(1816)刻本　四冊

130000－0442－0000820　00820
人境結廬詩稿十二卷　（清）褚維塏撰　清光緒二十年(1894)刻本　六冊

130000－0442－0000821　00821
人境廬詩草十一卷　（清）黃遵憲著　清宣統三年(1911)鉛印本　四冊

130000－0442－0000822　00822
人鏡類纂四十六卷　（清）程之楨輯　清同治十二年(1873)刻本　十六冊

130000－0442－0000823　00823
人譜一卷人譜類記二卷　（明）劉宗周撰　清光緒十六年(1890)省過堂刻本　三冊

130000－0442－0000824　00824

仁廟聖政記二卷　（明）□□撰　清宣統元年(1909)刻本　一冊

130000－0442－0000825　00825

日本國志四十卷首一卷　（清）黃遵憲編纂　清光緒二十七年(1901)上海書局石印本　十冊

130000－0442－0000826　00826

日知錄集釋三十二卷刊誤二卷續刊誤二卷（清）顧炎武著　（清）黃汝成集釋　清道光十四年(1834)嘉定黃氏西溪草廬刻本　十六冊

130000－0442－0000827　00827

日知錄集釋三十二卷刊誤二卷續刊誤二卷（清）顧炎武著　（清）黃汝成集釋　清道光十四年(1834)嘉定黃氏西溪草廬刻本　八冊

130000－0442－0000828　00828

日知錄集釋三十二卷刊誤二卷續刊誤二卷（清）顧炎武著　（清）黃汝成集釋　清光緒元年(1875)湖北崇文書局刻本　十六冊

130000－0442－0000829　00829

日知錄集釋三十二卷刊誤二卷續刊誤二卷（清）顧炎武著　（清）黃汝成集釋　清光緒三年(1877)刻本　十六冊

130000－0442－0000830　00830

日知錄集釋三十二卷刊誤二卷續刊誤二卷（清）顧炎武著　（清）黃汝成集釋　清同治八年(1869)廣州述古堂刻本　十六冊

130000－0442－0000831　00831

日知錄三十二卷　（清）顧炎武撰　清道光十二年(1832)刻本　十四冊

130000－0442－0000832　00832

日知錄三十二卷　（清）顧炎武撰　清康熙三十四年(1695)刻本　八冊

130000－0442－0000833　00833

容甫先生遺詩五卷補遺一卷附錄一卷　（清）汪中撰　清宣統二年(1910)順德鄧氏鉛印本　一冊

130000－0442－0000834　00834

容齋千首詩不分卷　（清）李天馥著　清光緒十二年(1886)鉛印本　六冊

130000－0442－0000835　00835

容齋隨筆十六卷續筆十六卷三筆十六卷四筆十六卷五筆十卷　（宋）洪邁撰　清乾隆五十九年(1794)刻本　十四冊

130000－0442－0000836　00836

榕村全書四十五種　（清）李光地撰　清道光九年(1829)李維迪刻本　八十八冊　存二十二種一百九十七卷（中庸章段一卷、餘論一卷、四記一卷,讀論語劄記二卷,讀孟子劄記二卷,周易通論四卷,周易觀象十二卷,周易觀象大指二卷,詩所八卷,尚書七篇解義二卷,洪範說二卷,春秋燬餘四卷,孝經全著一卷,古樂經傳五卷,榕村詩選八卷、首一卷,榕村韻書五卷,名文前選六卷,易義前選五卷,榕村語錄三十卷,榕村全集四十卷、續集七卷、別集五卷,榕村制義初集一卷、二集二卷、三集一卷、四集一卷,周禮纂訓二十一卷,道南講授十三卷,律詩四辨四卷）

130000－0442－0000837　00837

榕園詞韻不分卷　（清）吳寧編　清乾隆四十九年(1784)刻本　二冊

130000－0442－0000838　00838

[同治]如皐縣續志十六卷　（清）周際霖（清）胡維藩主修　清同治十二年(1873)刻本　六冊

130000－0442－0000839　00839

阮嗣宗集二卷　（三國魏）阮籍撰　明嘉靖二十二年(1543)刻本　二冊

130000－0442－0000840　00840

弱水集二十二卷　（清）屈復撰　清乾隆七年(1742)刻本　四冊

130000－0442－0000841　00841

三才圖會一百六卷　（明）王圻纂輯　明萬曆三十七年(1609)寶賢堂刻本　九十九冊　缺七卷(身體一至七)

130000－0442－0000842　00842

**三朝北盟會編二百五十卷首一卷書目一卷校勘記二卷校勘補遺一卷**　（宋）徐夢莘撰　清光緒四年(1878)越東集鉛印本　四十冊

130000－0442－0000843　00843

**三朝北盟會編二百五十卷首一卷書目一卷校勘記二卷校勘補遺一卷**　（宋）徐夢莘撰　清光緒四年(1878)越東集鉛印本　四十冊

130000－0442－0000844　00844

**三藩紀事本末四卷**　（清）楊陸榮編　清同治三年(1864)刻本　二冊

130000－0442－0000845　00845

**三國會要二十二卷首一卷**　（清）楊晨纂　清光緒二十六年(1900)江蘇書局刻本　四冊

130000－0442－0000846　00846

**三國疆域志補注十九卷首一卷**　（清）洪亮吉撰　（清）謝鍾英補注　清光緒二十四年(1898)刻本　八冊

130000－0442－0000847　00847

**三國郡縣表八卷**　（清）吳增僅撰　清光緒活字印本　四冊

130000－0442－0000848　00848

**三國郡縣表補正不分卷**　（清）吳增僅著　楊守敬補　清光緒三十三年(1907)刻本　四冊

130000－0442－0000849　00849

**第一才子書六十卷**　（明）羅貫中著　（清）毛宗崗評　清光緒八年(1882)石印本　八冊

130000－0442－0000850　00850

**三江閘務全書二卷續刻四卷**　（清）程鶴壽纂輯　清康熙二十六年(1687)刻本　四冊

130000－0442－0000851　00851

**三立閣史鈔二卷**　（清）李鎔經輯　清道光十七年(1837)刻本　二冊

130000－0442－0000852　00852

**三十家詩鈔六卷首一卷末一卷**　（清）曾國藩纂　（清）王定安輯　清同治十三年(1874)刻本　六冊

130000－0442－0000853　00853

**三唐人集三種三十七卷**　（清）馮煦光輯　清光緒元年至二年(1875－1876)讀有用書齋刻本　六冊

130000－0442－0000854　00854

**三通序三卷**　（清）康紹鈞輯　清光緒二十九年(1903)刻本　三冊

130000－0442－0000855　00855

**三通序不分卷**　（清）康紹鈞輯　清道光十三年(1833)刻本　四冊

130000－0442－0000856　00856

**三湘從事錄一卷**　（明）蒙正發撰　清光緒三十四年(1908)北新書局鉛印本　一冊

130000－0442－0000857　00857

**三續疑年錄十卷**　（清）陸心源編　清光緒五年(1879)刻本　二冊

130000－0442－0000858　00858

**通志堂經解**　（清）成德(性德)輯　清通志堂刻本　三冊　存三種十三卷(三易備遺十卷，丙子學易編一卷，易學啟蒙小傳一卷、古經傳一卷)

130000－0442－0000859　00859

**三魚堂文集十二卷賸言十二卷外集六卷附錄一卷**　（清）陸隴其撰　（清）陳濟編　清同治七年(1868)刻本　六冊

130000－0442－0000860　00860

**三魚堂文集十二卷外集六卷附錄一卷**　（清）陸隴其撰　清康熙三十二年(1693)刻本　六冊

130000－0442－0000861　00861

**三魚堂文集十二卷外集六卷附錄一卷**　（清）陸隴其撰　清康熙三十三年(1694)刻本　八冊

130000－0442－0000862　00862

**山東軍興紀畧二十二卷**　（清）□□撰　清刻本　十冊

130000－0442－0000863　00863

[宣統]山東通志二百卷首一卷附錄一卷
（清）楊士驤等修　（清）孫葆田等纂　清宣統
三年（1911）鉛印本　一百二十八冊

130000－0442－0000864　00864
山海經存九卷首一卷　（清）汪紱釋　清光緒
二十一年（1895）石印本　四冊

130000－0442－0000865　00865
山海經十八卷　（晉）郭璞撰　清光緒三年
（1877）浙江書局刻本　三冊

130000－0442－0000866　00866
山海經十八卷圖讚一卷補註一卷　（晉）郭璞
纂　清光緒元年（1875）崇文書局刻本　三冊

130000－0442－0000867　00867
[光緒]山西通志一百八十四卷首一卷　（清）
曾國荃等修　（清）王軒等纂　清光緒十八年
（1892）刻本　八十八冊　缺十七卷（一百六
十八至一百八十四）

130000－0442－0000868　00868
[同治]山陽縣志二十一卷　（清）張兆棟修
（清）丁晏　（清）何紹基纂　清同治十二年
（1873）刻本　八冊

130000－0442－0000869　00869
山右石刻叢編四十卷　（清）胡聘之撰　清光
緒二十五年至二十七年（1899－1901）刻本
二十四冊

130000－0442－0000870　00870
山中白雲詞八卷　（宋）張炎撰　清光緒八年
（1882）娛園刻本　二冊

130000－0442－0000871　00871
山中白雲詞八卷附錄一卷樂府指迷一卷
（宋）張炎撰　清宣統三年（1911）石印本　四
冊

130000－0442－0000872　00872
山左訪碑錄十三卷　（清）法偉堂編　清宣統
元年（1909）石印本　二冊

130000－0442－0000873　00873
刪訂唐詩解二十四卷　（明）唐汝詢選釋　清

康熙四十年（1701）刻本　六冊

130000－0442－0000874　00874
陝西志輯要六卷首一卷　（清）王志沂纂修
清道光七年（1827）賜書堂刻本　六冊

130000－0442－0000875　00875
重刻剡川姚氏本戰國策三十三卷　（漢）高誘
注　札記三卷　（清）黃丕烈撰　清同治八年
（1869）刻本　五冊

130000－0442－0000876　00876
善本書室藏書志四十卷附錄一卷　（清）丁丙
輯　清光緒二十七年（1901）錢塘丁氏刻本
十六冊

130000－0442－0000877　00877
賞雨茅屋詩集二十二卷　（清）曾燠撰　清嘉
慶二十四年（1819）刻本　六冊

130000－0442－0000878　00878
尚史七十二卷　（清）李鍇纂　清刻本　二十
二冊

130000－0442－0000879　00879
書經六卷首一卷末一卷　（宋）蔡沈撰　清光
緒七年（1881）金陵書局刻本　四冊

130000－0442－0000880　00880
尚書大傳五卷　（漢）伏勝撰　（漢）鄭玄注
（清）陳壽祺輯　清道光十年（1830）刻本　二
冊

130000－0442－0000881　00881
尚書古文疏證九卷附朱子古文書疑一卷
（清）閻若璩撰　清嘉慶元年（1796）吳氏刻本
八冊　缺一卷（三）

130000－0442－0000882　00882
尚書今古文注疏三十卷　（清）孫星衍撰　清
嘉慶二十年（1815）刻本　十冊

130000－0442－0000883　00883
尚書孔傳參正三十六卷序例一卷異同表一卷
王先謙撰　清光緒三十年（1904）虛受堂刻
本　六冊

130000－0442－0000884　00884

尚書十三卷 （漢)孔安國傳 清刻本 四冊

130000－0442－0000885 00885

尚友錄二十二卷 （清)廖用賢編 （清)楚晴川補輯 清光緒十六年(1890)上海廣百宋齋刻本 六冊

130000－0442－0000886 00886

少陵詩選不分卷 （唐)杜甫撰 清光緒二十一年至二十二年(1895－1896)抄本 二冊

130000－0442－0000887 00887

邵武徐氏叢書 （清)徐榦輯 清光緒刻本 四十冊

130000－0442－0000888 00888

邵武徐氏叢書初刻 （清)徐榦輯 清刻本 二十冊

130000－0442－0000889 00889

邵子湘全集三十卷 （清)邵長蘅纂 清光緒二十二年(1896)刻本 十二冊

130000－0442－0000890 00890

邵子湘全集三十卷 （清)邵長蘅纂 清光緒二十二年(1896)刻本 十二冊

130000－0442－0000891 00891

奢摩他室曲叢第一集 吳梅輯 清宣統二年(1910)刻本 二冊

130000－0442－0000892 00892

奢摩他室曲叢第一集 吳梅輯 清宣統二年(1910)長洲吳氏靈鶼刻本 一冊

130000－0442－0000893 00893

射聲小譜三卷 （清)程定謨撰 清光緒四年(1878)刻本 一冊

130000－0442－0000894 00894

射鷹樓詩話二十四卷 （清)林昌彝輯 清咸豐元年(1851)刻本 八冊

130000－0442－0000895 00895

神異經一卷 （漢)東方朔撰 海內十洲記一卷 （漢)東方朔撰 別國洞冥記四卷 （漢)郭憲撰 穆天子傳六卷 （晉)郭璞注 清光緒元年(1875)崇文書局刻本 一冊

130000－0442－0000896 00896

沈端恪公遺書二卷 （清)沈近思撰 年譜二卷 （清)沈曰富編 清同治十二年(1873)浙江書局刻本 二冊

130000－0442－0000897 00897

沈歸愚詩文全集 （清)沈德潛著 清乾隆教忠堂刻本 二十四冊

130000－0442－0000898 00898

沈文肅公政書七卷首一卷 （清)沈葆楨撰 清光緒六年(1880)吳門節署刻本 八冊

130000－0442－0000899 00899

沈文忠公集十卷 （清)沈兆霖撰 清同治八年(1869)刻本 四冊

130000－0442－0000900 00900

審看擬式四卷首一卷末一卷 （清)剛毅撰 清光緒十三年(1887)刻本 四冊

130000－0442－0000901 00901

升菴外集一百卷 （明)楊慎撰 （清)焦竑編 清道光二十四年(1844)刻本 二十六冊

130000－0442－0000902 00902

聲調譜說二卷纂例一卷蠡說一卷 （清)吳紹澯訂 清嘉慶二年(1797)刻本 一冊

130000－0442－0000903 00903

聲調四譜圖說十四卷 （清)董文渙編輯 清同治三年(1864)刻本 六冊

130000－0442－0000904 00904

聲類四卷 （清)錢大昕述 清道光五年(1825)刻本 二冊

130000－0442－0000905 00905

聲律通考十卷 （清)陳澧撰 清咸豐八年(1858)刻本 二冊

130000－0442－0000906 00906

聲律通考十卷 （清)陳澧撰 清咸豐十年(1860)富文齋刻本 二冊

130000－0442－0000907 00907

聲譜二卷聲說二卷 （清)時庸勱撰 清光緒十九年(1893)刻本 四冊

130000－0442－0000908　00908

聲韻攷四卷　（清）戴震撰　清乾隆四十四年(1779)刻本　二冊

130000－0442－0000909　00909

聲韻易知四卷首一卷　（清）莊瑤輯　清光緒十五年(1889)刻本　二冊

130000－0442－0000910　00910

省吾堂四種　（清）蔣光弼輯　清刻本　十二冊

130000－0442－0000911　00911

聖廟祀典圖考三卷首一卷　（清）顧沅輯　清上海同文書局影印本　四冊

130000－0442－0000912　00912

聖武記十四卷　（清）魏源撰　清道光二十二年(1842)刻本　十二冊

130000－0442－0000913　00913

聖武記十四卷　（清）魏源撰　清道光二十四年(1844)刻本　十二冊

130000－0442－0000914　00914

聖武記十四卷　（清）魏源撰　清道光二十四年(1844)刻本　十二冊

130000－0442－0000915　00915

聖武記十四卷　（清）魏源撰　清道光二十四年(1844)刻本　十二冊

130000－0442－0000916　00916

聖賢像贊三卷　（明）呂維祺編　清光緒四年(1878)刻本　四冊

130000－0442－0000917　00917

聖諭廣訓不分卷　（清）世宗胤禛撰　清雍正二年(1724)刻本　一冊

130000－0442－0000918　00918

聖諭廣訓直解十六條　（清）世宗胤禛撰　清光緒三十四年(1908)學部圖書局石印本　二冊

130000－0442－0000919　00919

聖諭像解二十卷　（清）梁延年編　清光緒二十八年(1902)江蘇撫署石印本　十冊

130000－0442－0000920　00920

尸子二卷存疑一卷　（清）汪繼培輯　清光緒三年(1877)刻本　一冊

130000－0442－0000921　00921

施愚山先生全集　（清）施閏章撰　清康熙至乾隆刻本　四十冊

130000－0442－0000922　00922

施注蘇詩四十二卷續補遺二卷　（宋）蘇軾撰　（宋）施元之注　（清）邵長蘅等刪補　清康熙三十八年(1699)刻本　二十冊

130000－0442－0000923　00923

施注蘇詩四十二卷續補遺二卷　（宋）蘇軾撰　（宋）施元之注　（清）邵長蘅等刪補　清康熙三十八年(1699)刻本　十冊

130000－0442－0000924　00924

施注蘇詩四十二卷續補遺二卷　（宋）蘇軾撰　（宋）施元之注　（清）邵長蘅等刪補　清康熙三十九年(1700)刻本　十六冊

130000－0442－0000925　00925

師伏堂叢書　（清）皮錫瑞撰　清光緒善化皮氏刻本　四十冊

130000－0442－0000926　00926

師鄭堂集六卷　（清）孫同康撰　清光緒十七年(1891)文苑閣活字印本　四冊

130000－0442－0000927　00927

詩補傳三十卷　（宋）范處義撰　（清）納蘭成德校訂　清康熙刻本　八冊

130000－0442－0000928　00928

詩傳名物集覽十二卷　（清）陳大章撰錄　清康熙五十二年(1713)刻本　四冊

130000－0442－0000929　00929

詩詞韻輯九卷　（清）姚詩雅輯　清同治四年(1865)刻本　二冊

130000－0442－0000930　00930

詩詞韻輯九卷　（清）姚詩雅輯　清同治四年(1865)刻本　二冊

130000－0442－0000931　00931

詩筏一卷騷筏一卷 (清)賀貽孫著 清道光
二十六年(1846)刻本 二冊

130000－0442－0000932 00932
詩古微上編三卷中編十卷下編二卷首一卷
(清)魏源撰 清光緒十三年(1887)刻本 八
冊

130000－0442－0000933 00933
詩故考異三十二卷 (清)徐華嶽輯 清道光
十二年(1832)刻本 十二冊

130000－0442－0000934 00934
詩畸八卷外編二卷謎拾二卷謎學一卷 (清)
劉荃等撰 清光緒十九年(1893)刻本 五冊

130000－0442－0000935 00935
詩緝三十六卷 (宋)嚴粲述 清刻本 六冊

130000－0442－0000936 00936
校刻詩集傳音釋札記一卷 (元)許謙音釋
清刻本 一冊

130000－0442－0000937 00937
詩集傳音釋二十卷附詩圖一卷詩傳綱領一卷
詩序辨說一卷 (宋)朱熹集傳 (元)許謙音
釋 (元)羅復纂輯 清咸豐七年(1857)衍芬
草堂刻本 五冊

130000－0442－0000938 00938
詩紀前集十卷正集一百三十卷外集四卷別集
十二卷目錄三十六卷 (明)馮惟訥編 明嘉
靖三十七年(1558)刻本 四十冊

130000－0442－0000939 00939
詩經八卷 (宋)朱熹集傳 清光緒二十一年
(1895)湖北官書處刻本 四冊

130000－0442－0000940 00940
詩經八卷 (宋)朱熹集傳 清光緒十二年
(1886)湖北官書處刻本 四冊

130000－0442－0000941 00941
詩經八卷 (宋)朱熹集傳 清光緒元年
(1875)湖北崇文書局刻本 四冊

130000－0442－0000942 00942
詩經二十卷 (漢)毛亨傳 (漢)鄭玄箋 明

永懷堂刻本 二冊

130000－0442－0000943 00943
詩經八卷 (宋)朱熹集傳 清光緒二十二年
(1896)金陵書局刻本 四冊

130000－0442－0000944 00944
詩經八卷 (宋)朱熹集傳 清光緒二十二年
(1896)金陵書局刻本 四冊

130000－0442－0000945 00945
詩經揭要四卷 (清)周蕙田輯錄 清乾隆五
十四年(1789)刻本 三冊

130000－0442－0000946 00946
詩經精華十卷首一卷 (清)薛嘉穎撰 清道
光五年(1825)古香閣刻本 四冊

130000－0442－0000947 00947
詩經精華十卷 (清)薛嘉穎撰 清光緒十六
年(1890)刻本 五冊

130000－0442－0000948 00948
詩經四家異文考五卷 (清)陳喬樅撰 清道
光二十三年(1843)刻本 六冊

130000－0442－0000949 00949
詩經通論十八卷前一卷 (清)姚際恆著 清
同治六年(1867)成都書局刻本 八冊

130000－0442－0000950 00950
詩經音韻譜五卷 (清)甄士林音釋 清道光
五年(1825)種松書屋刻本 五冊

130000－0442－0000951 00951
詩毛氏傳疏三十卷附音四卷說一卷義類一卷
鄭氏箋考證一卷 (清)陳奐撰 清光緒三十
三年(1907)吳門南園掃葉山莊陳氏刻本 十
二冊

130000－0442－0000952 00952
詩所八卷 (清)李光地注 清康熙五十七年
(1718)刻本 二冊

130000－0442－0000953 00953
詩韻合璧五卷 (清)湯文潞編 清光緒七年
(1881)刻本 五冊

130000－0442－0000954　00954

詩韻集成十卷　（清）余春亭輯　清光緒八年（1882）刻本　四冊

130000－0442－0000955　00955

詩韻集成十卷詞林典腋一卷　（清）余春亭輯　清石印本　二冊

130000－0442－0000956　00956

詩韻類英十七卷　（□）□□撰　清道光四年（1824）刻本　六冊

130000－0442－0000957　00957

詩韻釋要五卷　（清）周兆基輯　清同治九年（1870）刻本　一冊

130000－0442－0000958　00958

詩總聞二十卷　（宋）王質撰　清乾隆四十六年（1781）刻本　八冊

130000－0442－0000959　00959

十八家詩鈔二十八卷　（清）曾國藩纂　（清）李鴻章審訂　清同治十三年（1874）刻本　二十冊

130000－0442－0000960　00960

十駕齋養新錄二十卷餘錄三卷　（清）錢大昕撰　清刻本　八冊

130000－0442－0000961　00961

十駕齋養新錄二十卷餘錄三卷　（清）錢大昕撰　清光緒二年（1876）浙江書局刻本　八冊

130000－0442－0000962　00962

十九世紀外交史十七章　（日本）平田久撰　（清）張相譯　清光緒二十八年（1902）史學齋刻本　四冊

130000－0442－0000963　00963

十科策畧箋釋十卷　（明）劉文安著　清雍正七年（1729）積秀堂刻本　六冊

130000－0442－0000964　00964

十六國春秋一百卷　（北魏）崔鴻撰　清光緒十三年（1887）還讀廬刻本　二十冊

130000－0442－0000965　00965

十六國疆域志十六卷　（清）洪亮吉撰　清光

緒四年（1878）授經堂刻本　八冊

130000－0442－0000966　00966

王先生十七史蒙求十六卷　（宋）王令輯　清道光二十八年（1848）刻本　四冊

130000－0442－0000967　00967

十七史商榷一百卷　（清）王鳴盛撰　清光緒二十三年（1897）點石齋石印本　四冊

130000－0442－0000968　00968

十七史商榷一百卷　（清）王鳴盛撰　清乾隆五十二年（1787）刻本　二十冊

130000－0442－0000969　00969

十三經策案二十二卷　（清）王謨輯　清嘉慶三年（1798）刻本　八冊

130000－0442－0000970　00970

十三經分類政要十卷　（清）周世樟編　清光緒二十八年（1902）教育世界社石印本　八冊

130000－0442－0000971　00971

十三經古注十三種　（明）金蟠校　清同治八年（1869）刻本　二十二冊　存一百八卷（周易九卷、附略例一卷,書經二十卷,春秋左傳三十卷,春秋公羊傳二十八卷,春秋穀梁傳二十卷）

130000－0442－0000972　00972

十三經集字摹本不分卷　（清）彭玉雯纂　清刻本　十冊

130000－0442－0000973　00973

十三經紀字二卷　（清）汪汲撰　清乾隆五十九年（1794）刻本　一冊

130000－0442－0000974　00974

十三經札記　（清）朱亦棟撰　清光緒四年（1878）武林竹簡齋刻本　十二冊

130000－0442－0000975　00975

十三經注疏附考證　（清）□□輯　清同治十年（1871）刻本　一百九十五冊　缺七卷（周易注疏七至十三）

130000－0442－0000976　00976

十三經注疏　（唐）孔穎達撰　清嘉慶三年

（1798）金閶書業堂刻本　一百十二册　存二百九十四卷（周易兼義九卷、附周易畧例一卷，尚書註疏二十卷，毛詩註疏二十卷，周禮註疏四十二卷，儀禮註疏十七卷，禮記註疏六十三卷，春秋左傳註疏六十卷，春秋公羊註疏二十八卷，春秋穀梁註疏二十卷，孟子注疏解經十四卷）

130000－0442－0000977　00977

十三經注疏十一種　（明）毛晋校刊　明崇禎元年至十二年（1628－1639）毛氏汲古閣刻清乾隆四十年（1775）虞山席氏補修本　八十六册　缺二十八卷（爾雅注疏二十六卷、周易兼義一至二）

130000－0442－0000978　00978

十萬卷樓叢書十六種　（清）陸心源輯　清光緒五年（1879）歸安陸氏刻本　三十二册

130000－0442－0000979　00979

十萬卷樓叢書四十種　（清）陸心源輯　清光緒十三年（1887）歸安陸氏刻本　一百册

130000－0442－0000980　00980

十一朝東華錄分類輯要二十四卷　（清）何良棟撰　清石印本　二十四册

130000－0442－0000981　00981

十一朝東華錄詳節二十四卷　（清）鄔樹庭編　清光緒二十六年（1900）東文學堂石印本　十六册

130000－0442－0000982　00982

十一經初學讀本　（清）萬廷蘭編　清光緒二年（1876）四川學院衙門刻本　十六册

130000－0442－0000983　00983

十種唐詩選　（清）王士禎刪纂　清康熙三十一年（1692）刻本　八册

130000－0442－0000984　00984

十子全書　（清）王子興輯　清嘉慶九年（1804）刻本　八册　存三十三卷（道德經評注二卷，南華真經十卷，荀子二十卷、附校勘補遺一卷）

130000－0442－0000985　00985

石村詩稿一卷　（清）鍾珊著　清同治九年（1870）刻本　一册

130000－0442－0000986　00986

石鼓文匯一卷　（清）尹彭壽纂　清光緒十九年（1893）刻本　二册

130000－0442－0000987　00987

石鼓文釋存一卷補註一卷　（清）張燕昌撰　清光緒二十八年（1902）刻本　一册

130000－0442－0000988　00988

石湖居士詩集三十五卷　（宋）范成大撰　清康熙二十七年（1688）刻本　六册　存三十四卷（一至三十四）

130000－0442－0000989　00989

石經考一卷　（清）萬斯同撰　清光緒十一年（1885）刻本　二册

130000－0442－0000990　00990

石林燕語十卷　（宋）葉夢得撰　（宋）宇文紹考異　清光緒三十四年（1908）刻本　二册

130000－0442－0000991　00991

石渠餘紀六卷　（清）王慶雲撰　清光緒十四年（1888）黃氏刻本　六册

130000－0442－0000992　00992

石笥山房集二十三卷　（清）胡天游撰　清咸豐二年（1852）刻本　十册

130000－0442－0000993　00993

石笥山房文集六卷詩集十二卷　（清）胡天游撰　清道光二十六年（1846）刻本　八册

130000－0442－0000994　00994

石遺室詩集十卷補遺一卷朱絲詞二卷詩續二卷　陳衍撰　清光緒三十一年（1905）刻本　五册

130000－0442－0000995　00995

石遺室文集十二卷續集一卷三集一卷四集一卷　陳衍撰　清咸豐三年（1853）刻本　五册

130000－0442－0000996　00996

石齋先生經傳　（明）黃道周撰　清康熙三十

二年(1693)刻本　二十三冊　存三十九卷
(洪範明義四卷、三易洞璣十六卷、春秋表記
問業一卷附錄坊記春秋問業、表記集傳二卷、
易象十六卷)

130000－0442－0000997　00997
拾雅二十卷　(清)夏味堂撰　清嘉慶二十四
年(1819)刻本　十冊

130000－0442－0000998　00998
拾雅六卷　(清)夏味堂撰　清嘉慶二十四年
(1819)刻本　二冊

130000－0442－0000999　00999
拾雅六卷　(清)夏味堂撰　清嘉慶二十四年
(1819)刻本　二冊

130000－0442－0001000　01000
時務報不分卷　(清)時務報館編　清光緒二
十二年(1896)石印本　六冊

130000－0442－0001001　01001
時務通考三十一卷　(清)□□輯　清光緒二
十三年(1897)點石齋石印本　二十四冊　缺
十六卷(五至十三、二十五至三十一)

130000－0442－0001002　01002
時務通考續編三十一卷　(清)□□輯　清光
緒二十七年(1901)點石齋刻本　十六冊

130000－0442－0001003　01003
識字畧十卷　(清)宋宗元撰　清乾隆三十三
年(1768)刻本　一冊

130000－0442－0001004　01004
史存三十卷　(清)劉沅輯　清光緒二年
(1876)刻本　十六冊

130000－0442－0001005　01005
史記一百三十卷　(漢)司馬遷撰　(唐)司馬
貞索隱　(唐)張守節正義　(南朝宋)裴駰集
解　清同治五年至九年(1866－1870)金陵書
局刻本　二十冊

130000－0442－0001006　01006
史記菁華錄六卷　(清)姚苧田輯　清道光四
年(1824)刻朱墨套印本　六冊

130000－0442－0001007　01007
史記評林一百三十卷首一卷　(明)凌稚隆輯
清光緒二十七年(1901)上海天章書局石印
本　六冊　存三十九卷(一至三十八、首一
卷)

130000－0442－0001008　01008
史記探源八卷　崔適撰　清宣統二年(1910)
刻本　四冊

130000－0442－0001009　01009
史記一百三十卷　(漢)司馬遷撰　(唐)司馬
貞索隱　(唐)張守節正義　(南朝宋)裴駰集
解　清同治五年至九年(1866－1870)金陵書
局刻本　二十冊

130000－0442－0001010　01010
史記一百三十卷　(漢)司馬遷撰　(唐)司馬
貞索隱　(唐)張守節正義　(南朝宋)裴駰集
解　清同治五年至九年(1866－1870)金陵書
局刻本　二十冊

130000－0442－0001011　01011
史記一百三十卷附方望溪評點五卷　(漢)司
馬遷著　(明)歸有光評點　(清)方望溪撰
清光緒二年(1876)武昌張氏刻本　十八冊

130000－0442－0001012　01012
校刊史記集解索引正義札記五卷　(清)張文
虎撰　清同治十一年(1872)金陵書局刻本
二冊

130000－0442－0001013　01013
史畧八十七卷　(清)朱墅輯　清光緒二十六
年(1900)培元堂刻本　十七冊

130000－0442－0001014　01014
史畧八十七卷　(清)朱墅輯　清光緒十三年
(1887)上海積山書局石印本　二冊　存三十
一卷(一至十四、四十六至六十二)

130000－0442－0001015　01015
史論五種十一卷　(清)李祖陶撰　清同治十
年(1871)刻本　四冊

130000－0442－0001016　01016

**史通通釋二十卷** （唐）劉知幾撰 （清）浦起龍釋 清光緒十九年（1893）石印本 八冊

130000－0442－0001017　01017

**史通削繁四卷** （唐）劉知幾撰 （清）浦起龍注 （清）紀昀削繁 清道光十三年（1833）刻朱墨套印本 四冊

130000－0442－0001018　01018

**史通削繁四卷** （唐）劉知幾撰 （清）浦起龍注 （清）紀昀削繁 清光緒元年（1875）刻本 四冊

130000－0442－0001019　01019

**史外八卷** （清）汪有典著 清同治三年（1864）刻本 八冊

130000－0442－0001020　01020

**史緯三百三十卷** （漢）司馬遷撰 （清）陳允錫修 （清）羅大春補 清光緒二十九年（1903）文來書局石印本 六十冊

130000－0442－0001021　01021

**史姓韻編六十四卷** （清）汪輝祖輯 （清）馮祖憲重校 清光緒十年（1884）鉛印本 十六冊

130000－0442－0001022　01022

**史姓韻編六十四卷** （清）汪輝祖輯 （清）馮祖憲重校 清光緒十年（1884）石印本 四冊

130000－0442－0001023　01023

**史學叢書四十四種** （清）□□輯 清光緒二十八年（1902）上海文瀾書局石印本 三十二冊

130000－0442－0001024　01024

**史忠正公集四卷首一卷附錄一卷** （明）史可法撰 清乾隆四十九年（1784）史氏家刻本 二冊

130000－0442－0001025　01025

**史忠正公集四卷首一卷末一卷** （明）史可法撰 清乾隆五十三年（1788）刻本 四冊

130000－0442－0001026　01026

**使黔草三卷** （清）何紹基撰 清道光二十五年（1845）刻本 一冊

130000－0442－0001027　01027

**士禮居藏書題跋記六卷** （清）黃丕烈撰 清光緒八年（1882）刻本 四冊

130000－0442－0001028　01028

**士禮居黃氏叢書二十種** （清）黃丕烈編 清嘉慶至道光吳縣黃氏士禮居刻本 二十二冊
存十種一百五十二卷（周禮十二卷附札記一卷、儀禮十七卷附校錄一卷續校一卷、夏小正戴氏傳四卷附校錄一卷、夏小正經傳集解四卷、國語二十一卷附札記一卷、戰國策三十三卷附札記三卷、梁公九諫一卷、輿地廣記三十八卷附札記二卷、傷寒總病論六卷附札記一卷、洪氏集驗方五卷）

130000－0442－0001029　01029

**世界大事年表** （日本）出洋學生編輯所編著 清光緒二十八年（1902）鉛印本 一冊

130000－0442－0001030　01030

**世說新語補二十卷** （南朝宋）劉義慶撰 （南朝梁）劉孝標注 （南朝宋）劉應登（明）王世懋評 （明）何良俊增 （明）王世貞刪 （明）張文柱注 清乾隆二十七年（1762）刻本 五冊

130000－0442－0001031　01031

**世說新語補二十卷附釋名一卷** （南朝宋）劉義慶撰 （南朝梁）劉孝標注 （南朝宋）劉應登 （明）王世懋評 （明）何良俊增（明）王世貞刪 （明）張文柱注 清刻本 四冊

130000－0442－0001032　01032

**世說新語六卷首一卷** （南朝宋）劉義慶撰（南朝梁）劉孝標注 清光緒三年（1877）湖北崇文書局刻本 四冊

130000－0442－0001033　01033

**世說新語六卷** （南朝宋）劉義慶撰 （南朝梁）劉孝標注 清光緒十七年（1891）思賢講舍刻本 四冊

130000－0442－0001034　01034

世說新語六卷　（南朝宋）劉義慶撰　（南朝梁）劉孝標注　清光緒十七年(1891)思賢講舍刻本　三冊

130000－0442－0001035　01035

示樸齋駢體文六卷　（清）錢振倫撰　清同治六年(1867)袁浦崇實書院刻本　二冊

130000－0442－0001036　01036

式古堂目錄十七卷　（清）尤瑩編　清光緒十九年(1893)石印本　二冊

130000－0442－0001037　01037

事類賦補遺十四卷　（清）張均編撰　清嘉慶十六年(1811)刻本　四冊

130000－0442－0001038　01038

適可齋記言四卷記行六卷　（清）馬建忠撰　清光緒二十二年(1896)刻本　四冊

130000－0442－0001039　01039

釋名八卷　（漢）劉熙撰　清刻本　二冊

130000－0442－0001040　01040

釋名疏證八卷　（清）畢沅撰　清光緒二十年(1894)廣雅書局刻本　二冊

130000－0442－0001041　01041

釋名疏證補八卷續一卷補遺一卷疏證補附一卷　（漢）劉熙撰　王先謙集　清光緒二十二年(1896)刻本　三冊

130000－0442－0001042　01042

釋名疏證補八卷續一卷補遺一卷疏證補附一卷　（漢）劉熙撰　王先謙集　清光緒二十二年(1896)刻本　三冊

130000－0442－0001043　01043

釋名疏證補八卷續一卷補遺一卷疏證補附一卷　（漢）劉熙撰　王先謙集　清光緒二十二年(1896)刻本　四冊

130000－0442－0001044　01044

守山閣叢書　（清）錢熙祚輯　清光緒十五年(1889)影印本　一百冊

130000－0442－0001045　01045

受祺堂詩集三十五卷　（清）李因篤撰　清康

熙三十八年(1699)刻本　十冊

130000－0442－0001046　01046

授經圖二十卷　（明）朱睦㮮撰　清道光十九年(1839)刻本　二冊

130000－0442－0001047　01047

壽者傳三卷　（清）陳懋仁撰　清乾隆五十年(1785)刻本　二冊

130000－0442－0001048　01048

書傳音釋六卷首一卷末一卷　（宋）蔡沈集傳　（元）鄒季友音釋　清咸豐五年(1855)浦城與古齋祝氏刻本　六冊

130000－0442－0001049　01049

書古微十二卷首一卷　（清）魏源撰　清光緒四年(1878)淮南書局刻本　四冊

130000－0442－0001050　01050

書集傳六卷　（宋）蔡沈撰　清光緒二十二年(1896)彙文軒刻本　四冊

130000－0442－0001051　01051

寄傲山房塾課纂輯書經備旨蔡註捷錄七卷　（清）鄒聖脉纂輯　清光緒三十年(1904)上海文盛書局石印本　二冊

130000－0442－0001052　01052

書經集傳六卷　（宋）蔡沈撰　清光緒三十二年(1906)文美齋刻本　四冊

130000－0442－0001053　01053

書經體註大全合㕢六卷　（宋）蔡沈撰　（清）錢希祥㕢　（清）范翔鑒定　清雍正三年(1725)文誠堂刻本　四冊

130000－0442－0001054　01054

書目答問五卷別錄一卷國朝著述諸家姓名畧一卷　（清）張之洞編　清光緒十四年(1888)石印本　二冊

130000－0442－0001055　01055

書目答問五卷別錄一卷國朝著述諸家姓名畧一卷　（清）張之洞撰　清光緒四年(1878)刻本　四冊

130000－0442－0001056　01056

書目答問五卷　（清）張之洞撰　清光緒五年(1879)刻本　二冊

130000－0442－0001057　01057
書目答問五卷輶軒語六卷　（清）張之洞撰
求在我齋示子弟帖一卷　（清）成毅撰　清光緒五年(1879)刻本　三冊

130000－0442－0001058　01058
畫器須知一卷　（英國）傅蘭雅著　清光緒十四年(1888)刻本　一冊

130000－0442－0001059　01059
書業德重訂古文釋義新編八卷　（清）余誠評註　清光緒十七年(1891)刻本　四冊

130000－0442－0001060　01060
樞垣記略二十八卷　（清）梁章鉅撰　清光緒元年(1875)鉛印本　六冊

130000－0442－0001061　01061
樞垣記略二十八卷　（清）梁章鉅撰　清光緒元年(1875)鉛印本　六冊

130000－0442－0001062　01062
蜀碧四卷　（清）彭遵泗撰　清嘉慶二十年(1815)刻本　二冊

130000－0442－0001063　01063
蜀典十二卷　（清）張澍纂　清道光十三年(1833)刻本　六冊

130000－0442－0001064　01064
蜀龜鑑七卷首一卷　（清）劉景伯輯　清宣統三年(1911)刻本　四冊

130000－0442－0001065　01065
蜀鑑十卷　（宋）郭允蹈撰　清刻本　二冊

130000－0442－0001066　01066
國朝漢學師承記八卷附宋學淵源記二卷國朝經師經義一卷　（清）江藩纂　清光緒六年(1880)刻本　四冊

130000－0442－0001067　01067
蜀秀集九卷　（清）譚宗浚編　清光緒五年(1879)刻本　八冊

130000－0442－0001068　01068
夏小正一卷　（漢）戴德傳　（清）任兆麟輯　清乾隆五十三年(1788)刻本　四冊

130000－0442－0001069　01069
述學內篇三卷外篇一卷補遺一卷別錄一卷　（清）汪中撰　清嘉慶二十年(1815)景堂刻本　一冊

130000－0442－0001070　01070
述學內篇三卷外篇一卷補遺一卷別錄一卷　（清）汪中撰　清同治八年(1869)揚州書局刻本　二冊

130000－0442－0001071　01071
述學內篇三卷外篇一卷補遺一卷別錄一卷　（清）汪中撰　清同治八年(1869)揚州書局刻本　四冊

130000－0442－0001072　01072
霜紅龕集四十卷附錄三卷　（清）傅山撰　年譜一卷　（清）丁寶銓輯　清宣統三年(1911)山陽丁氏刻本　十二冊

130000－0442－0001073　01073
雙峯猥稿九卷首一卷末一卷　（宋）舒邦佐撰　清道光二十九年(1849)刻本　四冊

130000－0442－0001074　01074
雙峯猥稿九卷首一卷末一卷　（宋）舒邦佐撰　清道光二十九年(1849)刻本　四冊

130000－0442－0001075　01075
雙鳳奇緣傳八十回　（□）□□撰　清道光二十三年(1843)刻本　十冊

130000－0442－0001076　01076
雙藤書屋詩集十二卷試帖二卷　（清）何道生撰　清道光元年(1821)刻本　二冊　存六卷(詩集一至四、試帖二卷)

130000－0442－0001077　01077
雙藤書屋詩集十二卷月波舫遺稿一卷試帖二卷　（清）何道生著　清道光九年(1829)刻本　四冊

130000－0442－0001078　01078

雙藤書屋詩集十二卷月波舫遺稿一卷試帖二卷　（清）何道生著　清道光九年（1829）刻本　四冊

130000－0442－0001079　01079

水道提綱二十八卷　（清）齊召南編錄　清光緒四年（1878）刻本　八冊

130000－0442－0001080　01080

水道提綱二十八卷　（清）齊召南編錄　清光緒四年（1878）刻本　八冊

130000－0442－0001081　01081

水經注四十卷首一卷附錄二卷　（北魏）酈道元撰　清光緒十八年（1892）刻本　四冊　存七卷（一至六、首一卷）

130000－0442－0001082　01082

水經注釋四十卷首一卷附錄二卷刊誤十二卷　（清）趙一清錄　清光緒六年（1880）刻本　二十四冊

130000－0442－0001083　01083

水經注釋四十卷首一卷附錄二卷刊誤十二卷　（清）趙一清錄　清光緒六年（1880）刻本　十二冊

130000－0442－0001084　01084

水經注四十卷　（漢）桑欽撰　（北魏）酈道元注　山海經十八卷　（晉）郭璞撰　清康熙五十四年（1715）刻本　二十四冊

130000－0442－0001085　01085

水經注四十卷首一卷　（漢）桑欽撰　（北魏）酈道元撰　清光緒元年（1875）湖北崇文書局刻本　十冊

130000－0442－0001086　01086

水經注四十卷首一卷　（北魏）酈道元撰　清乾隆三十九年（1774）活字印本　十六冊

130000－0442－0001087　01087

水經注圖一卷附錄一卷　（清）汪士鐸撰　清同治元年（1862）刻本　一冊

130000－0442－0001088　01088

水經注圖一卷附錄一卷　（清）汪士鐸撰　清咸豐十一年（1861）刻本　一冊

130000－0442－0001089　01089

水心先生文集二十九卷補遺一卷別集十六卷　（宋）葉適撰　清光緒八年（1882）刻本　十六冊

130000－0442－0001090　01090

順天高等學堂暫行章程不分卷　（清）□□編　清宣統元年（1909）刻本　一冊

130000－0442－0001091　01091

說郛　（明）陶宗儀纂　清順治三年（1646）刻本　一百二十二冊

130000－0442－0001092　01092

說文辨字正俗八卷　（清）李富孫撰　清嘉慶二十一年（1816）刻本　四冊

130000－0442－0001093　01093

說文答問疏證六卷　（清）薛傳均撰　說文經字考一卷　（清）陳壽祺撰　第一樓叢書附考一卷　（清）俞樾撰　清光緒十年（1884）刻本　一冊

130000－0442－0001094　01094

說文答問疏證六卷　（清）薛傳均撰　說文經字考一卷　（清）陳壽祺撰　清光緒十年（1884）刻本　一冊

130000－0442－0001095　01095

說文疊韻二卷首一卷續編二卷　（清）劉熙載　（清）袁康輯　清光緒五年（1879）刻本　二冊

130000－0442－0001096　01096

說文段注訂補十四卷　（清）王紹蘭撰　（清）胡𤏾葇編　清光緒十四年（1888）胡𤏾葇刻本　八冊

130000－0442－0001097　01097

說文段注訂補十四卷　（清）王紹蘭撰　（清）胡𤏾葇編　清光緒十四年（1888）胡𤏾葇刻本　七冊

130000－0442－0001098　01098

說文段注撰要九卷　（清）馬壽齡述　清光緒

九年(1883)金陵胡氏愚園刻本　四冊

130000－0442－0001099　01099

**說文段注撰要九卷**　（清）馬壽齡撰　清光緒
九年(1883)金陵胡氏愚園刻本　四冊

130000－0442－0001100　01100

**說文段注撰要九卷**　（清）馬壽齡撰　清光緒
九年(1883)金陵胡氏愚園刻本　四冊

130000－0442－0001101　01101

**說文二徐箋異十四卷**　田吳炤撰　清宣統元
年(1909)石印本　二冊

130000－0442－0001102　01102

**說文發疑六卷**　（清）張行孚撰　清光緒九年
(1883)刻本　三冊

130000－0442－0001103　01103

**說文分韻易知錄十卷**　（清）許巽行編纂　清
光緒五年(1879)刻本　十冊

130000－0442－0001104　01104

**說文分韻易知錄十卷**　（清）許巽行編纂　清
光緒五年(1879)刻本　十冊

130000－0442－0001105　01105

**說文古本考十四卷**　（清）沈濤纂　清光緒十
年(1884)刻本　八冊

130000－0442－0001106　01106

**說文古本考十四卷**　（清）沈濤纂　清光緒十
年(1884)刻本　八冊

130000－0442－0001107　01107

**說文古籀補十四卷附補遺一卷附錄一卷**
（清）吳大澂撰　清光緒七年(1881)刻本　二
冊

130000－0442－0001108　01108

**說文古籀補十四卷附錄一卷**　（清）吳大澂撰
清光緒二十四年(1898)刻本　二冊

130000－0442－0001109　01109

**說文古籀補十四卷補遺一卷附錄一卷**　（清）
吳大澂撰　清光緒十年(1884)刻本　二冊

130000－0442－0001110　01110

**說文古籀疏證六卷原目一卷**　（清）莊述祖撰
清光緒二十年(1894)津郡明文堂刻本　四
冊

130000－0442－0001111　01111

**說文古籀疏證六卷原目一卷**　（清）莊述祖撰
清光緒二十年(1894)津郡明文堂刻本　四
冊

130000－0442－0001112　01112

**說文古籀疏證六卷原目一卷**　（清）莊述祖撰
清光緒二十年(1894)刻本　四冊

130000－0442－0001113　01113

**說文管見三卷**　（清）胡秉虔撰　清刻本　一
冊

130000－0442－0001114　01114

**說文管見三卷**　（清）胡秉虔撰　清同治十二
年(1873)刻本　一冊

130000－0442－0001115　01115

**說文繫傳校錄三十卷**　（清）王筠撰　清咸豐
七年(1857)刻本　二冊

130000－0442－0001116　01116

**說文繫傳校錄三十卷**　（清）王筠撰　清咸豐
七年(1857)刻本　二冊

130000－0442－0001117　01117

**說文繫傳校錄三十卷**　（清）王筠撰　清咸豐
七年(1857)刻本　四冊

130000－0442－0001118　01118

**說文檢字二卷補遺一卷**　（清）毛謨輯　清嘉
慶二十一年(1816)刻本　一冊

130000－0442－0001119　01119

**說文楬原二卷**　（清）張行孚撰　清光緒十年
(1884)知不足齋刻本　二冊

130000－0442－0001120　01120

**說文楬原二卷**　（清）張行孚撰　清光緒十一
年(1885)識川居刻本　二冊

130000－0442－0001121　01121

**說文楬原二卷**　（清）張行孚撰　清光緒十一
年(1885)揚州刻本　二冊

130000－0442－0001122　01122

**說文解字段注三十二卷**　（漢）許慎撰　（清）段玉裁注　清嘉慶十三年（1808）刻本　十六冊

130000－0442－0001123　01123

**說文解字句讀三十卷**　（漢）許慎記　（清）王筠撰集　清光緒八年（1882）尊經書局刻本　十六冊

130000－0442－0001124　01124

**說文解字句讀三十卷**　（漢）許慎記　（清）王筠撰集　清同治四年（1865）涵芬樓摹印王氏家刻本　十四冊

130000－0442－0001125　01125

**說文解字十五卷**　（漢）許慎撰　（宋）徐鉉校定　清光緒十一年（1885）蕉心室刻本　十二冊

130000－0442－0001126　01126

**說文解字十五卷**　（漢）許慎撰　（宋）徐鉉校定　清康熙毛氏汲古閣刻本　八冊

130000－0442－0001127　01127

**說文解字十五卷**　（漢）許慎撰　（宋）徐鉉校定　清同治十三年（1874）刻本　四冊

130000－0442－0001128　01128

**說文解字十五卷**　（漢）許慎撰　（宋）徐鉉校定　**說文通檢十四卷首一卷末一卷**　（清）黎永椿編　清同治十二年（1873）刻本　十冊

130000－0442－0001129　01129

**說文解字通釋四十卷**　（五代）徐鍇傳釋（五代）朱翱反切　清光緒九年（1883）江蘇書局刻本　八冊

130000－0442－0001130　01130

**說文解字校錄十五卷**　（清）鈕樹玉校錄　清光緒十年（1884）刻本　十四冊

130000－0442－0001131　01131

**說文解字校錄十五卷**　（清）鈕樹玉校錄　清光緒十一年（1885）江蘇書局刻本　十四冊

130000－0442－0001132　01132

**說文解字校錄十五卷**　（清）鈕樹玉校錄　清光緒十一年（1885）江蘇書局刻本　十四冊

130000－0442－0001133　01133

**說文解字一卷**　（漢）許慎撰　清同治元年（1862）鈔本　一冊

130000－0442－0001134　01134

**說文解字義證五十卷**　（清）桂馥撰　清同治九年（1870）崇文書局刻本　三十二冊

130000－0442－0001135　01135

**說文解字義證五十卷**　（清）桂馥撰　清同治九年（1870）崇文書局刻本　三十二冊

130000－0442－0001136　01136

**說文解字義證五十卷**　（清）桂馥撰　清同治九年（1870）崇文書局刻本　三十二冊

130000－0442－0001137　01137

**說文解字義證五十卷**　（清）桂馥撰　清同治九年（1870）崇文書局刻本　三十二冊

130000－0442－0001138　01138

**說文解字義證五十卷**　（清）桂馥撰　清同治九年（1870）湖北崇文書局刻本　三十二冊

130000－0442－0001139　01139

**說文解字義證五十卷**　（清）桂馥撰　清同治九年（1870）湖北崇文書局刻本　三十二冊

130000－0442－0001140　01140

**說文解字韻譜十卷**　（宋）徐鉉撰　清同治六年（1867）刻本　二冊

130000－0442－0001141　01141

**說文解字韻譜十卷**　（宋）徐鉉撰　清同治六年（1867）刻本　二冊

130000－0442－0001142　01142

**說文解字韻譜十卷**　（宋）徐鉉撰　清同治六年（1867）刻本　二冊

130000－0442－0001143　01143

**說文解字注匡謬八卷**　（清）徐承慶撰　清光緒十四年（1888）上海蜚英館石印本　一冊

130000－0442－0001144　01144

說文解字注三十二卷 （清）段玉裁注 清光緒三年(1877)成都尊經書院刻本 十六冊

130000－0442－0001145 01145
說文解字注三十卷六書音均表五卷 （清）段玉裁注 清光緒十四年(1888)上海蜚英館石印本 六冊

130000－0442－0001146 01146
說文解字注三十二卷 （清）段玉裁注 清同治六年(1867)刻本 十六冊

130000－0442－0001147 01147
說文解字注三十二卷 （清）段玉裁注 清同治十一年(1872)崇文書局刻本 十八冊

130000－0442－0001148 01148
說文經字正誼四卷 （清）郭慶藩撰 清光緒二十年(1894)刻本 二冊

130000－0442－0001149 01149
說文句讀三十卷 （漢）許慎撰 （清）王筠撰集 清同治四年(1865)刻本 十四冊

130000－0442－0001150 01150
說文蟸箋十四卷 （清）潘亦雋述 清同治十三年(1874)刻本 二冊

130000－0442－0001151 01151
說文拈字七卷補遺一卷 （清）王玉樹著 清光緒十九年(1893)石印本 四冊

130000－0442－0001152 01152
說文審音十六卷 （清）張行孚撰 清光緒二十四年(1898)刻本 二冊 缺四卷(八、十至十一、十三)

130000－0442－0001153 01153
說文聲母歌括四卷 （清）宣澍甘輯 清宣統元年(1909)石印本 二冊

130000－0442－0001154 01154
說文聲系十四卷 （清）姚文田撰 清嘉慶九年(1804)刻本 二冊

130000－0442－0001155 01155
說文釋例二十卷 （清）王筠撰 清道光十七年(1837)刻本 十冊

130000－0442－0001156 01156
說文釋例二十卷 （清）王筠撰 清光緒九年(1883)御風樓刻本 二十冊

130000－0442－0001157 01157
說文釋例二十卷 （清）王筠撰 清刻本 二十冊

130000－0442－0001158 01158
說文釋例二十卷 （清）王筠撰 清同治四年(1865)刻本 十冊

130000－0442－0001159 01159
說文釋例二十卷 （清）王筠撰 清同治四年(1865)刻本 十冊 存十八卷(一至十八)

130000－0442－0001160 01160
王氏說文三種一百三十卷 （清）王筠撰 清道光至咸豐刻同治四年(1865)彙印本 十二冊 存五十卷(說文釋例二十卷、說文繫傳校錄三十卷)

130000－0442－0001161 01161
王氏說文三種一百三十卷 （清）王筠撰 清道光至咸豐刻同治四年(1865)彙印本 十二冊 存五十卷(說文釋例二十卷、說文繫傳校錄三十卷)

130000－0442－0001162 01162
說文解字述誼二卷 （清）毛際盛撰 清光緒二十七年(1901)刻本 二冊

130000－0442－0001163 01163
說文雙聲二卷 （清）劉熙載 （清）陳宗彝輯 清光緒四年(1878)刻本 一冊

130000－0442－0001164 01164
說文提要一卷 （清）陳建侯撰 清同治十二年(1873)崇文書局刻本 一冊

130000－0442－0001165 01165
說文通檢十四卷首一卷末一卷 （清）黎永椿編 清光緒十四年(1888)上海蜚英館石印本 一冊

130000－0442－0001166 01166
說文通檢十四卷首一卷末一卷 （清）黎永椿

編 清光緒二年(1876)崇文書局刻本 二冊

130000－0442－0001167 01167
說文通訓定聲十八卷東韻一卷附說雅一卷古
今韻準一卷行狀一卷 (清)朱駿聲撰 清咸
豐元年(1851)刻本 三十冊

130000－0442－0001168 01168
說文通訓定聲十八卷東韻一卷附說雅一卷古
今韻準一卷行狀一卷 (清)朱駿聲撰 清咸
豐元年(1851)刻本 二十一冊 存十九卷
(一至十四、十七至十八,說雅一卷,古今韻準
一卷,行狀一卷)

130000－0442－0001169 01169
說文通訓定聲十八卷東韻一卷說雅一卷古今
韻準一卷行狀一卷 (清)朱駿聲撰 清咸豐
元年(1851)刻本 三十一冊

130000－0442－0001170 01170
說文通訓定聲十八卷東韻一卷說雅一卷古今
韻準一卷行狀一卷 (清)朱駿聲撰 (清)朱
鏡蓉參訂 清光緒十三年(1887)上海積山書
局石印本 八冊

130000－0442－0001171 01171
說文通訓定聲十八卷東韻一卷說雅一卷古今
韻準一卷行狀一卷 (清)朱駿聲撰 (清)朱
鏡蓉參訂 清光緒十三年(1887)上海積山書
局石印本 八冊

130000－0442－0001172 01172
說文通訓定聲十八卷東韻一卷說雅一卷古今
韻準一卷行狀一卷 (清)朱駿聲撰 (清)朱
鏡蓉參訂 清光緒十三年(1887)上海積山書
局石印本 八冊

130000－0442－0001173 01173
說文統釋自序一卷音同義異辨一卷 (清)錢
大昭 (清)畢沅撰 清光緒八年(1882)金峨
山館刻本 一冊

130000－0442－0001174 01174
說文五翼八卷 (清)王煦撰 清光緒八年
(1882)上虞觀海樓刻本 二冊

130000－0442－0001175 01175
說文校議十五卷 (清)姚文田 (清)嚴可均
撰 清同治十三年(1874)歸安姚氏刻本 五
冊

130000－0442－0001176 01176
說文新附攷六卷續攷一卷 (清)鈕樹玉撰
清嘉慶六年(1801)非石居刻同治七年(1868)
碧螺山館刻本 二冊

130000－0442－0001177 01177
說文新附考六卷說文逸字二卷附錄一卷
(清)鄭珍撰 清光緒四年(1878)刻本 四冊

130000－0442－0001178 01178
說文疑疑二卷附一卷 (清)孔廣居撰 清嘉
慶七年(1802)詩禮堂刻本 二冊

130000－0442－0001179 01179
說文佚字考四卷 (清)張鳴珂撰 清光緒十
三年(1887)豫章刻本 一冊

130000－0442－0001180 01180
說文逸字二卷 (清)鄭珍撰 清咸豐八年
(1858)刻本 二冊

130000－0442－0001181 01181
說文引經考證七卷說文引經互異說一卷
(清)陳瑑撰 清同治十三年(1874)崇文書局
刻本 二冊

130000－0442－0001182 01182
說文引經異字三卷 (清)吳雲蒸撰 清道光
六年(1826)刻本 一冊

130000－0442－0001183 01183
說文韻譜校五卷 (清)王筠撰 清道光十三
年(1833)刻本 四冊

130000－0442－0001184 01184
說文韻譜校五卷 (清)王筠撰 清光緒十六
年(1890)濰縣劉氏素心琴室刻本 五冊

130000－0442－0001185 01185
說文正字二卷 (清)王石華 (清)孫馮翼撰
清嘉慶六年(1801)孫氏刻本 四冊

130000－0442－0001186 01186

說文重文本部考一卷附錄一卷　（清）曾紀澤撰　清同治八年(1869)吳坤修半畝園刻本
一冊

130000－0442－0001187　01187
說文字原考略六卷　（清）吳照輯　清乾隆五十七年(1792)南城吳照南昌刻本　四冊

130000－0442－0001188　01188
說文字原韻表二卷　（清）胡重撰　清嘉慶十六年(1811)金氏月香書屋刻本　一冊

130000－0442－0001189　01189
說苑二十卷　（漢）劉向撰　（清）鍾人傑閱
清刻本　八冊

130000－0442－0001190　01190
朔方備乘六十八卷首十二卷　（清）何秋濤撰
清光緒七年(1881)刻本　二十四冊

130000－0442－0001191　01191
朔方備乘六十八卷首十二卷　（清）何秋濤撰
清光緒七年(1881)刻本　六冊

130000－0442－0001192　01192
朔方備乘六十八卷首十二卷　（清）何秋濤撰
清光緒七年(1881)刻本　二十四冊

130000－0442－0001193　01193
朔方備乘六十八卷首十二卷　（清）何秋濤撰
清光緒七年(1881)刻本　八冊

130000－0442－0001194　01194
司空表聖文集十卷　（唐）司空圖撰　清光緒三十二年(1906)仁和朱氏刻本　一冊

130000－0442－0001195　01195
司馬溫公文集八十二卷　（宋）司馬光撰　清刻本　二十四冊

130000－0442－0001196　01196
司馬溫公文集八十二卷　（宋）司馬光撰　清刻本　三十二

130000－0442－0001197　01197
思綺堂文集十卷　（清）章藻功撰　清康熙六十一年(1722)刻本　二十冊

130000－0442－0001198　01198
思綺堂文集十卷　（清）章藻功撰　清康熙六十一年(1722)刻本　十六冊

130000－0442－0001199　01199
思綺堂文集十卷　（清）章藻功撰　清康熙六十一年(1722)刻本　十冊

130000－0442－0001200　01200
四家詠史樂府六種十五卷　（清）宋澤元輯編　清光緒十二年(1886)懺華盦刻本　八冊

130000－0442－0001201　01201
四庫書目略二十卷附錄一卷　（清）費莫文良輯　清同治九年(1870)刻本　十冊

130000－0442－0001202　01202
四六叢話三十三卷選詩叢話一卷　（清）孫梅撰　清嘉慶三年(1798)吳興舊言堂刻本　六冊

130000－0442－0001203　01203
四六叢話三十三卷選詩叢話一卷　（清）孫梅撰　清光緒七年(1881)吳下刻本　十二冊

130000－0442－0001204　01204
四六法海十二卷　（明）王志堅輯　清乾隆二十三年(1758)刻本　十六冊

130000－0442－0001205　01205
四聲切韻表補正三卷首一卷末一卷　（清）江永編　（清）汪日楨補正　清光緒三年(1877)會稽學舍刻本　二冊

130000－0442－0001206　01206
四聲易知錄四卷　（清）姚文田輯　清光緒八年(1882)刻本　二冊

130000－0442－0001207　01207
四聲易知錄四卷　（清）姚文田輯　清光緒八年(1882)刻本　二冊

130000－0442－0001208　01208
四時分韻試帖初編不分卷　（清）延清輯　清光緒二十三年(1897)延清錦官堂石印本　四冊

130000－0442－0001209　01209

四書集注十九卷　（宋）朱熹集注　清同治五年(1866)金陵書局刻本　六冊

130000－0442－0001210　01210

四書集注闡微直解二十七卷附纂序四書說約合㕘大全　（宋）朱熹集注　（明）張居正撰　清康熙十六年(1677)刻本　六冊

130000－0442－0001211　01211

四書集注十九卷　（宋）朱熹集注　清刻本　六冊

130000－0442－0001212　01212

四書章句集註十九卷　（宋）朱熹撰　清同治六年(1867)崇文書局刻本　六冊

130000－0442－0001213　01213

四書蒙讀淺解三卷　（宋）朱熹集注　清四友堂刻本　一冊

130000－0442－0001214　01214

四書人物考四十卷　（明）薛應旂撰　清康熙二十九年(1690)刻本　七冊

130000－0442－0001215　01215

四書圖考十三卷　（清）翁復撰　清光緒十三年(1887)鴻文書局石印本　四冊

130000－0442－0001216　01216

四書約旨十九卷　（清）任啟運撰　清光緒二十一年(1895)刻本　一冊　存一卷(孟子七)

130000－0442－0001217　01217

四書章句集註二十六卷附四書家塾讀本句讀一卷四書章句集註定本辨一卷四書章句附考四卷　（宋）朱熹撰　清光緒七年(1881)淮南書局刻本　五冊　存二十卷(大學章句一卷、中庸章句一卷、孟子集註十四卷、四書章句附考四卷)

130000－0442－0001218　01218

四書章句集註二十六卷附考四卷　（宋）朱熹撰　（清）吳志忠輯　清嘉慶十六年(1811)璜川吳氏真意堂刻本　八冊

130000－0442－0001219　01219

四書字詁七十八卷檢字一卷　（清）段諤廷撰

（清）黃本驥編訂　清道光二十九年(1849)黔陽楊氏刻本　十九冊

130000－0442－0001220　01220

四雪草堂重訂通俗隋唐演義二十卷一百回　（清）褚人獲撰　清道光三十年(1850)刻本　二十冊

130000－0442－0001221　01221

四裔編年表不分卷　（美國）林樂知　（清）嚴良勳譯　（清）李鳳苞輯　清光緒二十三年(1897)石印本　四冊

130000－0442－0001222　01222

四音定切四卷首一卷　（清）劉熙載輯　清光緒四年(1878)刻本　二冊

130000－0442－0001223　01223

四音釋義十二卷　（清）鄭長庚撰　清道光十一年(1831)張鵬翂刻本　三冊

130000－0442－0001224　01224

五種遺規摘鈔　（清）陳弘謀輯並撰　清光緒十八年(1892)桂垣書局刻本　八冊

130000－0442－0001225　01225

笴河文集十六卷首一卷　（清）朱筠撰　（清）朱錫庚編訂　清光緒五年(1879)謙德堂刻本　六冊

130000－0442－0001226　01226

松壺畫贅二卷松壺畫憶二卷　（清）錢杜撰　清光緒十四年(1888)榆園刻本　一冊　存二卷(松壺畫贅二卷)

130000－0442－0001227　01227

淞濱瑣話十二卷　（清）王韜撰　清光緒十九年(1893)淞隱盧鉛印本　四冊

130000－0442－0001228　01228

宋百家詩存　（清）曹廷棟編　清乾隆六年(1741)嘉善曹氏二六書堂刻本　二十冊

130000－0442－0001229　01229

宋稗類鈔八卷　（清）潘永因輯　（清）潘永圜訂定　清宣統元年(1909)上海有正書局鉛印本　八冊

130000－0442－0001230　01230

**宋本廣韻五卷**　（宋）陳彭年等重修　清康熙四十三年(1704)張氏澤存堂刻本　二冊

130000－0442－0001231　01231

**重刊宋本十三經註疏四百十六卷附十三經註疏校勘記四百十六卷校勘記識語四卷**　（清）阮元撰　（清）盧宣旬摘錄　清光緒十三年(1887)上海脈望仙館石印本　三十二冊

130000－0442－0001232　01232

**唐四家詩集**　（□）□□輯　清光緒十年(1884)上海同文書局石印本　四冊

130000－0442－0001233　01233

**唐人五十家小集**　（清）江標編　清光緒二十一年(1895)刻本　十六冊

130000－0442－0001234　01234

**宋本玉篇三十卷**　（南朝梁）顧野王撰　（宋）陳彭年等重修　清康熙四十三年(1704)張氏澤存堂刻本　三冊

130000－0442－0001235　01235

**宋大家蘇文忠公文鈔二十八卷**　（宋）蘇軾撰　（明）茅坤批評　清刻本　六冊

130000－0442－0001236　01236

**宋代五十六家詩集**　（清）坐春書塾編　清宣統二年(1910)龍文閣石印本　六冊

130000－0442－0001237　01237

**范文正公集二十卷別集四卷政府奏議二卷尺牘三卷遺文一卷祭文一卷范文正公年譜一卷范文正公年譜補遺一卷義莊規矩一卷褒賢詞記二卷鄱陽遺事錄一卷遺跡一卷言行拾遺事錄四卷**　（宋）范仲淹撰　清宣統二年(1910)刻本　十五冊

130000－0442－0001238　01238

**宋黃文節公全集正集三十二卷首四卷外集二十四卷別集十九卷續集十卷詞一卷**　（宋）黃庭堅撰　清光緒二十年(1894)義寧州署刻本　二十七冊

130000－0442－0001239　01239

**宋金元詩選六卷**　（清）吳翌鳳輯　清乾隆五十八年(1793)長洲吳氏刻本　六冊

130000－0442－0001240　01240

**宋金元詩選六卷**　（清）吳翌鳳輯　清乾隆五十八年(1793)刻本　二冊

130000－0442－0001241　01241

**宋金元詩永二十卷補遺二卷**　（清）吳綺輯　清康熙十七年(1678)思永堂刻本　八冊

130000－0442－0001242　01242

**四書章句集註二十六卷附四書家塾讀本句讀一卷四書章句集註定本辨一卷四書章句附考四卷**　（宋）朱熹撰　清嘉慶十六年(1811)璜川吳氏真意堂刻本　八冊

130000－0442－0001243　01243

**宋名家詞六十一種九十卷**　（明）毛晉編　清光緒十四年(1888)錢塘汪氏刻本　二十四冊

130000－0442－0001244　01244

**宋六十一家詞選十二卷**　馮煦輯　清光緒十三年(1887)冶城山館刻本　四冊

130000－0442－0001245　01245

**宋論十五卷**　（清）王夫之撰　清光緒二十五年(1899)申昌書莊石印本　二冊

130000－0442－0001246　01246

**宋七家詞選七卷**　（清）戈載編　（清）杜文瀾校注　清光緒十一年(1885)曼陀羅華閣刻本　四冊

130000－0442－0001247　01247

**宋邵康節先生伊川擊壤集十卷三世名賢集一卷**　（宋）邵雍撰　（明）吳泰注　清康熙八年(1669)刻本　四冊

130000－0442－0001248　01248

**宋詩鈔初集**　（清）呂留良等編　清康熙十年(1671)吳氏鑑古堂刻本　十六冊　缺十六種十六卷(劉翰龍雲集一卷、鄧肅栟櫚集一卷、黃幹勉齋集一卷、魏了翁鶴山集一卷、方逢辰蛟峰集一卷、宋伯仁雪巖集一卷、馮時行縉雲集一卷、岳珂玉楮集一卷、嚴羽滄浪吟一卷、裘萬頃竹齋集一卷、謝枋得疊山集一卷、呂定仲安集一卷、鄭思肖所南集一卷、王柏魯齋集一卷、葛長庚玉蟾集一卷、朱氏斷腸集一卷）

130000－0442－0001249　01249
**宋詩鈔初集**　（清）呂留良等編　清康熙十年(1671)吳氏鑑古堂刻本　二十冊　缺二卷（劉龠龍雲集一卷、鄧蕭栟櫚集一卷）

130000－0442－0001250　01250
**宋詩紀事補遺一百卷小傳補正四卷**　（清）陸心源撰　清光緒十九年(1893)刻本　十五冊　存六十卷(宋詩紀事補遺一至六十)

130000－0442－0001251　01251
**宋詩紀事一百卷**　（清）厲鶚　（清）馬曰琯輯　清乾隆十一年(1746)厲氏樊榭山房刻本　三十二冊

130000－0442－0001252　01252
**宋詩略十八卷**　（清）汪景龍　（清）姚塤輯　清乾隆三十五年(1770)竹雨山房刻本　四冊

130000－0442－0001253　01253
**宋詩略十八卷**　（清）汪景龍　（清）姚塤輯　清乾隆三十五年(1770)竹雨山房刻本　四冊

130000－0442－0001254　01254
**宋史紀事本末一百九卷**　（明）馮琦撰　（明）陳邦瞻增訂　（明）張溥論正　清同治十三年(1874)江西書局刻本　二十冊

130000－0442－0001255　01255
**紀事本末彙刻八種**　（清）廣雅書局輯　清光緒廣雅書局刻本　六十四冊　存三百四十八卷（通鑑紀事本末二百三十九卷、宋史紀事本末一百九卷）

130000－0442－0001256　01256
**二十四史附考證**　清乾隆武英殿刻本　四百七十五冊　存二千二百五十二卷（三國志魏志七至三十、吳志二十卷、蜀志十五卷，宋書一至四十，六十二至一百，陳書三十六卷，魏書一百十四卷，隋書八十五卷，唐書二百二十五卷、釋音一至二十四，五代史七十四卷，宋史四百九十六卷、目錄三卷，元史二百十卷，

周書五十卷、南齊書五十九卷，南史八十卷，後漢書一百二十卷，舊唐書二百卷，舊五代史一百五十卷，梁書五十六卷，北齊書一至五十，北史一至十、二十九至一百）

130000－0442－0001257　01257
**宋史藝文志補一卷**　（清）黃虞稷　（清）倪燦撰　清光緒廣雅刻本　一冊

130000－0442－0001258　01258
**宋四六話十二卷**　（清）彭元瑞撰　（清）曹振鏞編　清嘉慶八年(1803)刻本　十二冊

130000－0442－0001259　01259
**宋王忠文公文集五十卷目錄四卷附梅溪王忠公年譜一卷**　（宋）王十朋撰　清掃葉山房石印本　十冊

130000－0442－0001260　01260
**宋文鑑一百五十卷目錄三卷**　（宋）呂祖謙輯　清光緒十二年(1886)江蘇書局刻本　二十三冊　缺五卷(二十一至二十五)

130000－0442－0001261　01261
**宋文鑑一百五十卷目錄三卷**　（宋）呂祖謙輯　清光緒十二年(1886)江蘇書局刻本　二十四冊

130000－0442－0001262　01262
**宋文鑑一百五十卷目錄三卷**　（宋）呂祖謙輯　清光緒十二年(1886)江蘇書局刻本　二十四冊

130000－0442－0001263　01263
**宋元三十一家詞三十一種**　（清）王鵬運編　清光緒十九年(1893)四印齋刻本　四冊

130000－0442－0001264　01264
**宋元學案一百卷首一卷考畧一卷**　（清）黃宗羲撰　（清）全祖望修定　（清）王梓材　（清）馮云濠校刊　清光緒五年(1879)長沙寄廬刻本　四十冊

130000－0442－0001265　01265
**宋元學案一百卷首一卷考略一卷**　（清）黃宗羲撰　（清）全祖望修定　（清）王梓材

（清）馮云濠校刊　清上海鴻章書局石印本
三十二冊

130000－0442－0001266　01266
宋元學案一百卷首一卷考略一卷　（清）黃宗
羲撰　（清）全祖望修定　（清）王梓材
（清）馮云濠校刊　清上海鴻章書局石印本
四十八冊

130000－0442－0001267　01267
張軒公全集三種　（宋）張栻撰　清道光二十
九年（1849）刻咸豐四年（1854）補刻本　十二
冊

130000－0442－0001268　01268
張軒公全集三種　（宋）張栻撰　清道光二十
九年（1849）刻本　十二冊

130000－0442－0001269　01269
誦芬詠烈編八十卷首二十五卷　（清）徐琪輯
　清光緒十六年（1890）刻本　二十冊

130000－0442－0001270　01270
浦江紛欣閣校本蘇黃兩先生尺牘十八卷附山
谷題跋四卷　（宋）蘇軾撰　清道光二十八年
（1848）刻本　十冊

130000－0442－0001271　01271
蘇東坡詩集注三十二卷失編一卷附年譜一卷
　（宋）蘇軾撰　（清）錢大昕輯注　（清）洪
亮吉篹　清乾隆四十七年（1782）文蔚堂刻本
十六冊

130000－0442－0001272　01272
東坡先生編年詩補注五十卷年表一卷　（宋）
蘇軾撰　（清）查慎行補注　清康熙四十一年
（1702）香雨齋刻本　十六冊

130000－0442－0001273　01273
蘇文忠詩合註五十卷首一卷目錄一卷附東坡
先生年譜一卷　（宋）蘇軾撰　（清）馮應榴輯
　清乾隆五十八年（1793）刻本　二十冊

130000－0442－0001274　01274
蘇文忠公詩編注集成四十六卷集成總案四十
五卷諸家雜綴酌存一卷蘇海識餘四卷賤詩圖

一卷　（宋）蘇軾撰　（清）王文誥輯注　清光
緒十四年（1888）浙江書局刻本　二十四冊

130000－0442－0001275　01275
蘇文忠公詩編注集成四十六卷集成總案四十
五卷諸家雜綴酌存一卷蘇海識餘四卷賤詩圖
一卷　（宋）蘇軾撰　（清）王文誥輯注　清嘉
慶二十四年（1819）武林王文誥韻山堂刻道光
補刻本　二十四冊

130000－0442－0001276　01276
蘇文忠詩合註五十卷首一卷目錄一卷附東坡
先生年譜一卷　（宋）蘇軾撰　（清）馮應榴輯
　清乾隆六十年（1795）刻本　二十四冊

130000－0442－0001277　01277
蘇文忠詩合註五十卷首一卷目錄一卷附東坡
先生年譜一卷　（宋）蘇軾撰　（清）馮應榴輯
　清同治九年（1870）刻本　二十四冊

130000－0442－0001278　01278
蘇文忠公詩集五十卷目錄二卷　（宋）蘇軾撰
　（清）紀昀評點　清道光十四年（1834）兩廣
節署刻朱墨套印本　十二冊

130000－0442－0001279　01279
[同治]蘇州府志一百五十卷首三卷　（清）李
銘皖　（清）譚鈞培修　（清）馮桂芬篹　清光
緒八年（1882）江蘇書局刻本　八十冊

130000－0442－0001280　01280
涑水記聞十六卷　（宋）司馬光撰　清光緒九
年（1883）解梁書院刻本　四冊

130000－0442－0001281　01281
粟香室叢書五十九種　金武祥編　清光緒至
民國間江陰金氏刻本　十二冊　存二十種五
十七卷(滄螺集六卷,青暘集四卷、補遺一卷,
陽羨茗壺系一卷,洞山岕茶系一卷,藏說小萃
七種七卷,名家詞集十種十卷,江南春詞集一
卷、附錄一卷、附考一卷,江上孤忠錄一卷,江
上遺聞一卷,李仲達被逮紀略一卷,荔支譜一
卷、附錄一卷,經書言學指要一卷,云谿樂府
二卷,存齋古文一卷、續編一卷,傳忠堂學古
文一卷,冰泉唱和集一卷、續和一卷、再續和

一卷、閏集一卷、附錄一卷,江陰藝文志二卷、校補一卷,漓江雜記一卷,漓江游草一卷,陶廬雜憶一卷、續詠一卷、補詠一卷)

130000－0442－0001282　01282

粟香隨筆八卷二筆八卷三筆八卷四筆八卷五筆八卷　金武祥撰　清光緒二十一年(1895)掃葉山房石印本　十六冊

130000－0442－0001283　01283

隋書經籍志考證十三卷　(清)章宗源撰　清光緒三年(1877)湖北崇文書局刻本　四冊

130000－0442－0001284　01284

四雪草堂重訂通俗隋唐演義二十卷一百回(清)褚人獲撰　清康熙五十八年(1719)四雪草堂刻本　二十冊

130000－0442－0001285　01285

綏服紀略圖詩一卷　(清)松筠撰　(清)程振甲校刊　清嘉慶元年(1796)刻本　一冊

130000－0442－0001286　01286

綏寇紀略十二卷附補遺三卷　(清)吳偉業撰(清)張海鵬重校　清嘉慶九年(1804)刻本五冊

130000－0442－0001287　01287

綏寇紀略十二卷附補遺三卷　(清)吳偉業撰(清)張海鵬重校　清嘉慶十四年(1809)照曠閣刻本　十冊

130000－0442－0001288　01288

綏寇紀略十二卷附補遺三卷　(清)吳偉業撰(清)張海鵬重校　清嘉慶十四年(1809)照曠閣刻本　八冊

130000－0442－0001289　01289

綏寇紀略十二卷附補遺三卷　(清)吳偉業撰(清)張海鵬重校　清嘉慶十四年(1809)照曠閣刻本　八冊

130000－0442－0001290　01290

隨盦徐氏叢書十種續編十種　徐乃昌編　清光緒至民國南陵徐氏刻本　二十四冊

130000－0442－0001291　01291

隨園三十種　(清)袁枚撰　清乾隆至嘉慶刻本　七十八冊

130000－0442－0001292　01292

歲寒堂讀杜二十卷　(清)范鍇雲輯　清道光二十四年(1844)刻本　二十冊

130000－0442－0001293　01293

孫谿朱氏經學叢書初編三十八卷　(清)朱記榮輯　清光緒十二年(1886)刻本　十二冊

130000－0442－0001294　01294

孫子十家注十三卷序錄一卷遺說一卷　(漢)曹操等撰　清咸豐五年(1855)淡香齋木活字印本　四冊

130000－0442－0001295　01295

武英殿聚珍版叢書一百三十八種　清乾隆武英殿木活字印本　二十冊　存十一種六十六卷(五代史纂誤三卷,海島算經一卷,孫子算經三卷,絜齋集二十四卷、拾遺一卷,文苑英華辨證十卷、拾遺一卷,歲寒堂詩話二卷,儀禮識誤三卷,儀禮釋宮一卷,易象意言一卷,後山詩十二卷附年譜,易緯通卦驗二卷、易緯乾坤鑿度二卷)

130000－0442－0001296　01296

太湖全圖一卷　(清)帥承瀛修　(清)梁恭辰校　清光緒四年(1878)刻本　一冊

130000－0442－0001297　01297

太平廣記五百卷目錄十卷　(宋)李昉等輯(清)黃晟校刊　清乾隆二十年(1755)刻本五十冊

130000－0442－0001298　01298

太平廣記五百卷目錄十卷　(宋)李昉等輯(清)黃晟校刊　清嘉慶十一年(1806)姑蘇聚文堂刻本　四十八冊

130000－0442－0001299　01299

太平廣記五百卷目錄十卷　(宋)李昉等輯(清)黃晟校刊　清道光二十六年(1846)刻本四十八冊

130000－0442－0001300　01300

太平寰宇記二百卷目錄二卷　（宋）樂史撰
清光緒八年（1882）金陵書局刻本　三十六冊

130000－0442－0001301　01301

太平御覽一千卷　（宋）李昉等輯　清光緒二
十年（1894）積山書局石印本　三十二冊

130000－0442－0001302　01302

太平御覽一千卷目錄十五卷　（宋）李昉等輯
　清光緒十八年（1892）南海李氏學海堂刻本
　九十八冊　缺二十卷（四百六十一至四百
七十一、四百九十二至五百）

130000－0442－0001303　01303

太上寶筏圖說八卷　（清）黃正元纂　清光緒
二十七年（1901）刻本　七冊　缺一卷（禮一）

130000－0442－0001304　01304

太史升菴先生全集八十一卷遺集二十六卷外
集一百卷楊升菴先生年譜一卷　（明）楊慎撰
　（明）楊有仁輯　（清）周參元校　清乾隆六
十年（1795）刻本　二十三冊

130000－0442－0001305　01305

集注太玄經十卷　（宋）司馬光撰　清光緒元
年（1875）崇文書局刻本　二冊

130000－0442－0001306　01306

太乙舟文集八卷　（清）陳用光撰　（清）梅曾
亮編　清道光十七年（1837）刻本　三冊

130000－0442－0001307　01307

[光緒]泰興縣志二十六卷首一卷末一卷
（清）楊激雲修　（清）顧曾烜纂　清光緒十二
年（1886）刻本　十冊

130000－0442－0001308　01308

談天十八卷首一卷附表一卷　（英國）侯失勒
原本　（英國）偉烈亞力口譯　（清）李善蘭刪
述　清咸豐九年（1859）刻本　八冊

130000－0442－0001309　01309

檀几叢書五十種二集五十種餘集四十七種附
考十種　（清）王晫　（清）張潮編　清康熙霞
舉堂刻本　七冊

130000－0442－0001310　01310

湯子遺書七種　（清）湯斌撰　清同治九年
（1870）刻本　三十二冊　存五種三十九卷
（湯子遺書十卷、首一卷,湯子遺書續編二卷,
潛庵先生擬明史稿二十卷,乾坤兩卦解一卷,
洛學編五卷）

130000－0442－0001311　01311

湯貞愍公年譜一卷　陳韜撰　清鉛印本　一
冊

130000－0442－0001312　01312

唐代叢書一百六十四種　（清）王文誥輯　清
嘉慶十一年（1806）刻本　二十四冊

130000－0442－0001313　01313

唐代叢書一百六十四種　（清）王文誥輯　清
嘉慶十一年（1806）刻本　三十五冊

130000－0442－0001314　01314

唐韓昌黎集四十卷外集十卷遺文一卷附錄一
卷　（唐）韓愈撰　（明）蔣之翹輯注　明刻本
　八冊

130000－0442－0001315　01315

唐鑑二十四卷附音註考異一卷　（宋）范祖禹
撰　（宋）呂祖謙音註　（清）胡鳳丹考異　清
同治十年（1871）刻本　六冊

130000－0442－0001316　01316

唐鑑二十四卷附音註考異一卷　（宋）范祖禹
撰　（宋）呂祖謙音註　（清）胡鳳丹考異　清
同治十年（1871）刻本　四冊

130000－0442－0001317　01317

唐荊川先生批點精選史記六卷　（明）唐順之
輯　明刻本　六冊

130000－0442－0001318　01318

唐類函二百卷目錄二卷　（明）俞安期輯　明
萬曆三十一年（1603）刻本　四十冊

130000－0442－0001319　01319

唐柳河東集四十五卷外集五卷遺文一卷附錄
一卷　（唐）柳宗元撰　（明）蔣之翹輯注　明
刻本　十二冊

130000－0442－0001320　01320

唐柳河東集四十五卷外集五卷遺文一卷附錄一卷　（唐）柳宗元撰　（明）蔣之翹輯注　清光緒二十五年(1899)刻本　十九冊

130000－0442－0001321　01321

唐陸宣公集二十二卷　（唐）陸贄撰　清雍正元年(1723)刻本　六冊

130000－0442－0001322　01322

唐陸宣公集二十二卷首一卷增輯一卷附錄一卷　（唐）陸贄撰　清光緒二年(1876)江蘇書局刻本　六冊

130000－0442－0001323　01323

唐陸宣公集二十二卷　（唐）陸贄撰　清嘉慶二十三年(1818)刻本　六冊

130000－0442－0001324　01324

唐陸宣公集二十二卷　（唐）陸贄撰　清嘉慶二十三年(1818)刻本　六冊

130000－0442－0001325　01325

唐陸宣公奏議讀本四卷首一卷　（唐）陸贄撰　（清）汪銘謙輯　（清）馬傳庚評點　清光緒二十六年(1900)會稽馬氏石印本　二冊

130000－0442－0001326　01326

故唐律疏議三十卷纂例二十卷　（唐）長孫無忌等撰　清光緒十六年(1890)刻本　十二冊　存三十卷(故唐律疏議三十卷)

130000－0442－0001327　01327

唐駢體文鈔十七卷　（清）陳均輯　清同治十二年(1873)刻本　四冊

130000－0442－0001328　01328

唐七律選四卷　（清）王錫等輯　（清）毛奇齡訂　清康熙刻本　一冊

130000－0442－0001329　01329

唐人賦鈔六卷　（清）丘先德輯　（清）程國仁　（清）伊秉綬鑒定　清刻本　六冊

130000－0442－0001330　01330

唐人三家集　（清）秦恩復編　清道光十年(1830)江都秦氏石研齋影宋刻本　六冊

130000－0442－0001331　01331

唐人三家集　（清）秦恩復編　清宣統三年(1911)刻本　八冊

130000－0442－0001332　01332

唐人說薈一百六十五種　（清）陳世熙編　清乾隆五十七年(1792)刻本　二十冊

130000－0442－0001333　01333

唐人萬首絕句選七卷　（清）王士禛輯　清光緒六年(1880)溶文書局刻本　二冊

130000－0442－0001334　01334

唐人三家集　（清）秦恩復編　清道光十年(1830)江都秦氏石研齋影宋刻本　六冊

130000－0442－0001335　01335

唐詩百名家全集三百二十七卷　（清）席啟寓編錄　清光緒八年(1882)刻本　六十四冊

130000－0442－0001336　01336

唐詩別裁集十卷　（清）沈德潛輯　清康熙五十六年(1717)碧梧書屋刻本　十冊

130000－0442－0001337　01337

唐詩別裁集引典備註二十卷　（清）沈德潛輯　（清）俞汝昌注　清道光十七年(1837)白鹿山房刻本　十四冊

130000－0442－0001338　01338

唐詩別裁集引典備註二十卷　（清）沈德潛輯　（清）俞汝昌註　清道光十八年(1838)刻本　十二冊

130000－0442－0001339　01339

唐詩鼓吹十卷　（金）元好問輯　（元）郝天挺注　清乾隆二十七年(1762)刻本　四冊

130000－0442－0001340　01340

唐詩觀瀾集二十四卷唐人小傳一卷　（清）李因培輯　清乾隆二十四年(1759)刻本　八冊

130000－0442－0001341　01341

古詩歸十五卷唐詩歸三十六卷　（明）鍾惺（明）譚元春輯　清刻本　十四冊

130000－0442－0001342　01342

唐詩解五十卷　（明）唐汝詢輯　清順治十六年(1659)萬笈堂刻本　十六冊

130000－0442－0001343　01343

**唐詩解五十卷**　（明）唐汝詢輯　清順治十六年(1659)萬笈堂刻本　二十七冊

130000－0442－0001344　01344

**唐詩金粉十卷**　（清）沈炳震輯　清雍正二年(1724)刻本　六冊

130000－0442－0001345　01345

**唐詩品彙九十卷拾遺十卷詩人爵里詳節一卷**　（明）高棅輯　明刻本　二十冊

130000－0442－0001346　01346

**唐詩三百首注疏六卷**　（清）蘅塘退士編　（清）章燮注　清道光十五年(1835)刻本　六冊

130000－0442－0001347　01347

**唐詩三百首註疏六卷續選一卷小傳一卷**　（清）蘅塘退士輯　（清）章燮註　清道光十四年(1834)刻本　六冊

130000－0442－0001348　01348

**唐詩三集合編七十四卷首一卷**　（明）沈子來輯　明天啓四年(1624)刻本　八冊

130000－0442－0001349　01349

**唐詩拾遺十卷**　（明）高棅編　（清）張恂重訂　清刻本　二冊

130000－0442－0001350　01350

**唐詩體經六卷**　（清）吳廷偉輯　（清）顧元標注　清康熙四十二年(1703)刻本　四冊　存五卷(一至二、四至六)

130000－0442－0001351　01351

**唐詩選十卷**　王闓運輯　清光緒十二年(1886)尊經書局校刻本　八冊

130000－0442－0001352　01352

**唐詩選十三卷**　王闓運輯　清光緒二十七年(1901)刻本　十冊

130000－0442－0001353　01353

**唐石經校文十卷**　（清）嚴可均撰　清光緒元尚居刻本　四冊

130000－0442－0001354　01354

**唐四家詩八卷**　（清）汪立名輯　清康熙三十四年(1695)刻本　六冊

130000－0442－0001355　01355

**唐四家詩集二十一卷**　（清）胡鳳丹校　清同治九年(1870)退補齋刻本　七冊

130000－0442－0001356　01356

**唐宋八家詩五十二卷**　（清）姚培謙編　清雍正六年(1728)遂安堂刻本　四冊　存二十五卷(半山詩鈔一至六、河東詩鈔四卷、廬陵詩鈔八卷、藥城詩鈔四卷、南豐詩鈔三卷)

130000－0442－0001357　01357

**唐宋八家文讀本三十卷**　（清）沈德潛輯　清乾隆十五年(1750)刻本　七冊

130000－0442－0001358　01358

**唐宋歷代明賢確論一百卷**　清光緒二十八年(1902)千卷樓石印本　八冊　存八十六卷(一至八十六)

130000－0442－0001359　01359

**唐宋十大家全集錄**　（清）儲欣編　清光緒八年(1882)江蘇書局刻本　三十二冊

130000－0442－0001360　01360

**唐文粹補遺二十六卷**　（清）郭麐輯　清光緒十一年(1885)江蘇書局刻本　四冊

130000－0442－0001361　01361

**唐文粹一百卷**　（宋）姚鉉輯　清光緒九年(1883)江蘇書局刻本　十六冊　缺三十卷(十八至四十七)

130000－0442－0001362　01362

**唐文粹一百卷**　（宋）姚鉉輯　清光緒九年(1883)江蘇書局刻本　十六冊

130000－0442－0001363　01363

**唐文粹一百卷**　（宋）姚鉉輯　清刻本　十六冊

130000－0442－0001364　01364

**唐文拾遺七十二卷目錄八卷續拾十六卷**　（清）陸心源輯　清光緒十四年(1888)刻本　二十冊　存七十二卷(唐文拾遺七十二卷)

130000－0442－0001365　01365

**唐文拾遺七十二卷目錄八卷續拾十六卷**

（清）陸心源輯　清刻本　六冊　存十六卷
（續拾十六卷）

130000－0442－0001366　01366

**唐五代詞選三卷**　（清）成肇麐輯　清光緒十三年（1887）刻本　八冊

130000－0442－0001367　01367

**唐賢三昧集三卷**　（清）王士禛輯　清光緒九年（1883）翰墨園朱墨套印本　三冊

130000－0442－0001368　01368

**唐賢三昧集三卷**　（清）王士禛輯　清光緒十一年（1885）刻本　三冊

130000－0442－0001369　01369

**唐寫本說文解字木部箋異一卷**　（清）莫友芝撰　清同治三年（1864）湘鄉曾國藩安慶刻本　一冊

130000－0442－0001370　01370

**唐寫本唐韻殘卷二卷**　（唐）孫愐撰　清光緒三十四年（1908）影印本　一冊

130000－0442－0001371　01371

**唐音審體二十卷**　（清）錢良擇撰　清康熙四十三年（1704）刻本　五冊

130000－0442－0001372　01372

**唐語林八卷**　（宋）王讜撰　（清）錢熙祚校
清光緒十九年（1893）湖北官書處刻本　四冊

130000－0442－0001373　01373

**潛書四卷**　（清）唐甄撰　清光緒九年（1883）中江李氏刻本　四冊

130000－0442－0001374　01374

**倘湖樵書初編十二卷**　（明）來集之撰　（清）毛奇齡訂　清乾隆五十三年（1788）刻本　十二冊

130000－0442－0001375　01375

**桃花扇傳奇二卷**　（清）孔尚任撰　清康熙刻本　五冊

130000－0442－0001376　01376

**桃花扇四卷首一卷**　（明）孔尚任編　清光緒三十三年（1907）刻本　五冊

130000－0442－0001377　01377

**桃花扇四卷首一卷**　（清）孔尚任編　清光緒二十一年（1895）蘭雪堂刻本　五冊

130000－0442－0001378　01378

**陶菴集二十二卷首一卷末一卷**　（明）歸子慕撰　清光緒五年（1879）刻本　八冊

130000－0442－0001379　01379

**陶靖節詩集四卷附東坡和陶詩一卷律陶一卷敦好齋律陶纂一卷**　（晉）陶潛撰　（清）蔣薰評閱　清康熙刻本　二冊

130000－0442－0001380　01380

**陶齋藏石記四十四卷首一卷藏甎記二卷**
（清）端方輯　清宣統元年（1909）上海商務印書館石印本　十二冊

130000－0442－0001381　01381

**陶齋吉金續錄二卷**　（清）端方撰　清宣統元年（1909）石印本　二冊

130000－0442－0001382　01382

**陶淵明集八卷首一卷末一卷**　（晉）陶潛撰
清光緒五年（1879）廣州翰墨園刻三色套印本　二冊

130000－0442－0001383　01383

**陶淵明集八卷首一卷末一卷**　（晉）陶潛撰
清光緒六年（1880）刻三色套印本　四冊

130000－0442－0001384　01384

**陶淵明集八卷首一卷末一卷**　（晉）陶潛撰
清光緒六年（1880）刻三色套印本　四冊

130000－0442－0001385　01385

**陶淵明全集十卷**　（晉）陶潛撰　清道光十二年（1832）刻本　二冊

130000－0442－0001386　01386

**陶淵明詩一卷**　（晉）陶潛撰　清光緒元年（1875）影宋刻本　二冊

130000－0442－0001387　01387

**陶靖節詩集四卷附東坡和陶詩一卷律陶一卷**

敦好齋律陶纂一卷 （晉）陶潛撰 （清）蔣薰
評閱 清康熙刻本 四冊

130000－0442－0001388 01388

陶淵明文集十卷 （晉）陶潛撰 清嘉慶十二
年(1807)刻本 二冊

130000－0442－0001389 01389

陶淵明文集十卷 （晉）陶潛撰 清光緒五年
(1879)刻本 二冊

130000－0442－0001390 01390

陶淵明文集十卷 （晉）陶潛撰 清光緒五年
(1879)刻本 三冊

130000－0442－0001391 01391

陶淵明文集十卷 （晉）陶潛撰 清宣統二年
(1910)石印本 四冊

130000－0442－0001392 01392

陶淵明文集十卷 （晉）陶潛撰 清刻本 二冊

130000－0442－0001393 01393

藤陰雜記十二卷 （清）戴璐著 清光緒三年
(1877)吳興會館刻本 四冊

130000－0442－0001394 01394

剔弊廣增分韻五方元音二卷韻法析說一卷
(清)樊騰鳳撰 （清）趙培梓編 清光緒三十
年(1904)刻本 五冊

130000－0442－0001395 01395

天花亂墜八卷二集八卷三集八卷 （清）寅半
生編 清光緒二十九年至三十三年(1903－
1907)崇寔齋刻本 十二冊

130000－0442－0001396 01396

國語二十一卷校刊明道本韋氏解國語札記一
卷明道本考異四卷 （三國吳）韋昭注 （清）
黃丕烈撰 （清）汪遠孫考異 清同治八年
(1869)湖北崇文書局刻本 五冊

130000－0442－0001397 01397

天下郡國利病書一百二十卷 （清）顧炎武撰
清道光三年(1823)慎記書莊石印本 二十
四冊

130000－0442－0001398 01398

天下郡國利病書一百二十卷 （清）顧炎武撰
清道光三年(1823)慎記書莊石印本 二十
四冊

130000－0442－0001399 01399

天下郡國利病書一百二十卷 （清）顧炎武撰
清道光三年(1823)慎記書莊石印本 二十
四冊

130000－0442－0001400 01400

天下郡國利病書一百二十卷 （清）顧炎武撰
清光緒五年(1879)桐華書屋刻本 五十二
冊

130000－0442－0001401 01401

天雨花三十回 （清）陶貞懷撰 清道光二十
一年(1841)有遺音齋刻本 三十冊

130000－0442－0001402 01402

天雨花三十回 （清）陶貞懷撰 清順治八年
(1651)刻本 三十冊

130000－0442－0001403 01403

天雨花三十回 （清）陶貞懷撰 清同治八年
(1869)文富堂刻本 二十八冊

130000－0442－0001404 01404

天咫偶聞十卷 （清）震鈞撰 清光緒三十三
年(1907)甘棠轉舍刻本 八冊

130000－0442－0001405 01405

天中記六十卷 （明）陳耀文輯 明刻本 三
十冊

130000－0442－0001406 01406

古歡堂五種附一種 （清）田雯撰 清康熙五
十二年(1713)刻本 十六冊 存五種五十二
卷(古歡堂集二十二卷,古歡堂詩集十五卷,
黔書二卷,長河志籍考十卷,蒙齋年譜一卷、
續一卷、補一卷)

130000－0442－0001407 01407

鐵華館叢書六種 （清）蔣鳳藻編 清光緒九
年至十年(1883－1884)刻本 二冊

130000－0442－0001408 01408

鐵橋漫稿八卷 （清）嚴可均撰 清光緒十一

年(1885)長洲蔣氏心矩齋刻本　四冊

130000－0442－0001409　01409
鐵橋漫稿八卷　（清）嚴可均撰　清光緒十一
年(1885)長洲蔣氏心矩齋刻本　四冊

130000－0442－0001410　01410
鐵琴銅劍樓藏書目錄二十四卷　（清）瞿鏞撰
清光緒二十四年(1898)刻本　十冊

130000－0442－0001411　01411
鐵崖詩集三種二十六卷　（元）楊維楨撰　清
光緒十四年(1888)諸暨樓氏崇德堂刻本　六
冊

130000－0442－0001412　01412
鐵崖詩集三種二十六卷　（元）楊維楨撰　清
光緒十四年(1888)諸暨樓氏崇德堂刻本　十
冊

130000－0442－0001413　01413
鐵雲藏龜不分卷　（清）劉鶚輯　清光緒二十
九年(1903)裒殘守缺齋石印本　六冊

130000－0442－0001414　01414
通甫類藁四卷續編二卷通父詩存四卷詩存之
餘二卷　（清）魯一同撰　清咸豐九年(1859)
刻本　七冊

130000－0442－0001415　01415
通鑑綱目分註補遺四卷書法存疑一卷　（清）
芮長恤撰　（清）繆德棻校正　清光緒十六年
(1890)小岯山館刻本　四冊

130000－0442－0001416　01416
通鑑綱目釋地糾謬六卷釋地補注六卷　（清）
張庚撰　（清）杭世駿參訂　清乾隆濟美堂刻
本　四冊

130000－0442－0001417　01417
通鑑輯要前編二卷正編十九卷續編八卷
（清）姚培謙　（清）張景星輯錄　清乾隆二十
六年(1761)刻本　十五冊

130000－0442－0001418　01418
資治通鑑二百九十四卷通鑑釋文辯誤十二卷
　（宋）司馬光撰　（元）胡三省音注　清光緒

十五年(1889)刻本　七冊　存十二卷(通鑑
釋文辯誤十二卷)

130000－0442－0001419　01419
資治通鑑二百九十四卷通鑑釋文辯誤十二卷
　（宋）司馬光撰　（元）胡三省音注　清嘉慶
二十一年(1816)刻本　二冊　存十二卷(通
鑑釋文辯誤十二卷)

130000－0442－0001420　01420
通鑑總類二十卷　（宋）沈樞輯　明刻本　二
十冊

130000－0442－0001421　01421
通鑑補正略三卷　（明）嚴衍撰　清光緒十三
年(1887)時報館鉛印本　二冊

130000－0442－0001422　01422
資治通鑑地理今釋十六卷　（清）吳熙載撰
清光緒八年(1882)江蘇書局刻本　三冊

130000－0442－0001423　01423
通鑑紀事本末二百三十九卷　（宋）袁樞撰
（明）張溥論正　明崇禎刻本　五十冊

130000－0442－0001424　01424
通鑑紀事本末四十二卷　（宋）袁樞撰　清刻
本　十八冊　缺二十四卷(十九至四十二)

130000－0442－0001425　01425
通俗編三十八卷　（清）翟灝撰　清乾隆十六
年(1751)無不宜齋刻本　十二冊

130000－0442－0001426　01426
通雅五十二卷首三卷　（清）方以智撰　清浮
山此藏軒影抄清康熙刻本　二十冊

130000－0442－0001427　01427
通雅五十二卷首三卷　（清）方以智撰　清立
教館刻本　六冊

130000－0442－0001428　01428
三通七百四十八卷　清乾隆十二年至十四年
(1747－1749)武英殿刻本　二百三十九冊
存七百四十二卷(通典二百卷,通志一至三十
五、四十至一百、一百三至二百,文獻通考三
百四十八卷)

河北師範大學圖書館古籍普查登記目錄

068

130000－0442－0001429　01429

**通志略五十二卷**　（宋）鄭樵撰　清乾隆十三年(1748)刻本　二十冊

130000－0442－0001430　01430

**通志略五十二卷**　（宋）鄭樵撰　清嘉慶十一年(1806)長洲彭氏刻本　十八冊

130000－0442－0001431　01431

**通志堂經解一百四十種一千八百六十卷**
（清）納蘭成德輯　清康熙十九年(1680)刻本　五百九十九冊　缺三十三種四百二卷(易璿璣三卷,周易義海撮要十二卷,三易備遺十卷,丙子學易編一卷,易學啟蒙小傳一卷,古經傳一卷,水村易鏡一卷,晦菴先生朱文公易說二十三卷,大易緝說十卷,周易輯聞六卷、易雅一卷、筮宗一卷,書古文訓十六卷,三山拙齋林先生尚書全解四十卷,程尚書禹貢論二卷、後論一卷、山川地理圖二卷,尚書說七卷,逸齋詩補傳三十卷、篇目一卷,詩集傳名物鈔八卷,詩經疑問七卷、附編一卷,詩解頤四卷,春秋尊王發微十二卷、附錄一卷,春秋皇綱論五卷,春秋年表一卷,春秋名號歸一圖二卷,龍學孫公春秋經解十五卷,春秋臣傳三十卷,西疇居士春秋本例二十卷,春秋集解三十卷,春秋提綱十卷,春秋通說十三卷,春秋集注十一卷、綱領一卷,春秋或問二十卷,春秋五論一卷,新定三禮圖二十卷,四書通旨六卷,四書辨疑十五卷)

130000－0442－0001432　01432

**通志堂經解一百四十種一千八百六十卷**
（清）納蘭成德輯　清康熙十九年(1680)刻本　五百九十九冊　缺二十三種二百三十六卷(詩說一卷,詩集傳名物鈔八卷,詩經疑問七卷,龍學孫公春秋經解十五卷,春秋王霸列國世紀編三卷,春秋通說十三卷,春秋集注十一卷、綱領一卷,春秋或問二十卷,春秋五論一卷,則堂先生春秋集傳詳說三十卷、綱領一卷,春秋類對賦一卷,春秋諸國統紀六卷,春秋本義三十卷、首一卷,四書通旨六卷,四書辨疑十五卷,大學集說啟蒙一卷,中庸集說啟蒙一卷,經典釋文三十卷,公是先生七經小傳

三卷,六經奧倫六卷、首一卷,六經正誤六卷,熊先生經說七卷,十一經問對五卷,五經蠡測六卷)

130000－0442－0001433　01433

**同人集十二卷**　（清）冒襄輯　清康熙刻本　十六冊

130000－0442－0001434　01434

**同聲韻學四卷附錄二卷**　（清）劓德懋校閱　清光緒三十四年(1908)刻本　一冊

130000－0442－0001435　01435

**同文一隅二卷**　（清）承培元輯　清刻本　一冊

130000－0442－0001436　01436

**桐城方氏時文全稿不分卷**　（清）韓葇評選　清光緒十四年(1888)湖南共賞書局刻本　六冊

130000－0442－0001437　01437

**桐城耆舊傳十二卷**　馬其昶撰　清宣統三年(1911)刻本　六冊

130000－0442－0001438　01438

**桐城吳先生尺牘五卷補遺一卷論兒書一卷**
（清）吳汝綸撰　清光緒二十九年(1903)刻本　六冊

130000－0442－0001439　01439

**桐城吳先生全書六種附二種**　（清）吳汝綸撰　清光緒三十年(1904)刻本　二十二冊

130000－0442－0001440　01440

**桐城吳先生全書六種附二種**　（清）吳汝綸撰　清光緒三十年(1904)刻本　二十冊　存六種十八卷(易說二卷,尚書故三卷,夏小正私箋一卷,桐城吳先生文集四卷,桐城吳先生詩集一卷,桐城吳先生尺牘五卷、附補遺一卷、論兒書一卷)

130000－0442－0001441　01441

**桐城吳先生全書六種附二種**　（清）吳汝綸撰　清光緒三十年(1904)刻本　六冊　存二種五卷(桐城吳先生文集四卷,桐城吳先生詩集

一卷）

130000 – 0442 – 0001442　01442

**桐陰論畫三卷附錄一卷桐陰畫訣一卷續桐陰論畫一卷二編二卷三編二卷**　（清）秦祖永撰　清同治三年至光緒八年（1864－1882）刻朱墨套印本　六冊

130000 – 0442 – 0001443　01443

**圖像鏡花緣二十卷首一卷**　（清）李汝珍撰　清光緒十七年（1891）上海廣百宋齋石印本　六冊

130000 – 0442 – 0001444　01444

**退學詩齋詩集五卷**　（清）何耿繩撰　（清）鮑康編　清同治十二年（1873）刻本　一冊

130000 – 0442 – 0001445　01445

**外務部和會司清檔一卷**　（清）□□撰　清光緒二十九年（1903）抄本　五冊

130000 – 0442 – 0001446　01446

**宛鄰書屋古詩錄十二卷**　（清）張琦輯　清同治八年（1869）刻本　四冊

130000 – 0442 – 0001447　01447

**宛陵先生文集六十卷**　（宋）梅堯臣撰　清宣統二年（1910）刻本　十冊

130000 – 0442 – 0001448　01448

**宛雅初編八卷二編八卷三編二十四卷**　（明）梅鼎祚輯　清乾隆十四年（1749）刻本　十冊

130000 – 0442 – 0001449　01449

**晚邨先生八家古文精選八卷**　（清）呂留良輯　（清）呂葆中批點　清康熙四十三年（1704）呂氏家塾刻本　八冊

130000 – 0442 – 0001450　01450

**萬充宗先生經學五書十九卷**　（清）萬斯大撰　清乾隆二十六年（1761）萬福刻本　六冊

130000 – 0442 – 0001451　01451

**萬國公法四卷**　（美國）惠頓撰　（美國）丁韙良譯　清同治三年（1864）刻本　四冊

130000 – 0442 – 0001452　01452

**萬國通史前編十卷**　（英國）李思倫白輯譯

蔡爾康紀述　清光緒二十九年（1903）上海廣學會鉛印本　十冊

130000 – 0442 – 0001453　01453

**萬國通史三編十卷**　（英國）李思倫白輯譯　（清）曹晉涵編　清光緒三十年（1904）上海廣學會鉛印本　十冊

130000 – 0442 – 0001454　01454

**萬國通史續編十卷**　（英國）李思倫白輯譯　清光緒三十年（1904）上海廣學會鉛印本　十冊

130000 – 0442 – 0001455　01455

**萬國輿圖**　（清）王貫三繪　（清）陳兆桐編　清光緒十二年（1886）同文書局石印本　一冊

130000 – 0442 – 0001456　01456

**萬國政治藝學全書四十一種**　（清）朱大文編　（清）凌賡颺編　清光緒二十八年（1902）上海鴻文書局石印本　二十四冊

130000 – 0442 – 0001457　01457

**新樂府詞一卷**　（清）萬斯同撰　清同治八年（1869）刻本　一冊

130000 – 0442 – 0001458　01458

**萬曆野獲編三十卷補遺四卷**　（明）沈德符撰　清刻本　六冊　存七卷（一至七）

130000 – 0442 – 0001459　01459

**汪氏學行記六卷**　（清）汪喜孫輯　清道光三年（1823）刻本　二冊

130000 – 0442 – 0001460　01460

**王本史記一百三十卷**　（漢）司馬遷撰　（南朝宋）裴駰集解　（唐）司馬貞索隱　（唐）張守節正義　清同治九年（1870）崇文書局刻本　二十四冊

130000 – 0442 – 0001461　01461

**王荊公詩集五十卷**　（宋）李壁箋註　清乾隆六年（1741）刻本　六冊

130000 – 0442 – 0001462　01462

**王荊公唐百家詩選二十卷**　（宋）王安石輯　清康熙四十三年（1704）雙清閣刻本　五冊

130000－0442－0001463　01463

**王荆公唐百家詩選二十卷**　（宋）王安石輯
清康熙四十三年(1704)刻本　八冊

130000－0442－0001464　01464

**臨川先生文集一百卷目錄二卷**　（宋）王安石
撰　清光緒九年(1883)小峴山館刻本　十六
冊

130000－0442－0001465　01465

**王氏仁蔭堂全集六卷**　（明）王汝梅撰　（清）
王憲曾編　清光緒抄本　八冊

130000－0442－0001466　01466

**王氏四種一百三十四卷**　（清）王念孫撰　清
光緒二十一年(1895)上海鴻文書局石印本
十四冊

130000－0442－0001467　01467

**王文成公全書三十八卷**　（明）王守仁撰　清
刻本　二十四冊

130000－0442－0001468　01468

**王陽明先生文集十六卷附陽明先生年譜二卷**
　（明）王守仁撰　清道光六年(1826)刻本
十八冊

130000－0442－0001469　01469

**王益吾所刻書十種**　（清）王方慶輯　清光緒
九年(1883)長沙王氏刻本　四冊　存三種十
卷(魏鄭公諫錄五卷、魏鄭公諫續錄二卷、魏
文貞公故事拾遺三卷)

130000－0442－0001470　01470

**王右丞集箋注二十八卷首一卷末一卷**　（唐）
王維撰　（清）趙殿成箋注　清乾隆刻本　十
二冊

130000－0442－0001471　01471

**王右丞集箋注二十八卷首一卷末一卷**　（唐）
王維撰　（清）趙殿成箋注　清乾隆刻本　十
冊

130000－0442－0001472　01472

**王子安集註二十卷首一卷末一卷**　（唐）王勃
撰　（清）蔣清翊註　清光緒九年(1883)吳縣
蔣氏雙唐碑館刻本　六冊

130000－0442－0001473　01473

**王子安集註二十卷首一卷末一卷**　（唐）王勃
撰　（清）蔣清翊註　清光緒九年(1883)吳縣
蔣氏雙唐碑館刻本　六冊

130000－0442－0001474　01474

**王子安集註二十卷首一卷末一卷**　（唐）王勃
撰　（清）蔣清翊註　清光緒九年(1883)吳縣
蔣氏雙唐碑館刻本　八冊

130000－0442－0001475　01475

**王子安集註二十卷首一卷末一卷**　（唐）王勃
撰　（清）蔣清翊註　清光緒九年(1883)吳縣
蔣氏雙唐碑館刻本　六冊

130000－0442－0001476　01476

**王遵巖先生集十卷**　（明）王慎中撰　（清）張
汝瑚選　清康熙郢雪書林刻本　四冊

130000－0442－0001477　01477

**望溪集不分卷**　（清）方苞撰　（清）王兆符等
輯　清乾隆十一年(1746)刻本　六冊

130000－0442－0001478　01478

**微尚齋詩集初編四卷續集一卷**　（清）馮志沂
撰　清同治三年(1864)廬州郡齋刻本　一冊

130000－0442－0001479　01479

**微尚齋詩集初編四卷續集一卷**　（清）馮志沂
撰　清同治三年(1864)廬州郡齋刻本　一冊

130000－0442－0001480　01480

**韋蘇州集十卷**　（唐）韋應物撰　清宣統三年
(1911)上海自強書局石印本　六冊

130000－0442－0001481　01481

**韋蘇州集十卷**　（唐）韋應物撰　清宣統三年
(1911)上海自強書局石印本　六冊

130000－0442－0001482　01482

**違礙書目一卷**　（清）高宗弘曆撰　清光緒九
年(1883)姚覲元刻本　一冊

130000－0442－0001483　01483

**緯攟十四卷**　（清）喬松年輯　清光緒三年
(1877)強恕堂刻本　八冊

130000－0442－0001484　01484

**味經齋遺書四十二卷**　（清）莊存與撰　清光緒八年(1882)陽湖莊氏刻本　十冊　缺十三卷(周官記五卷,周官說二卷、補三卷、樂說二卷,四書說一卷)

130000－0442－0001485　01485

**味蘭簃傳奇二種**　（清）醉筠外史撰　清同治十年(1871)刻本　二冊

130000－0442－0001486　01486

**渭南文集五十卷**　（宋）陸游撰　明汲古閣刻本　二十四冊

130000－0442－0001487　01487

**[光緒]蔚州志二十卷首一卷**　（清）慶之金（清）楊篤纂　清光緒三年(1877)刻本　八冊

130000－0442－0001488　01488

**王益吾所刻書十種**　王先謙編　清光緒九年至十年(1883－1884)長沙王氏刻本　二冊　存二種五卷(魏鄭公諫續錄二卷、魏文貞公故事拾遺三卷)

130000－0442－0001489　01489

**溫飛卿詩集七卷別集一卷集外詩一卷附錄諸家詩評一卷**　（唐）溫庭筠撰　（明）曾益注（清）顧予咸補注　（清）顧嗣立續注　清光緒八年(1882)萬軸山房刻本　二冊

130000－0442－0001490　01490

**文成堂重訂古文釋義新編八卷**　（清）余誠評注　清光緒十七年(1891)文成堂刻本　七冊

130000－0442－0001491　01491

**文粹一百卷**　（宋）姚鉉纂　**補遺二十六卷**（清）郭麐輯　清光緒十六年(1890)杭州許氏榆園刻本　二十四冊

130000－0442－0001492　01492

**文廟通考六卷首一卷**　（清）牛樹梅撰　清光緒十四年(1888)岐山學署刻本　四冊

130000－0442－0001493　01493

**宋丞相文山先生全集二十卷**　（宋）文天祥撰　清康熙焉文堂刻本　十冊

130000－0442－0001494　01494

**文山先生全集十七卷**　（宋）文天祥撰　清刻本　八冊

130000－0442－0001495　01495

**[光緒]文水縣志十二卷首一卷末一卷**　（清）范啓埈　（清）王煒修　（清）陰步霞總纂　清光緒九年(1883)刻本　六冊

130000－0442－0001496　01496

**文獻通考三百四十八卷附考證三卷**　（元）馬端臨撰　清光緒十一年(1885)上海點石齋石印本　十七冊　存二十二卷(一至十六、十八、二十至二十四)

130000－0442－0001497　01497

**九通二千三百二十一卷**　（清）□□輯　清光緒二十八年(1902)上海鴻寶書局石印本　九十三冊　存九百五卷(通典二百卷,附考證一卷,通志二百卷、附考證三卷,文獻通考三百四十八卷、附考證三卷,欽定續通典一百五十卷)

130000－0442－0001498　01498

**文獻徵存錄十卷**　（清）錢林撰　清咸豐八年(1858)刻本　五冊

130000－0442－0001499　01499

**文獻徵存錄十卷**　（清）錢林撰　清咸豐八年(1858)刻本　十冊

130000－0442－0001500　01500

**文心雕龍十卷**　（南朝梁）劉勰撰　（清）黃叔琳輯注　清乾隆六年(1741)養素堂刻本　四冊

130000－0442－0001501　01501

**文心雕龍十卷**　（南朝梁）劉勰撰　清乾隆五十六年(1791)長洲張氏刻本　四冊

130000－0442－0001502　01502

**文心雕龍十卷**　（南朝梁）劉勰撰　（清）黃叔琳輯注　（清）紀昀評　清道光十三年(1833)刻本　四冊

130000－0442－0001503　01503

文心雕龍十卷　(南朝梁)劉勰撰　(清)黃叔琳輯注　(清)紀昀評　清光緒十九年(1893)思賢講舍刻本　四冊

130000－0442－0001504　01504

文心雕龍十卷　(南朝梁)劉勰撰　清光緒三年(1877)湖北崇文書局刻本　四冊

130000－0442－0001505　01505

文選補遺四十卷　(元)陳仁子輯　清道光二十五年(1845)琅嬛館刻本　八冊

130000－0442－0001506　01506

文選古字通補訓四卷拾遺一卷　(清)呂錦文撰　清光緒二十七年(1901)懷硯齋刻本　四冊

130000－0442－0001507　01507

文選箋證三十二卷　(清)胡紹煐撰　清光緒十三年(1887)世澤樓木活字印本　十冊

130000－0442－0001508　01508

文選六十卷考異十卷　(南朝梁)蕭統撰　(唐)李善注　清同治八年(1869)湖北崇文書局刻本　四冊　存十卷(考異十卷)

130000－0442－0001509　01509

文選理學權輿八卷補一卷附考異四卷李注補正四卷　(清)汪師韓撰　清光緒十五年(1889)刻本　八冊

130000－0442－0001510　01510

文選六十卷　(南朝梁)蕭統輯　(唐)李善注　清同治八年(1869)金陵書局刻本　八冊

130000－0442－0001511　01511

文選六十卷　(南朝梁)蕭統撰　(唐)李善注　(清)何焯評　清乾隆三十七年(1772)海錄軒刻朱墨套印本　十二冊

130000－0442－0001512　01512

文選六十卷　(南朝梁)蕭統撰　(唐)李善注　(清)何焯評　清光緒元年(1875)尊經書院刻本　十六冊

130000－0442－0001513　01513

文選六十卷　(南朝梁)蕭統撰　(唐)李善注

清同治八年(1869)崇文書局刻本　二十冊

130000－0442－0001514　01514

文選六十卷　(南朝梁)蕭統撰　(唐)李善注　清同治八年(1869)萬氏刻本　二十冊

130000－0442－0001515　01515

文選六十卷　(南朝梁)蕭統撰　(唐)李善注　(清)葉樹藩參訂　清乾隆三十七年(1772)海錄軒刻朱墨套印本　十六冊

130000－0442－0001516　01516

文選六十卷考異十卷　(南朝梁)蕭統撰　(唐)李善注　清同治八年(1869)湖北崇文書局刻本　二十四冊

130000－0442－0001517　01517

文選六十卷考異十卷　(南朝梁)蕭統撰　(唐)李善注　清同治八年(1869)湖北崇文書局刻本　二十四冊

130000－0442－0001518　01518

文選旁證四十六卷　(清)梁章鉅撰　清光緒八年(1882)刻本　十二冊

130000－0442－0001519　01519

文學興國策二卷　(美國)林樂知譯　清光緒二十二年(1896)圖書集成局鉛印本　一冊

130000－0442－0001520　01520

文苑英華選六十卷　(清)宮夢仁輯　清康熙刻本　二十四冊

130000－0442－0001521　01521

文苑英華選六十卷　(清)宮夢仁輯　清乾隆二十七年(1762)光明正大之堂刻本　六冊　存十七卷(一至十七)

130000－0442－0001522　01522

二十二子　(清)浙江書局編　清光緒元年至二年(1875－1876)浙江書局刻本　九冊　存三種四十五卷(荀子二十卷、附校勘補遺一卷,揚子法言十三卷、附音義一卷,文中子中說十卷)

130000－0442－0001523　01523

文子纘義十二卷　(宋)杜道堅撰　清光緒三

年(1877)浙江書局刻本 二册

130000－0442－0001524 01524
**文字蒙求廣義四卷** （清）王筠撰 （清）蒯光
典補注 清光緒二十七年(1901)江楚書局刻
本 五册

130000－0442－0001525 01525
**文字蒙求廣義四卷** （清）王筠撰 （清）蒯光
典補注 清光緒二十七年(1901)江楚書局刻
本 四册 存二卷(三至四)

130000－0442－0001526 01526
**文字蒙求廣義四卷** （清）王筠撰 （清）蒯光
典補注 清光緒二十七年(1901)江楚書局刻
本 五册

130000－0442－0001527 01527
**文字蒙求廣義四卷** （清）王筠撰 （清）蒯光
典補注 清光緒二十七年(1901)江楚書局刻
本 五册

130000－0442－0001528 01528
**文字蒙求廣義四卷** （清）王筠撰 （清）蒯光
典補注 清光緒二十七年(1901)江楚書局刻
本 五册

130000－0442－0001529 01529
**文字蒙求四卷** （清）王筠撰 清光緒十三年
(1887)梁谿浦氏刻本 二册

130000－0442－0001530 01530
**文字蒙求四卷** （清）王筠撰 清光緒十三年
(1887)梁谿浦氏刻本 一册

130000－0442－0001531 01531
**聞妙香室詩十二卷文十九卷經進集五卷五言**
**長排詩一卷試帖詩三卷詞一卷** （清）李宗昉
撰 （清）梅曾亮編 清道光十五年(1835)刻
本 十册

130000－0442－0001532 01532
**甕牖閒評八卷** （清）袁文撰 清乾隆刻本
二册

130000－0442－0001533 01533
**甕牖餘談八卷** （清）王韜撰 清光緒元年

(1875)申報館鉛印本 四册

130000－0442－0001534 01534
**倭文端公遺書八卷首二卷末一卷** （清）倭仁
撰 清光緒元年(1875)六安求我齋刻本 四
册

130000－0442－0001535 01535
**倭文端公遺書十卷首二卷** （清）倭仁撰 清
光緒三年(1877)粤東翰元樓刻本 六册

130000－0442－0001536 01536
**吳柳堂先生誄文正續合編一卷** （清）傅岩森
輯 清光緒九年(1883)刻本 四册

130000－0442－0001537 01537
**梅村詩集箋注十八卷** （清）吳偉業撰 （清）
吳翌鳳箋注 清嘉慶十九年(1814)滄浪吟榭
刻本 十二册

130000－0442－0001538 01538
**[光緒]吳橋縣志十二卷** （清）倪昌燮修
（清）馮慶楊纂 清光緒元年(1875)瀾陽書院
刻本 八册

130000－0442－0001539 01539
**吳詩集覽二十卷補注二十卷吳詩談藪二卷拾**
**遺一卷** （清）吳偉業撰 （清）靳榮藩注並輯
清乾隆四十年(1775)凌雲亭刻本 十六册

130000－0442－0001540 01540
**吳興金石記十六卷** （清）陸心源撰 清光緒
十六年(1890)刻本 四册

130000－0442－0001541 01541
**吳興詩話十六卷** （清）戴璐撰 清吳興嘉業
堂刻本 四册

130000－0442－0001542 01542
**吳摯甫文集四卷附鈔深州風土記** （清）吳汝
綸撰 清宣統二年(1910)國學扶輪社石印本
五册

130000－0442－0001543 01543
**蘭竹名世不分卷** （清）吳子嘉繪 清光緒九
年(1883)刻本 二册

130000－0442－0001544 01544

**吾學錄初編二十四卷** （清）吳榮光撰　清同治九年(1870)江蘇書局刻本　六冊

130000－0442－0001545　01545

**五百家註音辨昌黎先生文集四十卷** （唐）韓愈撰　（宋）魏仲舉輯注　清刻本　八冊　存二十六卷(十五至四十)

130000－0442－0001546　01546

**五代會要三十卷** （宋）王溥撰　清光緒十二年(1886)江蘇書局刻本　六冊

130000－0442－0001547　01547

**五代詩話十二卷** （清）王士禛輯　清乾隆十三年(1748)養素堂刻本　二冊

130000－0442－0001548　01548

**五代詩話十卷** （清）王士禛編　（清）鄭方坤刪補　清乾隆十五年(1750)杞菊軒刻本　七冊

130000－0442－0001549　01549

**五代史記七十四卷** （宋）歐陽修撰　（宋）徐無黨注　清道光八年(1828)刻本　四十冊

130000－0442－0001550　01550

**五代史記七十四卷** （宋）歐陽修撰　（宋）徐無黨注　清刻本　四十冊

130000－0442－0001551　01551

**五代史七十四卷** （宋）歐陽修撰　（宋）徐無黨注　（明）楊慎評　（明）鍾名臣訂　清刻本　六冊

130000－0442－0001552　01552

**五燈會元二十卷** （宋）釋慧明撰　清光緒三十二年(1906)刻本　十二冊

130000－0442－0001553　01553

**五方元音二卷** （清）樊騰鳳撰　（清）年希堯增補　清光緒九年(1883)刻本　四冊

130000－0442－0001554　01554

**五方元音一卷** （清）樊騰鳳撰　（清）年希堯增補　清光緒十二年(1886)刻本　二冊

130000－0442－0001555　01555

**五經算術二卷** （北周）甄鸞撰　（清）陸錫熊

等纂修　清乾隆三十九年(1774)武英殿活字印本　一冊

130000－0442－0001556　01556

**五經圖十二卷** （明）盧謙編　清雍正四年(1726)刻本　十二冊

130000－0442－0001557　01557

**五經文字三卷** （唐）張參撰　清乾隆三十三年(1768)紅櫚書屋刻本　一冊

130000－0442－0001558　01558

**欽定五軍道里表十八卷** （清）明亮等修　（清）常泰等纂　清同治十二年(1873)江蘇書局刻本　十八冊

130000－0442－0001559　01559

**五禮通考二百六十二卷首四卷目錄二卷** （清）秦蕙田撰　清光緒六年(1880)江蘇書局刻本　一百冊

130000－0442－0001560　01560

**五禮通考二百六十二卷首四卷目錄二卷** （清）秦蕙田撰　清光緒六年(1880)江蘇書局刻本　一百冊

130000－0442－0001561　01561

**五雅全書五種四十一卷** （明）朗奎金輯　清嘉慶九年(1804)刻本　八冊

130000－0442－0001562　01562

**詩經集傳八卷** （宋）朱熹集傳　清乾隆五十八年(1793)金陵芥子園刻本　四冊

130000－0442－0001563　01563

**五種遺規摘鈔** （清）陳宏謀輯並撰　（清）劉肇紳摘抄　清同治七年(1868)楚北崇文書局刻本　五冊　存四種十一卷(養正遺規摘鈔一卷、補鈔一卷，訓俗遺規摘鈔三卷、補摘鈔一卷，從政遺規摘鈔二卷、補鈔一卷，教女遺規摘鈔一卷、補鈔一卷)

130000－0442－0001564　01564

**午亭文編五十卷** （清）陳廷敬撰　（清）林佶集錄　清乾隆四十三年(1778)刻本　十六冊

130000－0442－0001565　01565

［正德］武功縣志三卷首一卷　（明）康海撰
（清）孫景烈評註　清同治十二年(1873)湖北
崇文書局刻本　一冊

130000－0442－0001566　01566
武林掌故叢編一百九十種　（清）丁丙編　清
光緒三年至二十六年(1877－1900)錢塘丁氏
嘉惠堂刻本　二百九冊　缺一種四卷(淳祐
臨安志一至四)

130000－0442－0001567　01567
武王克殷日紀一卷　（清）林春溥撰　清刻本
　一冊

130000－0442－0001568　01568
武夷山志二十四卷首一卷　（清）董天工撰
清道光二十六年(1846)刻本　八冊

130000－0442－0001569　01569
武夷山志二十四卷首一卷　（清）董天工撰
清道光二十六年(1846)刻本　八冊

130000－0442－0001570　01570
南海先生戊戌奏稿不分卷　康有為撰　清宣
統三年(1911)鉛印本　一冊

130000－0442－0001571　01571
物理小識十二卷　（清）方以智撰　清光緒十
年(1884)寧靜堂刻本　六冊

130000－0442－0001572　01572
西藏通覽二編　（日本）山縣初男撰　（日本）
三原辰次校閱　清光緒三十四年(1908)鉛印
本　四冊

130000－0442－0001573　01573
西陲竹枝詞一卷　（清）祁韻士撰　清嘉慶十
六年(1811)刻本　一冊

130000－0442－0001574　01574
西陲總統事畧十二卷　（清）松筠纂定　（清）
汪廷楷原輯　（清）祁韻士編纂　清嘉慶十四
年(1809)刻本　六冊

130000－0442－0001575　01575
西漢會要七十卷　（宋）徐天麟撰　清光緒五
年(1879)嶺南學海堂刻本　十冊

130000－0442－0001576　01576
西漢會要七十卷　（宋）徐天麟撰　清光緒十
年(1884)江蘇書局刻本　十冊

130000－0442－0001577　01577
西漢會要七十卷　（宋）徐天麟撰　清光緒二
十年(1894)刻本　十二冊

130000－0442－0001578　01578
西湖佳話古今遺蹟十六卷　（清）墨浪子撰
清乾隆五十一年(1786)荷香小榭刻本　六冊

130000－0442－0001579　01579
西湖夢尋五卷　（明）張岱撰　清光緒九年
(1883)刻本　一冊

130000－0442－0001580　01580
西湖志四十八卷　（清）李衛等修　（清）傅王
露撰　清雍正十三年(1735)兩浙鹽驛道庫刻
本　二十冊

130000－0442－0001581　01581
西湖志四十八卷　（清）李衛等修　（清）傅王
露撰　清光緒四年(1878)涮江書局刻本　二
十冊

130000－0442－0001582　01582
西疆交涉志要六卷　（清）鍾鏞撰　清宣統三
年(1911)鉛印本　二冊

130000－0442－0001583　01583
西泠詞萃　（清）丁丙編　清光緒十一年
(1885)錢塘丁氏刻本　二冊

130000－0442－0001584　01584
西泠酬倡集五卷二集五卷　（清）秦緗業輯
清光緒五年(1879)刻本　四冊

130000－0442－0001585　01585
西泠詞萃　（清）丁丙編　清光緒錢塘丁氏刻
本　四冊

130000－0442－0001586　01586
西泠五布衣遺著六種　（清）丁丙輯　清同治
十二年(1873)錢塘丁氏當歸草堂刻本　八冊

130000－0442－0001587　01587
西圃老人全集五種　（清）田同之撰　清刻本

二冊　存二種三十七卷(西圃叢辨三十二卷,西圃文說三卷、詩說一卷、詞說一卷)

130000－0442－0001588　01588

**西清續鑒甲編二十卷附錄一卷**　(清)王杰等纂修　清宣統三年(1911)上海商務印書館石印本　四十二冊

130000－0442－0001589　01589

**西山先生真文忠公讀書記四十卷**　(宋)真德秀撰　清同治三年(1864)刻本　三十冊

130000－0442－0001590　01590

**西山先生真文忠公文集五十五卷目錄二卷補遺一卷附心經一卷政經一卷西山真文忠公年譜一卷**　(宋)真德秀撰　清同治四年(1865)刻本　二十八冊

130000－0442－0001591　01591

**西臺集二十卷**　(宋)畢仲游撰　清道光二十七年(1847)武英殿聚珍版活字印本　七冊

130000－0442－0001592　01592

**西堂全集四種附一種**　(清)尤侗撰　清刻本　二十冊　存四種六十二卷(西堂文集二十四卷、西堂詩集三十卷、西堂餘集二卷、附湘中草六卷)

130000－0442－0001593　01593

**西魏書二十四卷附錄一卷**　(清)謝啓昆撰　清乾隆六十年(1795)刻本　六冊

130000－0442－0001594　01594

**西夏紀事本末三十六卷首二卷**　(清)張鑑撰　清光緒十年(1884)江蘇書局刻本　四冊

130000－0442－0001595　01595

**西夏紀事本末三十六卷首二卷**　(清)張鑑撰　清光緒十四年(1888)上洋書業公所崇德堂鉛印本　二冊

130000－0442－0001596　01596

**西夏書事四十二卷**　(清)吳廣成撰　清道光七年(1827)刻本　六冊　存三十二卷(一至四、十五至四十二)

130000－0442－0001597　01597

**西學富強叢書六十五種**　(清)張陰桓編　清光緒二十三年(1897)寶善齋石印本　六十四冊

130000－0442－0001598　01598

**西洋史要四卷**　(日本)小川銀次郎撰　(清)薩端譯　清光緒二十九年(1903)金粟齋鉛印本　二冊

130000－0442－0001599　01599

**西遊真詮二十卷一百回**　(清)陳士斌詮解　清刻本　十八冊　存十八卷(三至二十)

130000－0442－0001600　01600

**西遊真詮一百回**　(清)陳士斌詮解　清刻本　二十冊

130000－0442－0001601　01601

**西域爾雅一卷**　(清)王初桐撰　清石印本　一冊

130000－0442－0001602　01602

**西域三記三卷附一卷**　(清)路同申撰　清光緒三年(1877)刻本　一冊

130000－0442－0001603　01603

**西域水道記五卷**　(清)徐松撰　清道光三年(1823)刻本　五冊

130000－0442－0001604　01604

**西域水道記五卷**　(清)徐松撰　清光緒十九年(1893)寶善書局石印本　八冊

130000－0442－0001605　01605

**西域聞見錄八卷**　(清)七十一撰　清乾隆四十二年(1777)刻本　四冊

130000－0442－0001606　01606

**西招圖畧不分卷**　(清)陸為柄重校　(清)松筠撰　清道光二十七年(1847)刻本　一冊

130000－0442－0001607　01607

**西征紀程四卷**　(清)鄒代鈞撰　清光緒十七年(1891)刻本　二冊

130000－0442－0001608　01608

**惜抱先生尺牘八卷**　(清)姚鼐撰　清宣統元年(1909)小萬柳堂刻本　四冊

130000－0442－0001609　01609

惜抱先生尺牘八卷　（清）姚鼐撰　清宣統元年(1909)小萬柳堂刻本　四冊

130000－0442－0001610　01610

熙朝紀政八卷　（清）王慶雲撰　清光緒二十八年(1902)上海書局鉛印本　四冊

130000－0442－0001611　01611

熙朝新語十六卷　（清）余金輯　清道光二年(1822)刻本　六冊

130000－0442－0001612　01612

熙朝宰輔錄一卷　（清）潘世恩等輯　清光緒二十二年(1896)刻本　一冊

130000－0442－0001613　01613

郋園山居文錄二卷　葉德輝撰　清刻本　四冊

130000－0442－0001614　01614

習苦齋畫絮十卷　（清）戴熙撰　清光緒十九年(1893)刻本　六冊

130000－0442－0001615　01615

洗冤錄詳義四卷首一卷洗冤錄撫遺二卷　（清）許槤輯　清光緒五年(1879)刻本　五冊

130000－0442－0001616　01616

洗冤錄詳義四卷洗冤錄撫遺二卷洗冤錄撫遺補一卷　（清）許槤輯　清光緒三年(1877)湖北藩署刻本　六冊

130000－0442－0001617　01617

霞漪閣校訂史綱評要三十六卷　（明）李贄撰　明萬曆四十二年(1614)刻本　十一冊　存三十三卷(一至六、十至三十六)

130000－0442－0001618　01618

算經十書十種附刻一種　（清）孔繼涵輯　清乾隆四十一年(1776)刻本　一冊　存二種八卷(夏侯陽算經三卷、五曹算經五卷)

130000－0442－0001619　01619

算經十書十種附刻一種　（清）孔繼涵輯　清乾隆四十一年(1776)刻本　一冊　存二種八卷(夏侯陽算經三卷、五曹算經五卷)

130000－0442－0001620　01620

夏小正傳二卷　（漢）戴德傳　（清）孫星衍校　清咸豐六年(1856)刻本　一冊

130000－0442－0001621　01621

石林遺書十三種　（宋）葉夢得撰　清宣統三年(1911)長沙葉氏觀古堂刻本　八冊　缺五種二十一卷(老子解二卷,石林居士建康集八卷,石林詩話三卷、拾遺一卷、拾遺補一卷、附錄一卷,石林詞一卷,石林遺事三卷、附錄一卷)

130000－0442－0001622　01622

僊屏書屋初集年記三十一卷　（清）黃爵滋撰　清道光二十九年(1849)刻本　四冊

130000－0442－0001623　01623

顯志堂集十二卷　（清）馮桂芬撰　清光緒二年(1876)校邠廬刻本　七冊

130000－0442－0001624　01624

香草齋詩注六卷　（清）黃任撰　（清）陳應魁注　清嘉慶十九年(1814)刻本　三冊

130000－0442－0001625　01625

香艷叢書三百二十六種　（清）蟲天子輯　清宣統國學扶輪社鉛印本　八十冊

130000－0442－0001626　01626

香祖筆記十二卷　（清）王士禛撰　清康熙刻本　四冊

130000－0442－0001627　01627

鄉守輯要合鈔十卷　（清）許乃釗輯　清咸豐三年(1853)武英殿刻本　二冊

130000－0442－0001628　01628

湘軍記二十卷　（清）王定安撰　清光緒十五年(1889)江南書局刻本　十二冊

130000－0442－0001629　01629

湘軍志十六卷　王闓運撰　清刻本　四冊

130000－0442－0001630　01630

湘綺樓全集三十卷　王闓運撰　清宣統二年(1910)上海國學扶輪社石印本　十二冊

130000－0442－0001631　01631

湘綺樓全集三十卷　王闓運撰　清光緒三十

三年(1907)刻本　二十冊

130000－0442－0001632　01632

**湘綺樓文集八卷**　王闓運撰　清光緒二十六年(1900)刻本　四冊

130000－0442－0001633　01633

**湘學新報不分卷**　(清)湖南督學使署編　清光緒二十三年(1897)萃文堂刻本　六冊

130000－0442－0001634　01634

**東萊博議四卷**　(宋)呂祖謙撰　(清)張文炳點定　清光緒八年(1882)刻本　四冊

130000－0442－0001635　01635

**詳注聊齋志異圖詠十六卷**　(清)蒲松齡撰　(清)呂湛恩注　(清)徐潤編　清光緒十二年(1886)上海同文書局石印本　八冊

130000－0442－0001636　01636

**詳注聊齋志異圖詠十六卷**　(清)蒲松齡撰　(清)呂湛恩注　(清)徐潤編　清光緒二十二年(1896)文宜書局石印本　八冊

130000－0442－0001637　01637

**消閒述異三卷**　(清)常謙尊輯　清道光二十年(1840)帶經堂刻本　三冊

130000－0442－0001638　01638

**小滄浪筆談四卷**　(清)阮元撰　清光緒二十六年(1900)江蘇書局刻本　二冊

130000－0442－0001639　01639

**小爾雅疏八卷**　(漢)孔鮒撰　(清)王煦疏　清光緒十一年(1885)邵武徐氏刻本　二冊

130000－0442－0001640　01640

**小爾雅疏證五卷**　(清)葛其仁撰　清道光十九年(1839)刻本　二冊

130000－0442－0001641　01641

**小爾雅訓纂六卷**　(清)宋翔鳳撰　清光緒十六年(1890)廣雅書局刻本　一冊

130000－0442－0001642　01642

**小爾雅義證十三卷**　(清)胡承珙撰　清道光七年(1827)刻本　一冊

130000－0442－0001643　01643

**小爾雅約注一卷**　(清)朱駿聲撰　清刻本　一冊

130000－0442－0001644　01644

**小眷西堂近體詩鈔不分卷**　蘇晉撰　清光緒三十三年(1907)鉛印本　一冊

130000－0442－0001645　01645

**小謨觴館詩集注八卷詩餘注一卷詩續集注二卷續集詩餘注一卷文集注四卷文續集注二卷**　(清)彭兆蓀撰　(清)孫元培　(清)孫長熙注　清道光五年(1825)刻本　二冊　存四卷(詩餘注一卷、詩續集注二卷、續集詩餘注一卷)

130000－0442－0001646　01646

**小蓬萊閣金石文字十卷**　(清)黃易輯　清道光二十二年(1842)陵苕館刻本　八冊

130000－0442－0001647　01647

**小石帆亭著錄六卷**　(清)翁方綱撰　清乾隆五十七年(1792)刻本　一冊

130000－0442－0001648　01648

**小石山房叢書三十八種**　(清)顧湘編　清同治十三年(1874)虞山顧氏刻本　二十冊

130000－0442－0001649　01649

**塾課小題正鵠初集不分卷二集不分卷三集不分卷附訓孟草不分卷養正草不分卷**　(清)李元度編　清光緒二十四年(1898)懋德堂書室刻本　七冊

130000－0442－0001650　01650

**小腆紀年附考二十卷**　(清)徐鼒撰　清咸豐十一年(1861)刻本　十二冊

130000－0442－0001651　01651

**小腆紀年附考二十卷**　(清)徐鼒撰　清光緒十二年(1886)鉛印本　十二冊

130000－0442－0001652　01652

**小學庵遺書四卷**　(清)錢馥撰　清光緒二十一年(1895)清風室刻本　一冊

130000－0442－0001653　01653

小學鉤沈三十九種附六種合十九卷　（清）任
大椿輯　（清）王念孫校　清光緒崇文書局刻
本　四冊

130000 - 0442 - 0001654　01654
小學鉤沈三十九種附六種合十九卷　（清）任
大椿輯　（清）王念孫校　清光緒十年（1884）
龍氏刻本　四冊

130000 - 0442 - 0001655　01655
小學鉤沈續編四十八種八卷附補遺一卷　顧
震福撰輯　清光緒十八年（1892）山陽顧氏刻
本　四冊

130000 - 0442 - 0001656　01656
小學集解六卷小學輯說一卷　（清）張伯行輯
注　清同治六年（1867）楚北崇文書局刻本
四冊

130000 - 0442 - 0001657　01657
小學集註六卷　（明）陳選集註　清雍正五年
（1727）刻本　二冊

130000 - 0442 - 0001658　01658
小學考五十卷　（清）謝啟昆撰　清光緒十四
年（1888）浙江書局刻本　二十冊

130000 - 0442 - 0001659　01659
小學考五十卷　（清）謝啟昆撰　清光緒十四
年（1888）浙江書局刻本　八冊

130000 - 0442 - 0001660　01660
小學考五十卷　（清）謝啟昆撰　清光緒十五
年（1889）上海鴻文書局石印本　六冊

130000 - 0442 - 0001661　01661
小學類編六種附三種合五十九卷　（清）李祖
望編　清咸豐至光緒李氏半畝園刻本　十冊

130000 - 0442 - 0001662　01662
小學類編六種附三種合五十九卷　（清）李祖
望編　清咸豐至光緒李氏半畝園刻本　八冊

130000 - 0442 - 0001663　01663
小重山房詩續錄十二卷　（清）張祥河撰　清
光緒刻本　四冊

130000 - 0442 - 0001664　01664

十三經古注二百九十卷　（明）葛鼐　（明）金
蟠校　明萬曆永懷堂刻本　一冊　存十二卷
（孝經九卷、孟子一至三）

130000 - 0442 - 0001665　01665
孝經一卷　（清）吳大澂書　清光緒十一年
（1885）同文書局石印本　一冊

130000 - 0442 - 0001666　01666
增補蘇批孟子二卷孟子年譜一卷　（宋）蘇洵
撰　（清）趙大浣增補　清同治四年（1865）刻
本　二冊

130000 - 0442 - 0001667　01667
校訂標註十八史略讀本七卷　（元）曾先之編
次　（日本）三島毅校閱　（日本）岡千仞閱
（日本）今井匡之校訂　清光緒九年（1883）刻
本　七冊

130000 - 0442 - 0001668　01668
校訂困學紀聞集證二十卷　（宋）王應麟撰
（清）萬希槐集證　清嘉慶十八年（1813）刻本
十二冊

130000 - 0442 - 0001669　01669
校漢書八表八卷　（清）夏燮撰　清光緒十六
年（1890）江城公所刻本　六冊

130000 - 0442 - 0001670　01670
校刊史記集解索引正義札記五卷　（清）張文
虎撰　清同治十一年（1872）刻本　二冊

130000 - 0442 - 0001671　01671
校刻日本外史二十二卷　（日本）賴久太郎著
清光緒二十五年（1899）刻本　十二冊

130000 - 0442 - 0001672　01672
校禮堂詩集十四卷　（清）凌廷堪撰　清刻本
四冊

130000 - 0442 - 0001673　01673
嘯亭雜錄八卷續錄二卷　（清）昭槤撰　清光
緒六年（1880）刻本　十二冊

130000 - 0442 - 0001674　01674
嘯亭雜錄十卷續錄三卷　（清）昭槤撰　清宣
統元年（1909）中國圖書公司鉛印本　四冊

130000－0442－0001675　01675

嘯園叢書五十七種　（清）葛元煦編　清光緒二年至七年(1876－1881)仁和葛氏刻本　三十六冊

130000－0442－0001676　01676

協律鈎元四卷外集一卷　（清）陳本禮箋注　清嘉慶十三年(1808)裛露軒刻本　二冊

130000－0442－0001677　01677

諧聲補逸十四卷　（清）宋保撰　清嘉慶八年(1803)愛日堂抄本　二冊

130000－0442－0001678　01678

屑玉叢談初集六卷二集六卷三集六卷四集六卷　（清）錢徵　蔡爾康輯　清光緒四年(1878)中華圖書館石印本　六冊　存六卷(屑玉叢談初集六卷)

130000－0442－0001679　01679

謝疊山先生評注四種合刻十六卷　（宋）謝枋得撰　清光緒八年(1882)京都豫章別業刻本　四冊

130000－0442－0001680　01680

謝疊山先生文章軌範七卷　（宋）謝枋得輯　清光緒元年(1875)湖北崇文書局三色套印本　二冊

130000－0442－0001681　01681

晞髮集十卷晞髮遺集二卷補一卷謝皐羽先生年譜一卷冬青樹引註一卷西臺慟器記註一卷天地間集一卷　（宋）謝翱撰　清康熙四十一年(1702)平湖陸大業刻本　六冊

130000－0442－0001682　01682

[光緒]新安志十卷　（宋）羅願撰　清光緒十四年(1888)黟邑李氏刻本　四冊

130000－0442－0001683　01683

新編篇韻貫珠集八卷　（明）釋真空撰　明崇禎二年至十年(1629－1637)金陵圓覺庵釋新仁刻本　一冊

130000－0442－0001684　01684

新編篇韻貫珠集八卷　（明）釋真空撰　明正

德刻本　十二冊

130000－0442－0001685　01685

新雕徂徠石先生文集二十卷補遺一卷校勘一卷　（宋）石介撰　清光緒九年(1883)濟南尚志堂刻本　四冊

130000－0442－0001686　01686

新雕皇朝類苑七十八卷　（宋）江少虞撰　清宣統三年(1911)武進董氏刻本　十二冊

130000－0442－0001687　01687

新雕校證大字白氏諷諫一卷　（唐）白居易撰　清光緒十九年(1893)武進費氏刻本　一冊

130000－0442－0001688　01688

新定三禮圖二十卷　（宋）聶崇義集注　清康熙十五年(1676)刻本　二冊

130000－0442－0001689　01689

曲江書屋新訂批註左傳快讀十八卷首一卷　(清)李紹崧輯　清刻本　一冊　存二卷(二至三)

130000－0442－0001690　01690

新訂四書補註備旨十卷　（明）鄧林撰　（明）鄧煜編次　（清）杜定基增訂　清上海錦章書局石印本　七冊　存八卷(一至八)

130000－0442－0001691　01691

新訂四書補註備旨十卷　（明）鄧林撰　（明）鄧煜編次　（清）杜定基增訂　清光緒二十一年(1895)刻本　七冊

130000－0442－0001692　01692

新爾雅三卷　（清）汪榮寶撰　葉瀾纂　清宣統三年(1911)石印本　三冊

130000－0442－0001693　01693

新方言十一卷附領外三州語一卷　章炳麟撰　清宣統三年(1911)文學會社石印本　二冊

130000－0442－0001694　01694

新方言十一卷附領外三州語一卷　章炳麟撰　清石印本　一冊

130000－0442－0001695　01695

新輯廿四史尚友錄五卷複姓五卷　（清）廖用

賢編 （清）張伯琮補輯 清光緒二十五年(1899)上海富强齋石印本 十二冊

130000－0442－0001696 01696
新輯時務匯通一百八十卷 （清）李作棟輯 清光緒二十九年(1903)上海崇新書局石印本 三十二冊

130000－0442－0001697 01697
新舊唐書合鈔二百六十卷首一卷附唐書宰相世系表訂譌十二卷新唐書合鈔補正六卷 （清）沈炳震輯 （清）丁子復撰 清同治十年(1871)武林吳氏清來堂刻本 七十九冊

130000－0442－0001698 01698
新鐫江晉雲先生詩經衍義集註八卷 （明）江環輯 清刻本 四冊

130000－0442－0001699 01699
新刻呂新吾先生文集十卷 （明）呂坤撰 明萬曆刻本 六冊

130000－0442－0001700 01700
新刻綠牡丹全傳八卷六十四回 清光緒七年(1881)泰山堂刻本 八冊

130000－0442－0001701 01701
新刻三寶太監西洋記通俗演義二十卷一百回 （明）羅懋登撰 清光緒七年(1881)上海申報館鉛印本 二十冊

130000－0442－0001702 01702
新刻異說南唐演義全傳十卷一百回 （清）如蓮居士編 清道光二十六年(1846)刻本 十冊

130000－0442－0001703 01703
新刻玉釧緣全傳三十二卷 （□）□□撰 清道光二十二年(1842)刻本 六十四冊

130000－0442－0001704 01704
新刻玉釧緣全傳三十二卷 （□）□□撰 清石印本 二十四冊

130000－0442－0001705 01705
新民叢報彙編 梁啟超編 清光緒三十二年(1906)文會書局石印本 八冊

130000－0442－0001706 01706
新學僞經考十四卷 康有為撰 清光緒十七年(1891)南海康氏萬木草堂刻本 八冊

130000－0442－0001707 01707
新學僞經考十四卷 康有為撰 清光緒十七年(1891)武林望云樓石印本 六冊

130000－0442－0001708 01708
新義錄一百卷首一卷 （清）孫璧文撰 清光緒二十七年(1901)兩湖譯書學堂刻本 四十八冊

130000－0442－0001709 01709
中國江海險要圖志二十二卷補編五卷 （英國）英國海軍圖官局撰 （清）陳壽彭譯 清光緒二十七年(1901)石印本 十五冊

130000－0442－0001710 01710
新語二卷 （漢）陸賈撰 清影印本 一冊

130000－0442－0001711 01711
新增成案所見集總編三十二卷 （清）胡肇楷 （清）王又槐撰 清嘉慶十二年(1807)刻本 二十四冊

130000－0442－0001712 01712
新增說文韻府羣玉二十卷 （元）陰時夫輯 （元）陰中夫注 清康熙五十五年(1716)文盛堂天德堂刻本 十二冊

130000－0442－0001713 01713
新政真詮六卷 何啟 胡禮垣撰 清光緒二十七年(1901)格致新報館鉛印本 八冊

130000－0442－0001714 01714
新撰歐羅巴政治史四卷 （日本）幸田成友撰 （清）新是謀者譯 清光緒二十八年(1902)上海學海書局鉛印本 四冊

130000－0442－0001715 01715
行水金鑑一百七十五卷首一卷 （清）傅澤洪撰 清雍正三年(1725)淮揚官舍刻本 三十六冊

130000－0442－0001716 01716
行素齋雜記二卷 （清）李佳撰 清光緒二十

七年(1901)刻本　二册

130000－0442－0001717　01717

形聲輯略不分卷　(清)龐大堃撰　清同治十
三年(1874)常熟龐氏影印本　一册

130000－0442－0001718　01718

形聲類篇五卷　(清)丁履恆撰　清光緒十五
年(1889)刻本　二册

130000－0442－0001719　01719

形聲類篇五卷　(清)丁履恆撰　清光緒十四
年(1888)刻本　一册

130000－0442－0001720　01720

熊襄愍公集十卷首一卷末一卷　(明)熊廷弼
撰　清嘉慶十七年(1812)熊氏腴經堂刻本
十册

130000－0442－0001721　01721

熊襄愍公全集十卷首一卷末一卷　(明)熊廷
弼撰　清同治三年(1864)熊氏祠堂刻本　十
册

130000－0442－0001722　01722

綉像芙蓉洞全傳十卷四十回　(清)陳遇乾撰
(清)陳士奇　(清)俞秀山校　清道光十六
年(1836)刻本　十册

130000－0442－0001723　01723

草木新本牡丹亭五卷三十二回　(□)□□撰
清咸豐十年(1860)刻本　四册

130000－0442－0001724　01724

琴香堂繪像第七才子書六卷　(元)高明撰
(清)毛聲山評　清琴香堂刻本　六册

130000－0442－0001725　01725

成裕堂繪像第七才子書六卷　(元)高明撰
(清)毛聲山評　清嘉慶十二年(1807)刻本
六册

130000－0442－0001726　01726

新刻增刪二度梅奇說六卷二十回　(清)惜陰
堂主人撰　(清)繡虎堂主人評　清乾隆四十
七年(1782)刻本　四册

130000－0442－0001727　01727

繡像紅樓夢補四卷四十八回　(清)歸鋤子撰
清鉛印本　四册

130000－0442－0001728　01728

續兒女英雄傳三十二回　(清)趙子衡撰　清
光緒二十四年(1898)北京宏文書局石印本
六册

130000－0442－0001729　01729

新鐫玉茗堂批評按鑑糸補南宋志傳十五卷五
十回楊家將傳十卷五十回　(明)研石山樵訂
正　清同治十一年(1872)經綸堂刻本　八册
存十卷(新鐫玉茗堂批評按鑑糸補南宋志
傳一至十)

130000－0442－0001730　01730

繡像十美圖傳四十卷　(清)松筠氏撰　清同
治七年(1868)刻本　六册

130000－0442－0001731　01731

繡像十美圖傳四十卷　(清)松筠氏撰　清同
治九年(1870)刻本　六册

130000－0442－0001732　01732

說唐前傳十卷六十八回說唐後傳二種八卷五
十八回　(清)如蓮居士撰　清英秀堂刻本
十七册

130000－0442－0001733　01733

繡像文武香球十二卷七十二回　(清)二樂軒
主人撰　(清)申江逸史改編　清同治二年
(1863)二酉主人刻本　十二册

130000－0442－0001734　01734

繡像義妖傳二十八卷五十四回　(清)陳遇乾
撰　清光緒二年(1876)刻本　十二册

130000－0442－0001735　01735

虛受堂書札二卷　王先謙撰　清光緒三十三
年(1907)刻本　二册

130000－0442－0001736　01736

虛齋名畫錄十六卷續錄四卷補遺一卷　龐元
濟撰　清宣統元年(1909)上海龐氏刻本　十
六册

130000－0442－0001737　01737

徐騎省集三十卷補遺一卷附錄一卷校勘記一卷　（宋）徐鉉撰　清光緒十九年(1893)黔南李氏刻本　八冊

130000－0442－0001738　01738
青藤書屋集三十卷補遺一卷　（明）徐渭撰　清道光二十六年(1846)刻本　六冊

130000－0442－0001739　01739
徐氏襍箸四種　（清）徐大椿撰　清光緒十九年(1893)上海圖書集成印書局鉛印本　一冊

130000－0442－0001740　01740
徐氏宗譜八卷　（清）徐文榮編校　清嘉慶五年(1800)刻本　四冊

130000－0442－0001741　01741
徐位山先生七種　（清）徐文靖撰　清光緒二年(1876)刻本　十二冊

130000－0442－0001742　01742
徐文長文集三十卷　（明）徐渭撰　（明）袁宏道評點　明刻本　十二冊

130000－0442－0001743　01743
徐霞客遊記十卷　（明）徐弘祖撰　清乾隆四十一年(1776)刻本　二十冊

130000－0442－0001744　01744
徐孝穆全集六卷備考一卷　（南朝陳）徐陵撰　（清）吳兆宜箋注　清刻本　六冊

130000－0442－0001745　01745
徐孝穆全集六卷備考一卷　（南朝陳）徐陵撰　（清）吳兆宜箋注　清康熙困學書屋刻本　六冊

130000－0442－0001746　01746
徐州二遺民集十卷　（清）桂中行　（清）馮煦輯　清光緒十九年(1893)刻本　四冊

130000－0442－0001747　01747
許氏說文解字雙聲疊韻譜一卷　（清）鄧廷楨撰　清光緒七年(1881)後知不足齋刻本　二冊

130000－0442－0001748　01748
許氏說文解字雙聲疊韻譜一卷　（清）鄧廷楨撰　清光緒七年(1881)後知不足齋刻本　一冊

130000－0442－0001749　01749
許氏說文解字雙聲疊韻譜一卷　（清）鄧廷楨撰　清光緒九年(1883)上海同文書局石印本　一冊

130000－0442－0001750　01750
許氏說音四卷　（清）許桂林撰　清鉛印本　一冊

130000－0442－0001751　01751
許學叢刻九種九卷　（清）許頌鼎輯　（清）許湞祥輯　清光緒十三年(1887)海寧許氏古均閣刻本　四冊

130000－0442－0001752　01752
許學叢書十四種六十三卷　張炳翔輯　清光緒長洲張氏儀鄭盧刻本　二十四冊

130000－0442－0001753　01753
鄦書微五卷　張球撰　清光緒三十二年(1906)鉛印石印本(卷三後爲石印本)　二冊

130000－0442－0001754　01754
鄦齋叢書二十種　徐乃昌編　清光緒二十六年(1900)南陵徐氏刻本　十六冊

130000－0442－0001755　01755
絮香吟館小草一卷　（清）齡文撰　清光緒十二年(1886)刻本　一冊

130000－0442－0001756　01756
續碑傳集八十六卷首二卷　繆荃孫纂錄　清宣統二年(1910)江楚編譯書局刻本　三十冊

130000－0442－0001757　01757
續方言二卷　（清）杭世駿集　（清）梁啟心審　清刻本　一冊

130000－0442－0001758　01758
續復古編四卷　（元）曹本撰　清光緒十二年(1886)咫進齋刻本　四冊

130000－0442－0001759　01759
續古文辭類纂二十八卷　（清）黎庶昌輯　清光緒十六年(1890)金陵書局刻本　十二冊

130000－0442－0001760　01760

**續古文辭類篹二十八卷**　（清）黎庶昌輯　清光緒十六年(1890)金陵書局刻本　十二冊

130000－0442－0001761　01761

**續古文辭類篹三十四卷**　王先謙撰　清光緒八年(1882)王氏虛受堂刻本　八冊

130000－0442－0001762　01762

**續古文苑二十卷**　（清）孫星衍撰　清嘉慶十七年(1812)冶城山館刻本　八冊

130000－0442－0001763　01763

**續古文苑二十卷**　（清）孫星衍撰　清光緒十一年(1885)朱氏槐盧家塾刻本　十冊

130000－0442－0001764　01764

**續廣事類賦三十卷**　（清）王鳳喈撰　清嘉慶三年(1798)刻本　十二冊

130000－0442－0001765　01765

**續漢書八志三十卷**　（南朝梁）劉昭注補　清刻本　二冊

130000－0442－0001766　01766

**續紅樓夢三十卷**　（清）秦子忱撰　清光緒八年(1882)刻本　十二冊

130000－0442－0001767　01767

**續後漢書九十卷**　（元）郝經撰　清刻本　二十四冊

130000－0442－0001768　01768

**[同治]續天津縣志二十卷首一卷**　（清）吳惠元修　（清）蔣玉虹　（清）俞樾纂　清嘉慶修同治九年(1870)刻本　八冊

130000－0442－0001769　01769

**續同人集十七卷**　（清）袁枚輯　清乾隆五十五年(1790)刻本　六冊

130000－0442－0001770　01770

**續資治通鑑二百二十卷**　（清）畢沅撰　清光緒二十五年(1899)上海蜚英館石印本　三十冊

130000－0442－0001771　01771

**續資治通鑑二百二十卷**　（清）畢沅撰　清嘉慶六年(1801)刻本　六十四冊

130000－0442－0001772　01772

**續資治通鑑二百二十卷**　（清）畢沅撰　清嘉慶六年(1801)馮氏續刻同治六年(1867)永康應氏補刻同治八年(1869)江蘇書局再補刻本　六十冊

130000－0442－0001773　01773

**續資治通鑑綱目二十七卷**　（明）商輅等撰　清光緒七年(1881)山東書局刻本　二十八冊

130000－0442－0001774　01774

**選詩七卷附詩人世次爵里一卷**　（南朝梁）蕭統輯　清康熙四十五年(1706)刻本　三冊

130000－0442－0001775　01775

**選學膠言二十卷補遺一卷**　（清）張雲璈撰　清道光十一年(1831)刻本　八冊

130000－0442－0001776　01776

**選雅二十卷**　程先甲撰　清光緒二十八年(1902)千一齋刻本　八冊

130000－0442－0001777　01777

**六朝唐賦讀本不分卷**　（清）馬傳庚選註　清光緒二年(1876)京都松竹齋刻本　二冊

130000－0442－0001778　01778

**學案小識十四卷末一卷**　（清）唐鑑撰　清文瑞樓石印本　六冊

130000－0442－0001779　01779

**學海堂集十六卷二集二十二卷三集二十四卷四集二十四卷**　（清）阮元等編　清光緒十二年(1886)刻本　四十冊

130000－0442－0001780　01780

**學仕錄十六卷**　（清）戴肇辰輯　清同治六年(1867)刻本　八冊

130000－0442－0001781　01781

**學易記九卷首一卷**　（元）李簡撰　清同治十二年(1873)刻本　五冊

130000－0442－0001782　01782

**學治臆說二卷續說一卷說贅一卷**　（清）汪輝祖撰　清光緒江蘇書局刻本　一冊

130000－0442－0001783　01783

雪月梅傳五十回　（清）陳朗輯　清刻本　八冊

130000－0442－0001784　01784

荀子集解二十卷首一卷　（唐）楊倞注　王先謙集解　清光緒十七年（1891）王氏刻本　六冊

130000－0442－0001785　01785

荀子集解二十卷首一卷　（唐）楊倞注　王先謙集解　清光緒十七年（1891）刻本　六冊

130000－0442－0001786　01786

遜學齋文鈔十二卷續鈔五卷詩鈔十卷續鈔五卷　（清）孫衣言撰　清同治十二年（1873）刻本　六冊

130000－0442－0001787　01787

顨軒孔氏所著書七種六十卷　（清）孔廣森撰　清嘉慶二十二年（1817）曲阜孔氏儀鄭堂彙印本　十冊

130000－0442－0001788　01788

亞拉伯志一卷附新志一卷　（清）學部編譯圖書局編　清光緒三十三年（1907）學部圖書局鉛印本　一冊

130000－0442－0001789　01789

煙嶼樓詩集十八卷文集四十卷附遊杭合集一卷　（清）徐時棟撰　清同治六年（1867）刻本　四冊　存十八卷（煙嶼樓詩集十八卷）

130000－0442－0001790　01790

揅經室一集十四卷二集八卷三集五卷四集二卷四集詩十一卷續集十一卷再續集七卷外集五卷詩錄五卷　（清）阮元撰　（清）阮亨輯　清道光三年（1823）刻本　二十四冊

130000－0442－0001791　01791

揅經室一集十四卷二集八卷三集五卷四集二卷四集詩十一卷續集十一卷再續集七卷外集五卷詩錄五卷　（清）阮元撰　（清）阮亨輯　清道光三年（1823）刻本　二十四冊

130000－0442－0001792　01792

揅經室一集十四卷二集八卷三集五卷四集二卷四集詩十一卷續集十一卷再續集七卷外集五卷詩錄五卷　（清）阮元撰　（清）阮亨輯　清道光三年（1823）刻本　十八冊

130000－0442－0001793　01793

閻潛北先生年譜一卷　（清）張穆編　清道光二十七年（1847）祁氏刻本　一冊

130000－0442－0001794　01794

顏氏家訓二卷　（北齊）顏之推撰　（清）朱軾評點　清康熙五十八年（1719）刻本　二冊

130000－0442－0001795　01795

顏學辯八卷　（清）程仲威撰　清光緒十年（1884）鉛印本　四冊

130000－0442－0001796　01796

弇州山人詩集五十二卷目錄八卷　（明）王世貞撰　清光緒三十三年（1907）渭南嚴氏刻本　十四冊

130000－0442－0001797　01797

弇州山人續稿選三十八卷　（明）王世貞撰　明刻本　十二冊

130000－0442－0001798　01798

弇州山人續稿選三十八卷　（明）王世貞撰　明刻本　二十冊

130000－0442－0001799　01799

晏子春秋七卷音義二卷附校勘記二卷　（清）孫星衍校並音義　（清）黃以周校勘　清光緒二年（1876）掃葉山房石印本　六冊

130000－0442－0001800　01800

硯雲甲編八種乙編八種　（清）金忠淳輯　清光緒申報館鉛印本　十一冊

130000－0442－0001801　01801

硯雲甲編八種乙編八種　（清）金忠淳輯　清光緒申報館鉛印本　十二冊

130000－0442－0001802　01802

雁門集十四卷附卷一卷雁門倡和錄一卷別錄一卷　（元）薩都剌撰　（清）薩龍光編注　清嘉慶十二年（1807）刻本　十冊

130000 - 0442 - 0001803　01803

雁門集十四卷附卷一卷雁門倡和錄一卷別錄
一卷　（元）薩都剌撰　（清）薩龍光編注　清
嘉慶十二年（1807）刻本　八冊

130000 - 0442 - 0001804　01804

燕山外史二卷　（清）陳球撰　清嘉慶十六年
（1811）刻本　二冊

130000 - 0442 - 0001805　01805

羊城古鈔八卷首一卷　（清）仇池石輯　清嘉
慶十一年（1806）刻本　五冊

130000 - 0442 - 0001806　01806

洋務經濟通考十六卷　（清）應祖錫纂　清光
緒二十七年（1901）鴻寶齋石印本　十二冊

130000 - 0442 - 0001807　01807

洋務經濟通考十六卷　（清）應祖錫纂　清光
緒二十八年（1902）鴻寶齋石印本　十二冊

130000 - 0442 - 0001808　01808

樂府新編陽春白雪前集四卷後集五卷　（元）
楊朝英輯　清光緒三十一年（1905）徐乃昌刻
本　一冊

130000 - 0442 - 0001809　01809

揚州方言韻語長短句不分卷　夢雨老人輯
清抄本　一冊

130000 - 0442 - 0001810　01810

揚州畫舫錄十八卷　（清）李斗撰　清嘉慶刻
本　六冊

130000 - 0442 - 0001811　01811

揚州畫舫錄十八卷　（清）李斗撰　清嘉慶刻
本　六冊

130000 - 0442 - 0001812　01812

揚州畫舫錄十八卷　（清）李斗撰　清同治十
一年（1872）刻本　四冊

130000 - 0442 - 0001813　01813

揚州畫舫錄十八卷　（清）李斗撰　清同治十
一年（1872）刻本　四冊

130000 - 0442 - 0001814　01814

楊龜山先生集四十二卷首一卷　（宋）楊時撰

清康熙四十六年（1707）刻本　十冊

130000 - 0442 - 0001815　01815

楊龜山先生集四十二卷首一卷　（宋）楊時撰
　清光緒五年（1879）刻本　十冊

130000 - 0442 - 0001816　01816

楊椒山先生全集四卷　（明）楊繼盛撰　清康
熙三十七年（1698）刻本　四冊

130000 - 0442 - 0001817　01817

仰節堂集十四卷　（明）曹于汴撰　清康熙二
年（1663）刻本　八冊

130000 - 0442 - 0001818　01818

養吉齋叢錄二十六卷餘錄十卷　（清）吳振棫
纂　清光緒二十二年（1896）刻本　八冊

130000 - 0442 - 0001819　01819

養一齋集二十六卷劄記九卷詞三卷詩話十卷
李杜詩話三卷　（清）潘德輿撰　清刻本　三
冊　存十卷（詩話十卷）

130000 - 0442 - 0001820　01820

養一齋集二十六卷劄記九卷詞三卷詩話十卷
李杜詩話三卷　（清）潘德輿撰　清道光刻本
　四冊　存十三卷（詩話十卷、李杜詩話三
卷）

130000 - 0442 - 0001821　01821

養一齋文集二十卷詩集四卷詩餘一卷　（清）
李兆洛撰　清光緒四年（1878）刻本　八冊
存二十卷（養一齋文集二十卷）

130000 - 0442 - 0001822　01822

養一齋文集二十卷詩集四卷詩餘一卷　（清）
李兆洛撰　清光緒四年（1878）刻本　八冊
存二十卷（養一齋文集二十卷）

130000 - 0442 - 0001823　01823

養一齋文集二十卷詩集四卷詩餘一卷　（清）
李兆洛撰　清光緒四年（1878）刻本　八冊
存二十卷（養一齋文集二十卷）

130000 - 0442 - 0001824　01824

養餘齋全集四種附三種　（清）柳樹芳撰　清
道光元年至光緒八年（1821 - 1882）刻本　十

二册　存六種三十五卷(養餘齋初集四卷、二集四卷、三集四卷,勝溪竹枝詞一卷,分湖柳氏重修家譜一至三,雪牀遺詩一卷、續刻一卷,浙東紀游草一卷,秋樹讀書樓遺集十六卷)

130000－0442－0001825　01825
**養正書屋全集定本四十卷目錄四卷**　(清)宣宗旻寧撰　清光緒鉛印本　二十四册

130000－0442－0001826　01826
**野獲編三十卷補遺四卷**　(明)沈德符撰　(清)錢枋輯　清同治八年(1869)刻本　二十册

130000－0442－0001827　01827
**野獲編三十卷補遺四卷**　(清)沈德符撰　(清)錢枋輯　清道光七年(1827)扶荔山房刻本　十二册

130000－0442－0001828　01828
**野香亭集十三卷**　(清)李孚青撰　清鉛印本　四册

130000－0442－0001829　01829
**紅雪樓九種曲**　(清)蔣士銓撰　清乾隆紅雪樓刻本　一册　存二卷(一片石一卷、第二碑一卷)

130000－0442－0001830　01830
**一切經音義二十五卷**　(唐)釋玄應撰　(清)莊炘校　清同治八年(1869)刻本　四册

130000－0442－0001831　01831
**一枝軒四種**　(清)□□輯　清道光七年(1827)刻本　四册

130000－0442－0001832　01832
**壹是紀始二十二卷補遺一卷**　(清)魏崧撰　清咸豐六年(1856)香蕙閣刻本　六册　存八卷(一至八)

130000－0442－0001833　01833
**醫理教科書十章**　徐敬儀編　清光緒三十二年(1906)鉛印本　一册

130000－0442－0001834　01834

夷堅志二十卷續夷堅志二卷　(宋)洪邁撰　清乾隆四十三年(1778)刻涇縣洪氏修補本　十册

130000－0442－0001835　01835
**夷堅志五十卷**　(宋)洪邁撰　清宣統三年(1911)黎光社石印本　八册　存二十五卷(一至二十五)

130000－0442－0001836　01836
**宜稼堂叢書七種**　(清)郁松年編　清道光二十年至二十二年(1840－1842)上海郁松年本　四十四册

130000－0442－0001837　01837
**怡志堂詩初編八卷**　(清)朱琦撰　清咸豐七年(1857)刻本　二册

130000－0442－0001838　01838
**怡志堂文初編六卷**　(清)朱琦撰　清同治三年(1864)刻本　二册

130000－0442－0001839　01839
**怡志堂文初編六卷詩初編八卷**　(清)朱琦撰　清光緒十八年(1892)刻本　四册

130000－0442－0001840　01840
**飴山詩集二十卷文集十二卷附錄一卷**　(清)趙執信撰　清乾隆刻本　十六册

130000－0442－0001841　01841
**飴山文集十二卷詩集二十卷附禮俗權衡二卷聲調譜三卷談龍錄一卷**　(清)趙執信撰　清乾隆十七年至三十九年(1752－1774)因園刻彙印本　十册

130000－0442－0001842　01842
**疑年錄四卷**　(清)錢大昕撰　(清)吳修校　**續疑年錄四卷**　(清)吳修編　**補疑年錄四卷**　(清)錢椒編　**三續疑年錄十卷**　(清)陸心源編　清光緒六年(1880)刻本　七册

130000－0442－0001843　01843
**儀顧堂集十六卷**　(清)陸心源撰　清同治十三年(1874)刻本　三册

130000－0442－0001844　01844

儀顧堂題跋十六卷　（清）陸心源撰　清光緒
十六年（1890）刻本　四冊

130000－0442－0001845　01845

郭侍郎奏疏十二卷　（清）郭嵩燾撰　清光緒
十八年（1892）刻本　十二冊

130000－0442－0001846　01846

國朝常州詞錄三十一卷　繆荃孫校輯　清光
緒二十二年（1896）刻本　十冊

130000－0442－0001847　01847

國朝常州詞錄三十一卷　繆荃孫校輯　清光
緒二十二年（1896）刻本　十二冊

130000－0442－0001848　01848

國朝常州駢體文錄三十一卷附結一宦駢體文
一卷　（清）屠寄輯　清光緒十六年（1890）刻
本　八冊

130000－0442－0001849　01849

國朝詞綜補五十八卷　（清）丁紹儀輯　清光
緒九年（1883）刻本　十二冊

130000－0442－0001850　01850

國朝詞綜四十八卷　（清）王昶編　清嘉慶七
年（1802）刻本　十二冊

130000－0442－0001851　01851

國朝詞綜續編二十四卷　（清）黃燮清編　清
同治十二年（1873）刻本　六冊

130000－0442－0001852　01852

國朝二十四家文鈔二十四卷　（清）徐裴然輯
（清）徐秉愿訂　清道光十年（1830）刻本
十二冊

130000－0442－0001853　01853

國朝閨閣詩鈔一百卷　（清）蔡殿齊輯　清道
光二十四年（1844）刻本　十冊

130000－0442－0001854　01854

國朝閨秀正始集二十卷附錄一卷補遺一卷
（清）惲珠輯　清道光十一年（1831）紅香館刻
本　十二冊

130000－0442－0001855　01855

國朝閨秀正始續集十卷附錄一卷補遺一卷輓

詞一卷　（清）惲珠選　（清）佛雲保　（清）
妙蓮保編校　清道光十六年（1836）紅香館刻
本　四冊

130000－0442－0001856　01856

國朝畫識十七卷墨香居畫識十卷　（清）馮金
伯纂輯　（清）吳晉參參訂　清道光十一年
（1831）刻本　十二冊

130000－0442－0001857　01857

國朝畫徵錄三卷　（清）張庚撰　清乾隆四年
（1739）刻本　二冊

130000－0442－0001858　01858

國朝畿輔詩傳六十卷　（清）陶樑輯　清道光
十九年（1839）刻本　十六冊

130000－0442－0001859　01859

國朝歷科館選錄不分卷　（清）沈廷芳輯
（清）陸費墀　（清）沈世煒重訂　清光緒刻本
三冊

130000－0442－0001860　01860

國朝六家詩鈔八卷　（清）劉執玉選　清乾隆
三十二年（1767）刻本　四冊

130000－0442－0001861　01861

國朝六家詩鈔八卷　（清）劉執玉輯　清宣統
二年（1910）石印本　六冊

130000－0442－0001862　01862

國朝六家詩鈔八卷　（清）劉執玉選　清乾隆
三十二年（1767）刻本　六冊

130000－0442－0001863　01863

國朝名人著述叢編十三種　（清）□□撰　清
光緒五年（1879）淞隱閣鉛印本　六冊

130000－0442－0001864　01864

國朝三十五科同館詩賦解題七卷首二卷國朝
十二科同館詩賦解題五卷首一卷　（清）魏茂
林輯　清道光二十九年（1849）刻本　八冊

130000－0442－0001865　01865

國朝山左詩鈔六十卷　（清）盧見曾纂　清乾
隆二十三年（1758）刻本　十五冊

130000－0442－0001866　01866

國朝詩別裁集三十六卷　（清）沈德潛纂評
清乾隆二十四年(1759)刻本　十冊

130000－0442－0001867　01867

國朝詩鐸二十六卷首一卷　（清）張應昌輯
清同治八年(1869)刻本　十二冊

130000－0442－0001868　01868

國朝詩人徵略六十卷　（清）張維屏輯　清道
光十年(1830)刻本　十六冊

130000－0442－0001869　01869

國朝書人輯略十一卷首一卷　（清）震鈞輯
清光緒三十三年(1907)刻本　八冊

130000－0442－0001870　01870

國朝松江詩鈔六十四卷　（清）姜兆翀撰　清
嘉慶十三年(1808)刻本　二十四冊

130000－0442－0001871　01871

國朝文匯甲前集二十卷甲集六十卷乙集七十
卷丙集三十卷丁集二十卷姓氏目錄一卷
（清）沈粹芬　（清）黃人等輯　清宣統元年
(1909)石印本　一百一冊　缺二卷（甲集四
十九至五十）

130000－0442－0001872　01872

國朝先正事略六十卷　（清）李元度撰　清同
治五年(1866)刻本　十二冊

130000－0442－0001873　01873

國朝先正事略六一卷中興名臣事略八卷
（清）李元度撰　清光緒二十五年(1899)鉛印
本　十冊

130000－0442－0001874　01874

國學叢刊十三種　國學叢刊社編　清宣統三
年(1911)石印本　二冊

130000－0442－0001875　01875

國學萃編　（清）沈宗畸等編　清光緒三十四
年至宣統元年(1908－1909)國學萃編社廣益
印字局鉛印本　三冊　存三期（九至十、十
二）

130000－0442－0001876　01876

國語二十一卷校刊明道本韋氏解國語札記一

卷明道本考異四卷　（吳）韋昭注　（清）黃丕
烈撰　（清）汪遠孫考異　戰國策三十三卷札
記三卷　（漢）高誘注　（清）黃丕烈札記　清
光緒二年(1876)刻本　十冊

130000－0442－0001877　01877

國語三君注輯存四卷　（清）汪遠孫撰　清道
光二十六年(1846)刻本　一冊

130000－0442－0001878　01878

國語韋解補正二十一卷　（三國吳）韋昭解
（清）吳曾祺補正　（清）朱元善校　清宣統三
年(1911)鉛印本　四冊

130000－0442－0001879　01879

國語校注本三種　（清）汪遠孫撰　清道光二
十六年(1846)刻本　五冊

130000－0442－0001880　01880

國語校注本三種　（清）汪遠孫撰　清道光二
十六年(1846)刻本　四冊

130000－0442－0001881　01881

國語校注本三種　（清）汪遠孫撰　清道光二
十六年(1846)振綺堂刻本　十冊

130000－0442－0001882　01882

國語校注本三種　（清）汪遠孫撰　清道光二
十六年(1846)振綺堂刻本　六冊

130000－0442－0001883　01883

海東逸史十八卷　（清）翁洲老民撰　（清）楊
泰亨校刊　清光緒十年(1884)刻本　二冊

130000－0442－0001884　01884

海國圖志一百卷　（清）魏源撰　海國圖志續
集二十五卷首一卷　（清）鄧鏗撰　清光緒二
十四年(1898)石印本　十六冊

130000－0442－0001885　01885

海國圖志一百卷　（清）魏源撰　清咸豐二年
(1852)刻本　二十六冊

130000－0442－0001886　01886

海山仙館叢書五十六種　（清）潘仕成輯　清
光緒刻本　一百二十冊

130000－0442－0001887　01887

海叟詩集四卷外詩一卷附錄一卷　（明）袁凱撰　清宣統三年（1911）石印本　二冊

130000－0442－0001888　01888

海棠仙館詩鈔四卷　（清）宋伯魯撰　清光緒二十二年（1896）刻本　二冊

130000－0442－0001889　01889

海棠仙館詩鈔四卷　（清）宋伯魯撰　清光緒二十二年（1896）刻本　二冊

130000－0442－0001890　01890

海外文編四卷　（清）薛福成撰　清光緒二十四年（1898）刻本　二冊

130000－0442－0001891　01891

[光緒]海鹽縣志二十二卷首一卷末一卷（清）王彬修　（清）徐用儀纂　清光緒二年（1876）刻本　五冊

130000－0442－0001892　01892

海虞文徵三十卷　（清）邵松年輯　清光緒三十一年（1905）石印本　十六冊

130000－0442－0001893　01893

涵芬樓古今文鈔一百卷　（清）吳曾祺纂錄　清宣統二年（1910）鉛印本　一百冊

130000－0442－0001894　01894

寒松閣集五種　（清）張鳴珂撰　清光緒十年至二十四年（1884－1898）嘉興張氏刻本　四冊　存三種十三卷（寒松閣詩八卷、寒松閣詞四卷、寒松閣駢體文一卷）

130000－0442－0001895　01895

寒松堂全集四卷　（清）魏象樞著　清光緒二十五年（1899）刻本　四冊

130000－0442－0001896　01896

韓昌黎編年箋注詩集十二卷　（清）方世舉考訂　清乾隆二十三年（1758）刻本　六冊

130000－0442－0001897　01897

韓昌黎編年箋注詩集十二卷　（清）方世舉考訂　清乾隆二十三年（1758）刻本　四冊

130000－0442－0001898　01898

韓非子集解二十卷首一卷　（清）王先慎集解　清光緒二十二年（1896）刻本　六冊

130000－0442－0001899　01899

韓非子集解二十卷首一卷　（清）王先慎集解　清光緒二十二年（1896）刻本　六冊

130000－0442－0001900　01900

韓集點勘四卷　（清）陳景雲撰　清同治九年（1870）刻本　二冊

130000－0442－0001901　01901

韓集點勘四卷　（清）陳景雲撰　清同治九年（1870）刻本　一冊

130000－0442－0001902　01902

韓內翰別集一卷補遺一卷　（唐）韓偓撰　明汲古閣刻本　二冊

130000－0442－0001903　01903

韓詩外傳十卷　（漢）韓嬰著　清乾隆十七年（1752）刻本　四冊

130000－0442－0001904　01904

韓詩外傳十卷補逸一卷校注拾遺一卷　（漢）韓嬰撰　（清）周廷寀校注　清光緒元年（1875）望三益齋刻本　四冊

130000－0442－0001905　01905

韓詩外傳十卷附韓詩外傳補逸一卷　（漢）韓嬰著　（清）周廷寀校注　（清）周宗杬參校　清乾隆五十六年（1791）望三益齋刻本　四冊

130000－0442－0001906　01906

韓詩遺說攷五卷敘錄一卷附錄一卷補遺一卷　（清）陳壽祺撰　（清）陳喬樅述　清道光二十年（1840）刻本　十冊

130000－0442－0001907　01907

韓湘寶卷二卷　（清）煙波釣徒風月主人撰述　清光緒二十年（1894）刻本　二冊

130000－0442－0001908　01908

汗簡箋正七卷目錄一卷　（宋）郭忠恕撰（清）鄭珍箋正　清光緒十五年（1889）廣雅書局刻本　四冊

130000－0442－0001909　01909

汗簡箋正七卷目錄一卷　（宋）郭忠恕撰

（清）鄭珍箋正　清光緒十五年(1889)廣雅書局刻本　四冊

130000－0442－0001910　01910
**汗簡箋正七卷目錄一卷**　（宋）郭忠恕撰
（清）鄭珍箋正　清光緒十五年(1889)廣雅書局刻本　一冊

130000－0442－0001911　01911
**汗簡箋正七卷目錄一卷**　（宋）郭忠恕撰
（清）鄭珍箋正　清光緒十五年(1889)廣雅書局刻本　四冊

130000－0442－0001912　01912
**汗簡箋正八卷**　（清）鄭珍箋正　清光緒十六年(1890)石印本　四冊

130000－0442－0001913　01913
**汗簡七卷**　（宋）郭忠恕集　清光緒十一年(1885)刻本　二冊

130000－0442－0001914　01914
**董子春秋繁露十七卷附錄一卷**　（漢）董仲舒著　（明）孫鑛評　清乾隆刻本　六冊

130000－0442－0001915　01915
**漢官舊儀二卷補遺一卷鄴中記一卷**　（漢）衛宏　（晉）陸翽撰　清乾隆三十八年(1773)刻本　一冊

130000－0442－0001916　01916
**漢隸字源五卷碑目一卷**　（宋）婁機輯　清道光刻本　六冊

130000－0442－0001917　01917
**漢隸字源五卷碑目一卷**　（宋）婁機輯　清光緒三年(1877)刻本　六冊

130000－0442－0001918　01918
**漢鐃歌釋文箋正一卷**　王先謙撰　清同治十一年(1872)刻本　一冊

130000－0442－0001919　01919
**漢儒通義七卷**　（清）陳澧撰集　清咸豐八年(1858)刻本　二冊

130000－0442－0001920　01920
**漢上易傳十一卷周易卦圖三卷周易叢說一卷**

（宋）朱震撰　（清）納蘭成德校訂　**易璇璣三卷**　（宋）吳沆撰　（清）納蘭成德校訂　清通志堂刻本　五冊

130000－0442－0001921　01921
**漢書地理志水道圖說七卷**　（清）陳澧撰　清道光二十八年(1848)刻本　二冊

130000－0442－0001922　01922
**漢書地理志校本二卷**　（清）汪遠孫撰　清道光二十八年(1848)刻本　二冊

130000－0442－0001923　01923
**漢書評林一百卷**　（明）凌稚隆輯校　明萬曆十一年(1583)刻本　四十冊

130000－0442－0001924　01924
**漢唐事箋前集十二卷後集八卷附兩京新記一卷**　（元）朱禮　（唐）韋述撰　清光緒元年(1875)刻本　五冊

130000－0442－0001925　01925
**漢魏六朝百三名家集一百三種一百十八卷**
（明）張溥輯　清光緒十八年(1892)刻本　九十六冊

130000－0442－0001926　01926
**漢魏六朝百三名家集一百三種一百十八卷**
（明）張溥輯　（清）張選青校正　（清）唐友忠校閱　清光緒三年(1877)刻本　一百十二冊

130000－0442－0001927　01927
**漢魏六朝名家集初刻一百七十卷**　丁福保輯　清宣統三年(1911)上海文明書局鉛印本二十九冊　缺五卷(曹子建集一至五)

130000－0442－0001928　01928
**漢魏六朝名家集初刻一百七十卷**　丁福保輯　清宣統三年(1911)上海文明書局鉛印本三十冊

130000－0442－0001929　01929
**漢魏石經考三篇**　（清）劉傳瑩撰　清光緒十三年(1887)刻本　二冊

130000－0442－0001930　01930

漢魏音四卷　（清）洪亮吉撰　清乾隆五十年
(1785)刻本　一冊

130000－0442－0001931　01931

漢魏音四卷　（清）洪亮吉撰　清乾隆五十年
(1785)刻本　二冊

130000－0442－0001932　01932

漢魏音四卷　（清）洪亮吉學　清光緒三年
(1877)刻本　一冊

130000－0442－0001933　01933

漢西域圖考七卷首一卷　（清）李光廷撰　清
光緒十九年(1893)寶善書局石印本　七冊

130000－0442－0001934　01934

漢西域圖考七卷首一卷　（清）李光廷撰　清
同治九年(1870)刻本　四冊

130000－0442－0001935　01935

漢谿書法通解八卷　（清）戈守智撰　清道光
十九年(1839)刻本　四冊

130000－0442－0001936　01936

漢學商兌四卷　（清）方東樹撰　清光緒二十
六年(1900)浙江書局刻本　四冊

130000－0442－0001937　01937

漢學諧聲二十四卷附說文補考一卷　（清）戚
學標撰　清嘉慶九年(1804)刻本　六冊

130000－0442－0001938　01938

漢藝文志攷證十卷　（宋）王應麟撰　清光緒
十一年(1885)刻本　二冊

130000－0442－0001939　01939

翰海十二卷　（明）沈佳胤輯　（明）陳繼儒鑒
定　明刻本　六冊

130000－0442－0001940　01940

杭城辛酉紀事詩一卷　（清）東郭子　（清）蒿
目生著　清同治元年(1862)抄本　一冊

130000－0442－0001941　01941

杭大宗七種叢書　（清）杭世駿撰　清乾隆五
十七年(1792)刻本　四冊

130000－0442－0001942　01942

甌香館四書說十卷　（清）郝寧愚撰　清道光
五年(1825)刻本　六冊

130000－0442－0001943　01943

郝氏遺書三十三種　（清）郝懿行撰　清嘉慶
至光緒刻彙印本　十六冊

130000－0442－0001944　01944

合肥李勤恪公政書十卷　（清）李瀚章著
（清）李經畬編　清光緒三十二年(1906)石印
本　十冊

130000－0442－0001945　01945

何大復先生全集三十八卷　（明）何景明撰
清咸豐二年(1852)刻本　八冊

130000－0442－0001946　01946

何文肅公文集三十四卷外集一卷　（明）何喬
新撰　（明）羅玘校正　清咸豐元年(1851)廣
昌二酉齋刻本　十六冊

130000－0442－0001947　01947

何焯先生讀書記五十八卷　（清）何焯撰　清
乾隆三十四年(1769)石香齋刻本　十二冊

130000－0442－0001948　01948

河汾諸老詩集八卷　（元）房琪輯　清乾隆四
十三年(1778)刻本　一冊

130000－0442－0001949　01949

河南二程全書七種六十四卷附錄三卷　（宋）
程顥　（宋）程頤撰　清刻本　十六冊

130000－0442－0001950　01950

鶴山文鈔三十二卷　（宋）魏了翁撰　清同治
十三年(1874)望三益齋刻本　十冊

130000－0442－0001951　01951

鶴徵錄八卷首一卷後錄十二卷　（清）李集輯
（清）李富孫續　（清）李遇春續輯　清嘉慶
二年(1797)刻本　三冊

130000－0442－0001952　01952

恒軒所見所藏吉金錄不分卷　（清）吳大澂輯
清光緒十一年(1885)刻本　二冊

130000－0442－0001953　01953

弘簡錄二百五十四卷　（明）邵經邦撰　（清）

邵遠平校閲　清康熙二十七年（1688）刻本
六十四冊

130000－0442－0001954　01954

弘正四傑詩集　（清）張百熙編　清光緒二十
一年（1895）長沙張氏湘雨樓刻本　十冊

130000－0442－0001955　01955

洪北江全集二十一種　（清）洪亮吉撰　清光
緒三年至五年（1877－1879）洪用懃授經堂刻
本　七十六冊　缺二種二十四卷（乾隆府廳
州縣圖志二十一至四十、春秋左傳詁九至十
二）

130000－0442－0001956　01956

洪範五行傳三卷　（漢）劉向撰　（清）陳壽祺
輯　清刻本　三冊

130000－0442－0001957　01957

紅樓夢論贊不分卷　（清）涂瀛撰　清道光二
十二年（1842）養餘精舍刻本　二冊

130000－0442－0001958　01958

紅樓夢圖詠不分卷　（清）改琦撰　清光緒五
年（1879）刻本　四冊

130000－0442－0001959　01959

虹橋老屋遺稿九卷　（清）秦緗業撰　清光緒
十五年（1889）刻本　三冊

130000－0442－0001960　01960

後漢書補表八卷　（清）錢大昭撰　清咸豐二
年（1852）粵雅堂刻本　三冊

130000－0442－0001961　01961

後漢紀三十卷　（晉）袁宏撰　清光緒二年
（1876）學海堂刻本　六冊

130000－0442－0001962　01962

後漢書一百二十卷　（南朝宋）范曄撰　（唐）
李賢注　清咸豐元年（1851）刻本　二十九冊

130000－0442－0001963　01963

二十四史　清同治至光緒五省官書局據汲古
閣本等合刻光緒五年（1879）湖北書局彙印本
三百十四冊　存十種一千七百九十卷（後
漢書一百二十卷,晉書一百三十卷、音義三

卷,宋書一百卷,南史八十卷,北史一至四十
五、五十五至一百,舊唐書二百卷,唐書二百
二十五卷,宋史四百九十六卷,金史一百三十
五卷,元史二百十卷）

130000－0442－0001964　01964

後山先生集二十四卷首一卷　（宋）陳師道撰
清光緒十一年（1885）刻本　四冊

130000－0442－0001965　01965

胡澹庵先生文集三十二卷補遺一卷　（宋）胡
銓撰　（清）胡文恩考訂　（清）胡效祖等校刊
清道光十三年（1833）刻本　八冊

130000－0442－0001966　01966

胡文忠公集八十六卷首一卷　（清）胡林翼
撰　（清）曾國荃　（清）鄭敦輯　（清）胡鳳
丹重編　清光緒二十七年（1901）上海圖書集
成印書局鉛印本　八冊

130000－0442－0001967　01967

胡文忠公遺集八十六卷首一卷　（清）胡林翼
撰　（清）曾國荃　（清）鄭敦輯　（清）胡鳳
丹重編　清光緒十四年（1888）上海著易堂鉛
印本　八冊

130000－0442－0001968　01968

胡文忠公遺集八十六卷首一卷　（清）胡林翼
撰　（清）曾國荃　（清）鄭敦輯　（清）胡鳳
丹重編　清光緒元年（1875）湖北崇文書局刻
本　三十二冊

130000－0442－0001969　01969

胡文忠公遺集十卷首一卷　（清）胡林翼撰
（清）嚴樹森鑒定　清同治五年（1866）刻本
四冊

130000－0442－0001970　01970

胡文忠公遺集十卷首一卷　（清）胡林翼撰
（清）嚴樹森鑒定　清同治七年（1868）刻本
八冊

130000－0442－0001971　01971

胡文忠公政書十四卷附年譜一卷　（清）胡林
翼撰　清光緒二十五年（1899）湖南糧儲道署
刻本　十六冊

130000－0442－0001972　01972

壺天錄三卷　（清）百一居士撰　清光緒十一年(1885)申報館鉛印本　二冊

130000－0442－0001973　01973

湖北叢書三十種　（清）趙尚輔輯　清光緒十七年(1891)刻本　一百冊　缺一種一卷(孔子家語疏證十)

130000－0442－0001974　01974

湖海樓叢書十二種　（清）陳春輯　清嘉慶蕭山陳氏刻二十四年(1819)彙印本　三十二冊

130000－0442－0001975　01975

湖海樓叢書十二種　（清）陳春輯　清嘉慶蕭山陳氏刻二十四年(1819)彙印本　三十二冊

130000－0442－0001976　01976

湖海樓全集五十一卷　（清）陳維崧撰　清刻本　十四冊

130000－0442－0001977　01977

湖海文傳七十五卷　（清）王昶輯　清刻本　十六冊

130000－0442－0001978　01978

湖山便覽十二卷　（清）翟瀚　（清）翟灝輯　（清）王維翰重訂　清光緒元年(1875)刻本　六冊

130000－0442－0001979　01979

博趣齋藁詩十卷文四卷　（明）王雲鳳撰　（清）雷學淇輯　聯珠集一卷　（明）錢榮等撰　贈行集一卷會合與餘集一卷王公行實錄一卷分題寓別集一卷　（明）喬宇等撰　清刻本　四冊

130000－0442－0001980　01980

[宣統]虎邱山志十卷首一卷　（清）顧湄重修　清宣統三年(1911)鉛印本　四冊

130000－0442－0001981　01981

華陽國志十二卷　（晉）常璩撰　清嘉慶九年(1804)刻本　四冊

130000－0442－0001982　01982

華陽國志十二卷　（晉）常璩撰　補華陽國志

三州郡縣目錄一卷　（清）廖寅撰　清嘉慶十九年(1814)廖寅題襟館刻光緒十六年(1890)李氏悔齋重修本　四冊

130000－0442－0001983　01983

淮海集十七卷後集二卷詞一卷補遺一卷　（宋）秦觀撰　攷證一卷　（清）王敬之（清）茆泮林　（清）金長福撰　重編淮海先生年譜節要　（清）秦瀛編　（清）王敬之節要　清道光二十一年(1841)增刻本　六冊

130000－0442－0001984　01984

淮海集十七卷後集二卷詞一卷補遺一卷　（宋）秦觀撰　攷證一卷　（清）王敬之（清）茆泮林　（清）金長福撰　重編淮海先生年譜節要　（清）秦瀛編　（清）王敬之節要　清道光二十一年(1841)增刻本　六冊

130000－0442－0001985　01985

淮海集四十卷後集六卷長短句三卷首一卷　（宋）秦觀撰　（明）鄧章漢輯　清刻本　八冊　存四十八卷(淮海集四十卷,後集六卷,長短句上、中)

130000－0442－0001986　01986

淮海集四十卷後集六卷長短句三卷首一卷　（宋）秦觀撰　（明）徐渭評　清同治十二年(1873)刻本　八冊

130000－0442－0001987　01987

淮南鴻烈解二十一卷　（漢）劉安撰　（漢）高誘註　清刻本　五冊

130000－0442－0001988　01988

淮南許注異同詁四卷補遺一卷續補一卷　（清）陶方琦撰　清光緒七年(1881)刻本　三冊

130000－0442－0001989　01989

淮揚水利圖說不分卷　（清）馮道立撰　清道光十九年(1839)刻本　一冊

130000－0442－0001990　01990

槐盧叢書四十六種　（清）朱記榮編　清光緒吳縣朱氏槐盧家塾刻本　三十二冊

130000－0442－0001991　01991

槐市聯吟集二卷　（清）陸潤庠選　清光緒十年（1884）刻本　二冊

130000－0442－0001992　01992

槐廳載筆二十卷　（清）法式善編　清嘉慶四年（1799）刻本　六冊

130000－0442－0001993　01993

懷豳雜俎十二種　徐乃昌編　清光緒三十三年至宣統二年（1907－1910）南陵徐氏刻本　十冊

130000－0442－0001994　01994

懷麓堂集詩稿二十卷文稿三十卷詩後稿十卷文後稿三十卷雜記十卷年譜七卷　（明）李東陽撰　（清）法式善纂輯　清嘉慶十四年（1809）刻本　二十二冊

130000－0442－0001995　01995

寰宇訪碑錄十二卷　（清）孫星衍　（清）邢澍撰　清光緒九年（1883）江蘇書局刻本　四冊

130000－0442－0001996　01996

宦海指南五種　（清）許乃普輯　清光緒十二年（1886）榮錄堂刻本　五冊

130000－0442－0001997　01997

皇朝道咸同光奏議六十四卷　（清）黃爵滋等撰　（清）王延熙　（清）王樹敏輯　清光緒二十八年（1902）上海久敬齋石印本　二十八冊

130000－0442－0001998　01998

皇朝藩屬輿地叢書六集二十八種　（清）文瑞樓主人輯　清光緒二十九年（1903）金匱浦氏靜寄東軒石印本　四十五冊

130000－0442－0001999　01999

皇朝經濟文新編六十一卷　（清）宜令室主人輯　清光緒二十七年（1901）宜令室石印本　二十四冊

130000－0442－0002000　02000

皇朝經世文編一百二十卷　（清）賀長齡輯　清光緒十二年（1886）石印本　六十冊

130000－0442－0002001　02001

皇朝經世文編一百二十卷　（清）賀長齡輯　清光緒十三年（1887）廣百宋齋鉛印本　二十四冊

130000－0442－0002002　02002

皇朝經世文編一百二十卷　（清）賀長齡等輯　續編一百二十卷　（清）盛康輯　三編八十卷附時事洋務　（清）陳忠倚輯　清光緒二十二年至二十七年（1896－1901）刻本　五十六冊　缺五卷（續編四至八）

130000－0442－0002003　02003

皇朝經世文三編八十卷　（清）陳忠倚輯　清光緒二十七年（1901）上海書局石印本　十六冊

130000－0442－0002004　02004

皇朝經世文四編五十二卷　（清）何良棟撰　清光緒二十八年（1902）石印本　十二冊

130000－0442－0002005　02005

皇朝經世文統編一百七卷　（清）邵之棠輯　清光緒二十七年（1901）上海寶善齋石印本　五十二冊

130000－0442－0002006　02006

皇朝經世文新編二十一卷　麥仲華輯　清光緒二十四年（1898）上海大同譯書局刻本　二十四冊

130000－0442－0002007　02007

皇朝經世文新增時務續編四十卷附洋務八卷　（清）甘韓輯　清光緒二十三年（1897）掃葉山房石印本　六冊

130000－0442－0002008　02008

皇朝經世文續編一百二十卷　（清）葛士濬輯　清光緒十四年（1888）圖書集成局鉛印本　三十二冊

130000－0442－0002009　02009

皇朝開國方略三十二卷首一卷　（清）阿桂等纂編　清光緒十三年（1887）廣百宋齋鉛印本　六冊

130000－0442－0002010　02010

皇朝駢文類苑十四卷首一卷　（清）姚燮選
（清）張壽榮校刊　清光緒九年（1883）刻本
二十四冊

130000－0442－0002011　02011

皇朝謚法考五卷續編一卷　（清）鮑康　（清）
王鵬運輯　清光緒十七年（1891）刻本　一冊

130000－0442－0002012　02012

皇朝謚法考五卷續編一卷　（清）鮑康輯　清
同治五年（1866）刻本　一冊

130000－0442－0002013　02013

皇朝瑣屑錄四十四卷　（清）鍾琦撰　清光緒
二十三年（1897）刻本　八冊

130000－0442－0002014　02014

皇朝通典一百卷　（清）嵇璜等纂修　清光緒
二十八年（1902）石印本　八冊

130000－0442－0002015　02015

皇朝通志一百二十六卷　（清）嵇璜纂　清光
緒二十八年（1902）石印本　八冊

130000－0442－0002016　02016

皇朝文獻通考三百卷　（清）嵇璜纂修　清光
緒二十八年（1902）石印本　三十二冊

130000－0442－0002017　02017

三通考詳節七十六卷　（清）嚴虞惇輯　清光
緒二十七年（1901）上海鴻寶齋石印本　二十
冊

130000－0442－0002018　02018

皇朝蓄艾文編八十卷　（清）于寶軒輯　清光
緒二十九年（1903）上海官書局鉛印本　四十
冊

130000－0442－0002019　02019

皇朝掌故彙編內編六十卷外編四十卷首一卷
　（清）宋文蔚等編　清光緒二十八年（1902）
求實書社鉛印本　二十四冊

130000－0442－0002020　02020

皇朝中外一統輿圖三十二卷　（清）嚴樹森撰
　清同治二年（1863）刻本　三十冊

130000－0442－0002021　02021

皇朝中外一統輿圖三十二卷　（清）嚴樹森撰
　清同治二年（1863）刻本　十二冊

130000－0442－0002022　02022

皇甫持正文集六卷補遺一卷　（唐）皇甫湜撰
　清刻本　二冊

130000－0442－0002023　02023

皇清經解續編一千四百三十卷　王先謙輯
清光緒十四年（1888）南菁書院刻本　三百二
十冊

130000－0442－0002024　02024

皇清經解續編一千四百三十卷　王先謙輯
清光緒十五年（1889）上海蜚英館石印本　三
十二冊

130000－0442－0002025　02025

皇清經解一千四百卷　（清）阮元輯　清咸豐
十一年（1861）刻本　三百六十冊

130000－0442－0002026　02026

皇清經解一千四百卷　（清）阮元輯　清道光
九年（1829）廣東學海堂刻咸豐十一年（1861）
補刻本　三百六十冊

130000－0442－0002027　02027

皇清經解一千四百卷　（清）阮元輯　清光緒
十三年（1887）石印本　六十四冊

130000－0442－0002028　02028

皇清經解一千四百卷　（清）阮元輯　清光緒
十七年（1891）石印本　二十四冊

130000－0442－0002029　02029

皇清經解一千四百卷　（清）阮元輯　清光緒
上海點石齋石印本　二十四冊

130000－0442－0002030　02030

黃金印六卷　（清）餐蒼館主人撰　清同治十
二年（1873）刻本　六冊

130000－0442－0002031　02031

黃梨洲遺書十種　（清）黃宗羲撰　清光緒三
十一年（1905）石印本　十四冊

130000－0442－0002032　02032

黃氏集千家註杜工部詩史補遺十卷外集一卷

（唐）杜甫撰　（宋）黃鶴補注　（宋）蔡夢
弼會箋　清刻本　二冊

130000－0442－0002033　02033
陶菴全集首一卷末一卷　（明）黃淳耀撰
（清）陶應鯤輯　清乾隆二十六年(1761)刻本
六冊

130000－0442－0002034　02034
黃葉村莊詩集八卷後集一卷續集一卷　（清）
吳之振撰　清光緒四年(1878)刻本　四冊

130000－0442－0002035　02035
回文類聚四卷首一卷　（宋）桑世昌纂　續編
十卷首一卷　（清）朱象賢集　織錦回文圖一
卷　（清）玉山仙史摹集　清道光元年(1821)
刻本　四冊

130000－0442－0002036　02036
迴瀾紀要二卷　（清）徐端撰　清嘉慶十二年
(1807)刻本　二冊

130000－0442－0002037　02037
悔過齋文集七卷附劄記一卷續集七卷補遺一
卷　（清）顧廣譽撰　清同治十年(1871)刻本
四冊

130000－0442－0002038　02038
悔餘菴文稿九卷詩稿十三卷樂府四卷　（清）
何栻撰　清同治四年(1865)刻本　八冊

130000－0442－0002039　02039
晦庵先生朱文公易說二十三卷　（宋）朱鑑撰
（清）納蘭成德校訂　清通志堂刻本　八冊

130000－0442－0002040　02040
匯菊軒文集四卷　（清）周元鼎撰　清咸豐十
年(1860)守澤草堂刻本　四冊

130000－0442－0002041　02041
彙刻書目初編十卷續編五卷新編一卷補編一
卷　（清）顧脩輯　清光緒元年(1875)陳氏無
夢園刻本　十冊

130000－0442－0002042　02042
彙刻書目初編十卷補編一卷　（清）顧脩輯
清同治九年(1870)羣玉齋木活字印本　十冊

130000－0442－0002043　02043
彙刻書目二十卷　（清）顧脩輯　（清）朱學勤
補　清光緒十五年(1889)刻本　二十冊

130000－0442－0002044　02044
會稽三賦四卷　（宋）王十朋撰　（明）南逢吉
註　清同治十二年(1873)會稽章氏刻本　二
冊

130000－0442－0002045　02045
慧日永明智覺壽禪師山居詩一卷　（宋）釋延
壽撰　福源石屋珙禪師山居詩一卷　（元）釋
清珙撰　幻居詩一卷　（清）釋悟開撰　清光
緒十一年(1885)刻本　一冊

130000－0442－0002046　02046
檜門觀劇詩三卷　（清）金德瑛撰　清光緒三
十四年(1908)刻本　一冊

130000－0442－0002047　02047
繪圖安邦誌八卷　（□）□□撰　清宣統二年
(1910)石印本　八冊

130000－0442－0002048　02048
繪圖定國志八卷　（□）□□撰　清宣統二年
(1910)上海章福記書局石印本　八冊

130000－0442－0002049　02049
繪圖繪芳錄八卷八十回　（清）西泠野樵著
清光緒二十年(1894)上海書局石印本　八冊

130000－0442－0002050　02050
繪圖評點兒女英雄傳四十回　（清）文康撰
清光緒四年(1878)上海著易堂書局鉛印本
六冊　缺八回(一至八)

130000－0442－0002051　02051
繪圖三國志演義第一才子書六十卷首一卷一
百二十回　（明）羅本撰　（清）金聖歎外書
（清）毛宗崗評　清光緒二十年(1894)掃葉山
房石印本　十二冊

130000－0442－0002052　02052
繪圖增像五才子書水滸全傳七十回　（明）施
耐庵撰　（明）金聖歎評釋　清雍正十二年
(1734)鉛印本　十冊

130000－0442－0002053　02053

**繪圖綴白裘十二集四十八卷**　（清）玩花主人輯　（清）錢德蒼增輯　清光緒二十一年(1895)上海書局石印本　十二冊

130000－0442－0002054　02054

**畿輔通志三百卷首一卷**　（清）李鴻章等修　清宣統二年(1910)北洋官報兼印刷局石印本　一百四十冊　缺一百二十六卷(十至三十五、八十二至九十三、一百三十一至一百四十一、一百八十三至一百九十六、二百十至二百七十二)

130000－0442－0002055　02055

**積古齋鐘鼎彝器款識十卷**　（清）阮元編錄　清光緒五年(1879)刻本　六冊

130000－0442－0002056　02056

**積學齋叢書二十種**　徐乃昌輯　清光緒十九年(1893)南陵徐氏刻本　十六冊

130000－0442－0002057　02057

**積學齋叢書二十種**　徐乃昌輯　清光緒十八年(1892)南陵徐氏刻本　二十冊

130000－0442－0002058　02058

**積學齋叢書二十種**　徐乃昌輯　清光緒十九年(1893)南陵徐氏刻本　十六冊

130000－0442－0002059　02059

**吉金志存四卷**　（清）李光庭輯　清咸豐九年(1859)刻本　四冊

130000－0442－0002060　02060

**詞苑英華八種四十三卷**　（宋）黃升編集　清乾隆十七年(1752)刻本　十二冊

130000－0442－0002061　02061

**汲冢周書十卷**　（晉）孔晁注　（清）嚴作哲校　清刻本　三冊

130000－0442－0002062　02062

**集古官印攷十七卷集古虎符魚符攷一卷**　（清）瞿中溶編　（清）瞿樹鎬校刊　清同治十二年(1873)刻本　四冊

130000－0442－0002063　02063

**漢隸分韻七卷**　（元）□□撰　清乾隆三十七年(1772)刻本　二冊

130000－0442－0002064　02064

**集韻考正十卷**　（清）方成珪撰　清光緒五年(1879)瑞安孫氏詒善祠墊刻本　十冊

130000－0442－0002065　02065

**集韻十卷**　（宋）丁度等撰　清光緒二年(1876)川東館舍刻本　十冊

130000－0442－0002066　02066

**集韻十卷**　（宋）丁度等撰　清嘉慶十九年(1814)刻本　十冊

130000－0442－0002067　02067

**集韻校正十卷**　（清）方成珪撰　清光緒五年(1879)刻本　五冊

130000－0442－0002068　02068

**紀慎齋先生全集十二種續集七種**　（清）紀大奎撰　清嘉慶十三年(1808)刻本　三十六冊

130000－0442－0002069　02069

**紀事本末彙刻八種**　（清）廣雅書局輯　清光緒廣雅書局刻本　一百五冊　缺一種一百五十卷(通鑑長編紀事本末一百五十卷)

130000－0442－0002070　02070

**紀事本末五種**　（清）□□輯　清光緒二十四年(1898)思賢書局刻本　一百二十冊

130000－0442－0002071　02071

**紀事本末五種**　（清）□□輯　清同治十二年至十三年(1873－1874)江西書局刻本　一百三十六冊

130000－0442－0002072　02072

**紀文達公遺集十六卷首一卷**　（清）紀昀著　（清）紀樹馨編校　清宣統二年(1910)上海保粹樓石印本　八冊

130000－0442－0002073　02073

**紀文達公遺集三十二卷**　（清）紀昀撰　（清）紀樹馨編校　清嘉慶十七年(1812)刻本　十八冊

130000－0442－0002074　02074

紀文達公遺集三十二卷 （清）紀昀撰 （清）紀樹聲編校 清道光三十年(1850)刻本 十四冊

130000－0442－0002075 02075
紀文達公遺集十六卷 （清）紀昀撰 （清）紀樹聲編校 清嘉慶十年(1805)刻本 十六冊

130000－0442－0002076 02076
紀元編三卷末一卷 （清）六承如編 清同治十年(1871)合肥李氏刻本 三冊

130000－0442－0002077 02077
紀元編三卷末一卷 （清）六承如編 清同治十年(1871)合肥李氏刻本 一冊

130000－0442－0002078 02078
紀元通考十二卷 〔清〕葉維庚撰 清同治十年(1871)刻本 八冊

130000－0442－0002079 02079
寄園寄所寄十二卷 （清）趙吉士輯 清康熙三十四年(1695)三益堂刻本 十二冊

130000－0442－0002080 02080
寄園寄所寄十二卷 （清）趙吉士輯 清康熙三十四年(1695)刻本 六冊

130000－0442－0002081 02081
濟顛大師醉菩提全傳二十回 （□）天花藏輯人編 清乾隆五十三年(1788)刻本 四冊

130000－0442－0002082 02082
家範十卷 （宋）司馬光撰 （清）朱軾評點 清康熙五十八年(1719)刻本 二冊

130000－0442－0002083 02083
賈氏叢書甲集九種 （清）賈臻輯 清道光至咸豐賈氏躬自厚齋刻本 十四冊

130000－0442－0002084 02084
賈誼新書十卷 （漢）賈誼撰 （清）盧文弨校 清光緒元年(1875)浙江書局刻本 二冊

130000－0442－0002085 02085
賈子次詁十六卷 （清）王耕心次詁 清光緒二十九年(1903)刻本 二冊

130000－0442－0002086 02086
監本詩經八卷 （宋）朱熹集傳 清光緒上海錦章圖書局石印本 四冊

130000－0442－0002087 02087
監本詩經八卷 （宋）朱熹集傳 清光緒十一年(1885)刻本 四冊

130000－0442－0002088 02088
監本詩經八卷 （宋）朱熹集傳 清光緒十五年(1889)刻本 四冊

130000－0442－0002089 02089
箋注陶淵明集十卷 （晉）陶潛撰 （宋）湯漢箋注 總論一卷 （宋）李公煥撰 清刻本 六冊

130000－0442－0002090 02090
柬埔寨以北探路記十五卷 （法國）晁西士加尼撰 清光緒十年(1884)鉛印本 十五冊

130000－0442－0002091 02091
剪燈新話二卷 （明）瞿祐撰 清乾隆五十六年(1791)刻本 六冊

130000－0442－0002092 02092
簡字譜錄五種五卷 勞乃宣撰 清光緒三十四年(1908)刻本 四冊 缺一種一卷（京音簡字述畧一卷）

130000－0442－0002093 02093
見聞隨筆二十六卷 （清）齊學裘撰 清同治十年(1871)刻本 六冊

130000－0442－0002094 02094
健修堂詩集二十二卷 （清）邊浴禮撰 清咸豐十一年(1861)刻本 八冊

130000－0442－0002095 02095
健餘劄記四卷 （清）尹會一撰 （清）王灝輯 清光緒五年(1879)刻本 一冊

130000－0442－0002096 02096
漸學廬叢書第一集十五種 （清）胡祥鑅輯 清光緒二十五年(1899)石印本 一冊 存四種四卷（中越東西定議全界約文一卷、美利加英屬地小志一卷、外交餘勢一卷、斷腸記一

卷)

130000－0442－0002097　02097
劍南詩鈔不分卷　(宋)陸游撰　(清)楊大鶴
選　清光緒八年(1882)文苑山房刻本　八冊

130000－0442－0002098　02098
劍南詩鈔六卷　(宋)陸游撰　(清)楊大鶴選
　清康熙二十四年(1685)刻本　六冊

130000－0442－0002099　02099
江湖長翁文集四十卷　(宋)陳造撰　(明)李
之藻校刻　(明)王廷俊全校　明刻本　二十
冊

130000－0442－0002100　02100
江泠閣文集四卷續編二卷補遺一卷詩集十二
卷首一卷詩餘小令一卷續編一卷外集一卷補
遺一卷　(清)冷士嵋撰　清刻本　三冊

130000－0442－0002101　02101
江陵張文忠公全集四十七卷　(明)張居正撰
　(明)雷思霈等校　明萬曆刻本　十二冊

130000－0442－0002102　02102
江氏音學十書七種十二卷　(清)江有誥撰
清嘉慶十九年(1814)刻本　八冊

130000－0442－0002103　02103
江蘇海塘新志八卷首一卷　(清)曾國荃
(清)剛毅鑒定　(清)李慶雲纂　清光緒十六
年(1890)刻本　四冊

130000－0442－0002104　02104
江蘇全省輿圖不分卷　(清)鄧華熙撰　清光
緒二十一年(1895)刻本　三冊

130000－0442－0002105　02105
江西考古錄十卷　(清)王謨著　清光緒十七
年(1891)刻本　四冊

130000－0442－0002106　02106
江西全省輿圖十四卷首一卷　(清)曾國藩等
總裁　清同治七年(1868)刻本　十五冊

130000－0442－0002107　02107
江左三大家詩鈔九卷　(清)顧有孝撰　(清)
趙澐輯　清康熙七年(1668)刻本　三冊

130000－0442－0002108　02108
江左三大家詩鈔九卷　(清)顧有孝撰　(清)
趙澐輯　清康熙六年(1667)刻本　三冊

130000－0442－0002109　02109
江左十五子詩選十五卷　(清)宋犖輯　清康
熙四十二年(1703)刻本　四冊

130000－0442－0002110　02110
交泰韻一卷　(明)呂坤撰　明萬曆三十一年
(1603)刻本　一冊

130000－0442－0002111　02111
焦山志二十六卷首一卷　(清)吳雲輯　清同
治十三年(1874)刻本　十冊

130000－0442－0002112　02112
焦山志二十六卷首一卷　(清)吳雲輯　清同
治十三年(1874)刻本　八冊

130000－0442－0002113　02113
角山樓蘇詩評註彙鈔二十卷目錄二卷附錄三
卷　(清)趙克宜輯訂　清咸豐二年(1852)刻
本　八冊

130000－0442－0002114　02114
結水滸全傳七十卷一百四十回末一卷　(清)
俞萬春著　清同治十年(1871)刻本　二十冊

130000－0442－0002115　02115
結水滸全傳七十卷一百四十回末一卷　(清)
俞萬春著　清咸豐三年(1853)刻本　二十冊

130000－0442－0002116　02116
結一盧朱氏勝餘叢書四種　(清)朱澂編　清
光緒三十一年(1905)仁和朱氏刻本　二十冊

130000－0442－0002117　02117
節相壯游日錄二卷　(清)桃谿漁隱　(清)惺
新盦主輯　清光緒二十三年(1897)石印本
四冊

130000－0442－0002118　02118
鮚埼亭集三十八卷外編五十卷附經史問答十
卷　(清)全祖望撰　全謝山先生年譜一卷
(清)董秉純撰　清嘉慶九年(1804)刻本　三
十三冊

130000－0442－0002119　02119

鮚埼亭集三十八卷外編五十卷附經史問答十卷　（清）全祖望撰　**全謝山先生年譜一卷**（清）董秉純撰　清同治十一年（1872）刻本　二十六冊

130000－0442－0002120　02120

解釋中英改定商約不分卷　（清）江西課吏館編　清光緒二十八年（1902）鉛印本　一冊

130000－0442－0002121　02121

芥舟學畫編四卷　（清）沈宗騫撰　清乾隆四十六年（1781）刻本　四冊

130000－0442－0002122　02122

芥子園畫傳五卷　（清）王槩輯　清光緒十四年（1888）石印本　三冊

130000－0442－0002123　02123

巾經纂二十卷　（清）宋宗元著　清光緒十六年（1890）刻本　五冊

130000－0442－0002124　02124

今白華堂文集三十二卷　（清）童槐撰　清同治刻本　三冊

130000－0442－0002125　02125

今水經一卷表一卷　（明）黃宗羲撰　清光緒二十二年（1896）刻本　一冊

130000－0442－0002126　02126

今水經一卷表一卷　（明）黃宗羲撰　清光緒二十二年（1896）刻本　一冊

130000－0442－0002127　02127

今文粹編八卷二編二卷　（清）趙熟典輯　清乾隆五十一年（1786）刻本　十冊

130000－0442－0002128　02128

今文尚書經說考三十二卷敘錄一卷首一卷　（清）陳喬樅撰　清同治元年（1862）刻本　二十三冊

130000－0442－0002129　02129

今文尚書考證三十卷　（清）皮錫瑞撰　清光緒二十三年（1897）刻本　三冊

130000－0442－0002130　02130

今韻三辨八卷　（清）孫同元輯　清道光刻本　二冊

130000－0442－0002131　02131

金稷山段氏二妙年譜二卷　（清）孫德謙編纂　（清）劉承幹參校　清宣統三年（1911）求恕齋石印本　一冊

130000－0442－0002132　02132

金蓮仙史四卷二十四回　（清）潘昶撰　清光緒三十年（1904）石印本　四冊

130000－0442－0002133　02133

金陵詞鈔八卷附一卷　（清）陳作霖輯　清光緒二十八年（1902）石印本　四冊

130000－0442－0002134　02134

金石萃編補正四卷　（清）方履籛編　清光緒二十年（1894）上海醉六堂石印本　二冊

130000－0442－0002135　02135

金石萃編一百六十卷　（清）王昶編　清光緒十九年（1893）石印本　八冊　存一百四十三卷（一至一百四十三）

130000－0442－0002136　02136

金石萃編一百六十卷　（清）王昶撰　**續編二十一卷首一卷**（清）陸耀遹撰　（清）陸增祥校訂　清光緒十九年（1893）上海醉六堂石印本　二十四冊

130000－0442－0002137　02137

函海一百六十種　（清）李調元編　清光緒七年至八年（1881－1882）廣漢鍾登甲樂道齋刻本　四冊　存二種十九卷（金石存十五卷、粵風四卷）

130000－0442－0002138　02138

金石訂例四卷　（清）鮑振方撰　清光緒十年（1884）石印本　二冊

130000－0442－0002139　02139

金石錄三十卷　（宋）趙明誠撰　清光緒十三年（1887）朱氏槐廬刻本　四冊

130000－0442－0002140　02140

金石錄三十卷　（宋）趙明誠撰　清光緒十三

年(1887)朱氏槐廬刻本　六冊

130000－0442－0002141　02141
金石三例十五卷　（清）盧見曾輯　清乾隆二十年(1755)德州盧見曾雅雨堂石印本　四冊

130000－0442－0002142　02142
金石索十二卷首一卷　（清）馮雲鵬　（清）馮雲鵷輯　清光緒三十二年(1906)文新局石印本　十五冊

130000－0442－0002143　02143
金石索十二卷首一卷　（清）馮雲鵬　（清）馮雲鵷輯　清道光十五年(1835)石印本　十二冊

130000－0442－0002144　02144
金石圖不分卷　（清）褚峻摹圖　（清）牛運震說　清乾隆八年至十年(1743－1745)刻本　四冊

130000－0442－0002145　02145
金石文字辨異十二卷　（清）邢澍撰　清光緒十九年(1893)貴池劉世珩刻本　八冊

130000－0442－0002146　02146
金石文字辨異十二卷　（清）邢澍撰　清嘉慶十五年(1810)刻本　八冊

130000－0442－0002147　02147
金石屑不分卷　（清）鮑昌熙摹　清光緒二年(1876)影印本　八冊

130000－0442－0002148　02148
金石苑不分卷　（清）劉喜海撰　清道光二十六年(1846)影印本　六冊

130000－0442－0002149　02149
金石苑不分卷　（清）劉喜海撰　清道光二十六年(1846)劉氏來鳳堂刻本　八冊

130000－0442－0002150　02150
金石綜例四卷　（清）馮登府篹　（清）朱記榮校刊　清光緒十三年(1887)刻本　一冊

130000－0442－0002151　02151
金史一百三十五卷附語解十二卷　（元）脫脫等撰　清同治八年(1869)刻本　二十五冊

130000－0442－0002152　02152
金石索十二卷首一卷　（清）馮雲鵬　（清）馮雲鵷輯　清道光七年(1827)影印本　二十四冊

130000－0442－0002153　02153
金文雅十六卷　（清）莊仲方編　清光緒十七年(1891)江蘇書局刻本　四冊

130000－0442－0002154　02154
金文雅十六卷　（清）莊仲方編　清光緒十七年(1891)江蘇書局刻本　四冊

130000－0442－0002155　02155
金文雅十六卷　（清）莊仲方編　清道光二十一年(1841)刻本　四冊

130000－0442－0002156　02156
金文最六十卷　（清）張金吾輯　清光緒二十一年(1895)蘇州書局刻本　十六冊

130000－0442－0002157　02157
金文最六十卷　（清）張金吾輯　清光緒二十一年(1895)蘇州書局刻本　十六冊

130000－0442－0002158　02158
金淵集六卷　（元）仇遠撰　清乾隆四十年(1775)刻本　二冊

130000－0442－0002159　02159
金淵集六卷　（元）仇遠撰　清乾隆四十年(1775)刻本　二冊

130000－0442－0002160　02160
金源紀事詩八卷　（清）湯運泰撰　（清）湯顯業　（清）湯顯榦注　清同治十二年(1873)淮南書局刻本　四冊

130000－0442－0002161　02161
金忠節公文集八卷　（明）金聲撰　清光緒十四年(1888)黟縣李氏刻本　四冊

130000－0442－0002162　02162
津門雜記三卷　（清）張燾輯　清光緒十年(1884)刻本　三冊

130000－0442－0002163　02163
錦繡萬花谷前集四十卷後集四十卷續集四十

卷　（宋）□□著　明嘉靖十四年(1535)刻本
　　二十四冊

130000－0442－0002164　02164
近思錄十四卷　（宋）呂祖謙　（宋）朱熹著
　　（清）江永集注　清嘉慶十二年(1807)刻本
　　六冊

130000－0442－0002165　02165
晉二俊文集二十卷　（晉）陸機　（晉）陸雲撰
　　清順治十六年(1659)刻本　　八冊

130000－0442－0002166　02166
晉記六十八卷首一卷　（清）郭倫撰　清乾隆
　　五十一年(1786)刻本　　三十二冊

130000－0442－0002167　02167
晉畧六十六卷　（清）周濟譔　清光緒二年
　　(1876)味雋齋刻本　　十冊

130000－0442－0002168　02168
晉政輯要四十卷　（清）剛毅等修　（清）安頤
　　等纂　清光緒十四年(1888)刻本　　二十一冊
　　存二十五卷（九至十八、二十四至二十九、
　　三十二至四十）

130000－0442－0002169　02169
禁書總目一卷　（清）□□輯　清光緒九年
　　(1883)刻本　　二冊

130000－0442－0002170　02170
京畿金石考二卷　（清）孫星衍輯　清光緒十
　　三年(1887)刻本　　二冊

130000－0442－0002171　02171
京畿金石考二卷　（清）孫星衍輯　清光緒三
　　年(1877)湣喜齋刻本　　一冊

130000－0442－0002172　02172
京津拳匪紀畧前編二卷後編二卷庚子京津拳
匪紀畧八卷附圖　（清）僑析生　（清）繡雲氏
　　編　清光緒二十七年(1901)香港書局石印本
　　二冊　存二卷（京津拳匪紀畧前編二卷）

130000－0442－0002173　02173
京口山水志十八卷首一卷末一卷　（清）楊棨
　　撰　清宣統三年(1911)鉛印本　　四冊

130000－0442－0002174　02174
京口山水志十八卷首一卷末一首　（清）楊棨
　　撰　清道光二十七年(1847)刻本　　四冊

130000－0442－0002175　02175
荊駝逸史五十八種附一種　（清）陳湖逸士輯
　　清道光活字印本　　三十八冊

130000－0442－0002176　02176
經傳釋詞補一卷　（清）孫經世撰　清光緒十
　　一年(1885)刻本　　一冊

130000－0442－0002177　02177
經傳釋詞十卷　（清）王引之撰　清鉛印本
　　二冊

130000－0442－0002178　02178
經傳釋詞十卷　（清）王引之撰　清刻本　　四
　　冊

130000－0442－0002179　02179
經詞衍釋十卷補遺一卷　（清）吳昌瑩撰　清
　　同治十二年(1873)成都書局校刊刻本　　四冊

130000－0442－0002180　02180
經典釋文三十卷　（唐）陸德明撰　考證三十
卷　（清）盧文弨撰　清同治十三年(1874)成
都尊經書院刻本　　十五冊

130000－0442－0002181　02181
經典釋文三十卷　（唐）陸德明撰　清刻本
　　十二冊

130000－0442－0002182　02182
經典釋文三十卷　（唐）陸德明撰　清刻本
　　十冊

130000－0442－0002183　02183
經典釋文三十卷　（唐）陸德明撰　清同治八
　　年(1869)崇文書局刻本　　十冊

130000－0442－0002184　02184
經典釋文三十卷　（唐）陸德明撰　考證三十
卷　（清）盧文弨撰　清同治十三年(1874)成
都尊經書院刻本　　十冊

130000－0442－0002185　02185
經典釋文三十卷　（唐）陸德明撰　考證三十

卷 （清）盧文弨撰 清同治十年(1871)刻本
十二冊

130000－0442－0002186 02186
**經典釋文三十卷** （唐）陸德明撰 **考證三十
卷** （清）盧文弨撰 清同治八年(1869)湖北
崇文書局刻本 十二冊

130000－0442－0002187 02187
**經籍籑詁一百六卷首一卷** （清）阮元撰 清
光緒淮南書局補刻本 四十冊

130000－0442－0002188 02188
**經籍籑詁一百六卷首一卷** （清）阮元撰 清
光緒石印本 十二冊

130000－0442－0002189 02189
**經籍籑詁一百六卷首一卷** （清）阮元撰 清
光緒淮南書局補刻本 四十八冊

130000－0442－0002190 02190
**經籍籑詁一百六卷首一卷** （清）阮元撰 清
嘉慶十七年(1812)揚州阮元琅嬛仙館刻同治
淮南書局刻本 四十八冊

130000－0442－0002191 02191
**十三經集字摹本不分卷分畫便查一卷韻有經
無各字摘錄一卷** （清）彭玉雯撰 清刻本
六冊

130000－0442－0002192 02192
**經籍籑詁一百六卷首一卷** （清）阮元撰 清
光緒六年(1880)淮南書局補刻本 四十八冊

130000－0442－0002193 02193
**經籍籑詁一百六卷首一卷** （清）阮元撰 清
光緒六年(1880)淮南書局補刻本 四十八冊

130000－0442－0002194 02194
**經史百家簡編二卷** （清）曾國藩纂 （清）曾
國荃審訂 清同治十三年(1874)傳忠書局刻
本 二冊

130000－0442－0002195 02195
**經史百家簡編二卷** （清）曾國藩纂 （清）曾
國荃審訂 清同治十三年(1874)傳忠書局刻
本 二冊

130000－0442－0002196 02196
**經史百家雜鈔二十六卷** （清）曾國藩纂
(清)李鴻章校刊 清光緒二年(1876)傳忠書
局刻本 二十冊

130000－0442－0002197 02197
**經世要略五卷** （清）姚正父撰 清刻本 四
冊

130000－0442－0002198 02198
**經學源流考八卷** （清）甘鵬雲述 清光緒四
年(1878)甘氏崇雅堂鉛印本 三冊

130000－0442－0002199 02199
**經訓堂叢書二十一種** （清）畢沅輯 清光緒
十三年(1887)石印本 二十冊

130000－0442－0002200 02200
**經義考補正十二卷** （清）翁方綱撰 清乾隆
五十七年(1792)刻本 二冊

130000－0442－0002201 02201
**經義考三百卷** （清）朱彝尊編 清刻本 四
十八冊 缺二卷(二百九十九至三百)

130000－0442－0002202 02202
**經義考三百卷** （清）朱彝尊編 清刻本 四
十六冊 存二百九十八卷(一至二百九十八)

130000－0442－0002203 02203
**經義述聞三十二卷** （清）王引之撰 清道光
七年(1827)京師壽藤屋刻本 十六冊

130000－0442－0002204 02204
**經義述聞三十二卷** （清）王引之撰 清道光
七年(1827)春藤書屋刻本 二十四冊

130000－0442－0002205 02205
**經義述聞三十二卷** （清）王引之撰 清道光
七年(1827)京師壽藤屋刻本 十六冊

130000－0442－0002206 02206
**經韻樓集十二卷** （清）段玉裁撰 清光緒十
年(1884)秋樹根齋刻本 四冊

130000－0442－0002207 02207
**經字辨體八卷首一卷** （清）邱家煒撰 清光
緒七年(1881)二酉齋刻本 四冊

130000－0442－0002208　02208

四雪草堂重訂通俗隋唐演義二十卷一百回
(清)褚人獲著　清光緒二十二年(1896)賞奇
齋鑒本用西法影印本　十冊

130000－0442－0002209　02209

精選中外文獻策論匯海七十一卷　(清)鴻寶
齋書局編　清光緒二十八年(1902)鴻寶書局
石印本　二十四冊

130000－0442－0002210　02210

景詹闇遺文　(清)姚諶撰　清宣統三年
(1911)歸安陸氏刻本　一冊

130000－0442－0002211　02211

儆季雜著五種附二種　(清)黃以周撰　清光
緒二十年至二十一年(1894－1895)江蘇南菁
講舍刻本　十冊

130000－0442－0002212　02212

警富新書四卷四十回　(清)安和撰　清刻本
二冊

130000－0442－0002213　02213

淨土四經四卷　(清)魏承貫輯　清同治五年
(1866)刻本　一冊

130000－0442－0002214　02214

敬孚類稿十六卷　(清)蕭穆撰　清光緒三十
二年(1906)刻本　四冊

130000－0442－0002215　02215

敬躋堂叢書五種　(清)郭則澐編　清道光二
十七年(1847)藍印本　四冊

130000－0442－0002216　02216

敬吾心室彝器欵識不分卷　(清)朱善旂撰
清光緒三十四年(1908)影印本　二冊

130000－0442－0002217　02217

敬業堂詩集五十卷續集六卷　(清)查慎行撰
清康熙刻本　十冊

130000－0442－0002218　02218

敬齋古今黈八卷　(元)李冶撰　清道光刻本
二冊

130000－0442－0002219　02219

靖節先生集十卷首一卷末一卷年譜考異二卷
(晉)陶潛撰　(清)陶澍集注　清光緒九年
(1883)江蘇書局刻本　四冊

130000－0442－0002220　02220

靖節先生集十卷首一卷末一卷年譜考異二卷
(晉)陶潛撰　(清)陶澍集注　清光緒九年
(1883)江蘇書局刻本　四冊

130000－0442－0002221　02221

靖節先生集十卷首一卷末一卷年譜考異二卷
(晉)陶潛撰　(清)陶澍集注　清光緒九年
(1883)江蘇書局刻本　四冊

130000－0442－0002222　02222

靖節先生集十卷首一卷末一卷年譜考異二卷
(晉)陶潛撰　(清)陶澍集注　清道光二十
年(1840)刻本　四冊

130000－0442－0002223　02223

靖逆記六卷　(清)盛大士纂　清道光二年
(1822)刻本　二冊

130000－0442－0002224　02224

靜軒筆記一百二十卷　(清)劉秉璋撰　清光
緒刻本　四冊　存十九卷(一至十九)

130000－0442－0002225　02225

鏡花水月十二卷續集六卷　(清)隨園老人撰
清光緒石印本　六冊

130000－0442－0002226　02226

鏡江畫譜一卷　(清)馬濤繪　清光緒十一年
(1885)影印本　二冊

130000－0442－0002227　02227

九朝紀事本末　(清)陳如升　(清)朱記榮輯
清光緒二十八年(1902)上海書局石印本
五十四冊

130000－0442－0002228　02228

九朝野記四卷　(明)祝允明撰　清宣統三年
(1911)時中書局鉛印本　二冊

130000－0442－0002229　02229

九水山房文存二卷　(清)畢亨撰　清咸豐二
年(1852)海源閣刻本　一冊

130000－0442－0002230　02230

**舊唐書二百卷逸文十二卷校勘記六十六卷**
(后晉)劉昫等撰　（清）岑建功輯　（清）羅士琳等校勘　清道光二十三年至二十六年(1843－1846)懼盈齋刻同治十一年(1872)方濬頤重修本　六十二冊

130000－0442－0002231　02231

**舊唐書二百卷逸文十二卷校勘記六十六卷**
(后晉)劉昫等撰　（清）岑建功輯　（清）羅士琳等校勘　清道光二十三年至二十六年(1843－1846)懼盈齋刻同治十一年(1872)方濬頤重修本　三十二冊

130000－0442－0002232　02232

**舊五代史一百五十卷**　（宋）薛居正等撰　清嘉慶元年(1796)掃葉山房刻本　二十四冊

130000－0442－0002233　02233

**舊雨草堂詩八卷詩餘一卷**　（清）董元度撰清乾隆三十五年(1770)刻本　二冊

130000－0442－0002234　02234

**居官鑑二卷**　（清）黃燮清撰　清光緒七年(1881)刻本　一冊

130000－0442－0002235　02235

**居易錄三十四卷**　（清）王士禎著　清康熙四十年(1701)刻本　八冊

130000－0442－0002236　02236

**居易錄三十四卷**　（清）王士禎著　清康熙刻本　十冊

130000－0442－0002237　02237

**菊存樓詩鈔十一卷補遺一卷紀亂草一卷**
(清)李振堂撰　清宣統元年(1909)鉛印本一冊

130000－0442－0002238　02238

**舉貢考職同年齒錄不分卷**　（□）□□編　清光緒三十三年(1907)刻本　四冊

130000－0442－0002239　02239

**句餘土音三卷**　（清）全祖望撰　清嘉慶十九年(1814)刻本　二冊

130000－0442－0002240　02240

**聚學軒叢書五集六十種**　（清）劉世珩輯　清光緒貴池劉氏刻本　一百冊

130000－0442－0002241　02241

**卷施閣詩集二十卷文甲集十卷文乙集十卷附鮚軒詩八卷**　（清）洪亮吉撰　清乾隆二十四年(1759)刻本　十六冊

130000－0442－0002242　02242

**絕妙好詞箋七卷**　（宋）周密輯　（清）查為仁（清）厲鶚箋　**續抄一卷**　（清）余集輯　**又續抄一卷**　（清）徐楙補錄　清道光八年(1828)刻本　三冊

130000－0442－0002243　02243

**絕妙好詞箋七卷**　（宋）周密輯　（清）查為仁（清）厲鶚箋　**續抄一卷**　（清）余集輯　**又續抄一卷**　（清）徐楙補錄　清同治十一年(1872)會稽章壽康刻本　三冊

130000－0442－0002244　02244

**絕妙好詞箋七卷**　（宋）周密輯　（清）查為仁（清）厲鶚箋　**續抄一卷**　（清）余集輯　**又續抄一卷**　（清）徐楙補錄　清同治五年(1866)刻本　二冊

130000－0442－0002245　02245

**絕妙好詞箋七卷**　（宋）周密輯　（清）查為仁（清）厲鶚箋　**續抄一卷**　（清）余集輯　**又續抄一卷**　（清）徐楙補錄　清同治十一年(1872)會稽章壽康刻本　二冊

130000－0442－0002246　02246

**絕妙近詞六卷**　（清）孫麟趾選　清咸豐五年(1855)刻本　二冊

130000－0442－0002247　02247

**爵秩全覽不分卷新增爵秩全覽一卷中樞備覽二卷（光緒二十六年春季）**　清刻本　八冊

130000－0442－0002248　02248

**覺迷要錄四卷**　葉德輝輯　清光緒二十七年(1901)刻本　二冊

130000－0442－0002249　02249

覺生詩鈔十卷詠物詩鈔四卷　（清）鮑桂星撰
清嘉慶二十五年(1820)刻本　四冊

130000－0442－0002250　02250
攈古錄金文三卷　（清）吳式芬撰　清光緒二
十一年(1895)刻本　九冊

130000－0442－0002251　02251
開沙志二卷　（清）王錫極纂輯　（清）丁時濡
增修　（清）王之瑚刪訂　清康熙五十二年
(1713)刻本　二冊

130000－0442－0002252　02252
開禧德安守城錄一卷　（宋）王致遠編　清同
治七年(1868)瑞安孫氏刻本　一冊

130000－0442－0002253　02253
刊謬正俗八卷　（唐）顏師古撰　清光緒三年
(1877)湖北崇文書局刻本　一冊

130000－0442－0002254　02254
康對山先生文集十卷　（明）康海撰　（清）孫
景烈　（清）孟揚選　清乾隆二十六年(1761)
刻本　六冊

130000－0442－0002255　02255
康熙字典十二集三十六卷總目一卷撿字一卷
辨似一卷等韻一卷補遺一卷備考一卷　（清）
張玉書　（清）陳廷敬等撰　清康熙五十五年
(1716)武英殿刻本　四十冊

130000－0442－0002256　02256
康熙字典十二集三十六卷總目一卷撿字一卷
辨似一卷等韻一卷補遺一卷備考一卷　（清）
張玉書　（清）陳廷敬等撰　清刻本　四十冊

130000－0442－0002257　02257
康熙字典十二集三十六卷總目一卷撿字一卷
辨似一卷等韻一卷補遺一卷備考一卷　（清）
張玉書　（清）陳廷敬等撰　清光緒十年
(1884)點石齋石印本　六冊

130000－0442－0002258　02258
康熙字典十二集三十六卷總目一卷撿字一卷
辨似一卷等韻一卷補遺一卷備考一卷　（清）
張玉書　（清）陳廷敬等撰　清光緒十三年

(1887)點石齋石印本　三冊

130000－0442－0002259　02259
康熙字典十二集三十六卷總目一卷撿字一卷
辨似一卷等韻一卷補遺一卷備考一卷　（清）
張玉書　（清）陳廷敬等撰　清光緒十四年
(1888)上海圖書集成印書局鉛印本　十二冊

130000－0442－0002260　02260
康熙字典十二集三十六卷總目一卷撿字一卷
辨似一卷等韻一卷補遺一卷備考一卷　（清）
張玉書　（清）陳廷敬等撰　清光緒九年
(1883)上海同文書局石印本　六冊

130000－0442－0002261　02261
康熙字典十二集三十六卷總目一卷撿字一卷
辨似一卷等韻一卷補遺一卷備考一卷　（清）
張玉書　（清）陳廷敬等撰　清光緒十六年
(1890)鴻寶齋石印本　六冊

130000－0442－0002262　02262
康熙字典十二集三十六卷總目一卷撿字一卷
辨似一卷等韻一卷補遺一卷備考一卷　（清）
張玉書　（清）陳廷敬等撰　清光緒十三年
(1887)上海積山書局石印本　六冊

130000－0442－0002263　02263
康熙字典十二集三十六卷總目一卷撿字一卷
辨似一卷等韻一卷補遺一卷備考一卷　（清）
張玉書　（清）陳廷敬等撰　清道光七年
(1827)刻本　四十冊　缺一卷(等韻一卷)

130000－0442－0002264　02264
康熙字典十二集三十六卷總目一卷撿字一卷
辨似一卷等韻一卷補遺一卷備考一卷　（清）
張玉書　（清）陳廷敬等撰　清光緒三十二年
(1906)上海商務印書館銅活字印本　七冊
缺五卷(亥集三卷、補遺一卷、備考一卷)

130000－0442－0002265　02265
康熙字典十二集三十六卷總目一卷撿字一卷
辨似一卷等韻一卷補遺一卷備考一卷　（清）
張玉書　（清）陳廷敬等撰　清光緒三十二年
(1906)上海商務印書館銅活字印本　七冊

130000－0442－0002266　02266

康熙字典十二集三十六卷總目一卷撿字一卷
辨似一卷等韻一卷補遺一卷備考一卷 （清）
張玉書 （清）陳廷敬等撰 清光緒元年
(1875)刻本 四十册

130000－0442－0002267 02267

抗希堂十六種 （清）方苞撰 清康熙至嘉慶
刻本 六十三册 缺三種三卷（離騷經正義
一卷、望溪先生文不分卷、望溪先生文外集不
分卷）

130000－0442－0002268 02268

柯山集五十卷 （宋）張耒撰 清乾隆四十二
年(1777)福建刻道光同治遞修光緒二十一年
(1895)增刻本 十册

130000－0442－0002269 02269

可儀堂一百二十名家制義 （清）俞長城輯
清光緒二年(1876)刻本 四册

130000－0442－0002270 02270

空山堂全集九種附刊二種 （清）牛運震撰
清乾隆至嘉慶刻嘉慶二十三年(1818)空山堂
彙印本 十八册

130000－0442－0002271 02271

孔門師弟年表一卷後說一卷孟子時事年表一
卷後說一卷 （清）林春溥撰 清嘉慶二十一
年(1816)刻本 一册

130000－0442－0002272 02272

儀鄭堂駢體文三卷 （清）孔廣森撰 卷施閣
文甲集十卷續一卷補遺一卷乙集八卷續編一
卷詩二十卷 （清）洪亮吉撰 更生齋文甲集
四卷乙集四卷續集二卷詩八卷續集十卷附結
軒詩八卷 清光緒二十一年(1895)刻本 四
册 存十六卷(儀鄭堂駢體文三卷,卷施閣文
乙集八卷、續編一卷,更生齋文乙集四卷)

130000－0442－0002273 02273

孔孟編年 （清）狄子奇輯 清光緒十三年
(1887)浙江書局刻本 一册

130000－0442－0002274 02274

孔子改制考二十一卷 康有為撰 清光緒二
十四年(1898)上海大同譯書局石印本 十册

130000－0442－0002275 02275

匡謬正俗八卷 （唐）顏師古撰 清盧氏雅雨
堂刻本 一册

130000－0442－0002276 02276

詩經八卷 （宋）朱熹集傳 清光緒十年
(1884)刻本 四册

130000－0442－0002277 02277

書經六卷 （宋）蔡沈集傳 清光緒十二年
(1886)三義堂刻本 四册

130000－0442－0002278 02278

書經六卷 （宋）蔡沈集傳 清光緒藝德堂刻
本 四册

130000－0442－0002279 02279

愧訥集十二卷 （清）朱用純撰 清光緒八年
(1882)津河廣仁堂刻本 六册

130000－0442－0002280 02280

困學紀聞二十卷 （宋）王應麟撰 清同治九
年(1870)刻本 四册

130000－0442－0002281 02281

困學紀聞注二十卷 （清）翁元圻輯 清道光
五年(1825)刻本 十二册

130000－0442－0002282 02282

栝蒼金石志十二卷續志四卷 （清）李遇孫輯
（清）鄒柏森校補 （清）王尚參 （清）王
宗訓校 清同治十三年(1874)處州府署刻本
六册

130000－0442－0002283 02283

栝蒼金石志十二卷續志四卷 （清）李遇孫輯
（清）鄒柏森校補 （清）王尚參 （清）王
宗訓校 清光緒元年(1875)刻本 八册

130000－0442－0002284 02284

來雲閣詩六卷 （清）金和撰 清光緒十八年
(1892)刻本 二册

130000－0442－0002285 02285

郎潛紀聞初筆七卷二筆八卷三筆六卷 （清）
陳康祺撰 清宣統二年(1910)掃葉山房石印
本 十册

130000－0442－0002286　02286

**郎潛紀聞初筆七卷二筆八卷三筆六卷**　（清）
陳康祺撰　清宣統二年（1910）掃葉山房石印
本　十冊

130000－0442－0002287　02287

**郎潛紀聞十四卷二筆十六卷三筆十二卷**
（清）陳康祺著　清光緒六年（1880）刻本　六
冊　存十四卷（郎潛紀聞十四卷）

130000－0442－0002288　02288

**郎潛紀聞十四卷二筆十六卷三筆十二卷**
（清）陳康祺著　清光緒十年（1884）刻本　十
二冊　存十六卷（二筆十六卷）

130000－0442－0002289　02289

**浪迹三談六卷**　（清）梁章鉅撰　清光緒十年
（1884）刻本　六冊

130000－0442－0002290　02290

**樂府詩集一百卷**　（宋）郭茂倩編　清同治十
三年（1874）湖北崇文書局刻本　二十冊

130000－0442－0002291　02291

**樂善堂全集四十卷**　（清）高宗弘曆撰　清乾
隆二年（1737）刻本　二十四冊

130000－0442－0002292　02292

**樂書二百卷**　（宋）陳暘撰　清光緒二年
（1876）刻本　四冊

130000－0442－0002293　02293

**[光緒]樂亭縣志十五卷首一卷末一卷**　（清）
蔡志修等修　（清）史夢蘭纂　清光緒三年
（1877）刻本　六冊

130000－0442－0002294　02294

**類篇四十五卷**　（宋）司馬光撰　清光緒二年
（1876）川東官舍刻本　十五冊

130000－0442－0002295　02295

**山堂肆考二百二十八卷補遺十二卷**　（明）彭
大翼纂著　（明）張幼學編輯　明萬曆四十七
年（1619）刻本　八十冊

130000－0442－0002296　02296

**冷紅軒詩集二卷附詞一卷**　（清）百保友蘭著

清光緒元年（1875）刻本　一冊

130000－0442－0002297　02297

**離騷草木史九卷離騷拾細一卷**　（明）周拱辰
撰　清嘉慶八年（1803）刻本　四冊

130000－0442－0002298　02298

**離騷草木疏四卷**　（宋）吳仁傑疏　清光緒三
年（1877）湖北崇文書局刻本　一冊

130000－0442－0002299　02299

**離騷草木疏四卷**　（宋）吳仁傑疏　清乾隆四
十五年（1780）知不足齋刻本　三冊

130000－0442－0002300　02300

**離騷集傳一卷**　（宋）錢杲之集傳　清光緒三
十年（1904）影刻宋本　一冊

130000－0442－0002301　02301

**離騷集傳一卷**　（宋）錢杲之集傳　**離騷箋二
卷**　（清）龔景瀚撰　清光緒三年（1877）湖北
崇文書局刻本　一冊

130000－0442－0002302　02302

**離騷經正義一卷**　（清）方苞撰　清刻本　一
冊

130000－0442－0002303　02303

**離騷經正義一卷附史記注補正一卷**　（清）方
苞撰　清刻本　一冊

130000－0442－0002304　02304

**離騷注一卷**　（清）王樹柟撰　清光緒刻本
一冊

130000－0442－0002305　02305

**李長吉昌谷集句解定本四卷**　（唐）李賀撰
（清）姚佺箋閱　清刻本　四冊

130000－0442－0002306　02306

**李長吉歌詩四卷首一卷外集一卷**　（唐）李賀
撰　（清）王琦彙注　清宣統元年（1909）掃葉
山房石印本　四冊

130000－0442－0002307　02307

**李長吉歌詩四卷首一卷外集一卷**　（唐）李賀
撰　（清）王琦彙解　清乾隆二十五年（1760）
刻本　二冊

130000 – 0442 – 0002308　02308

**李長吉歌詩四卷首一卷外集一卷**　（唐）李賀撰　（清）王琦彙解　清光緒四年（1878）宏達堂刻本　四冊

130000 – 0442 – 0002309　02309

**李長吉集四卷外集一卷**　（宋）黃陶菴評（清）黎二樵批點　清光緒十八年（1892）刻朱墨套印本　二冊

130000 – 0442 – 0002310　02310

**李長吉集四卷外集一卷**　（宋）黃陶菴評（清）黎二樵批點　清光緒十八年（1892）刻朱墨套印本　二冊

130000 – 0442 – 0002311　02311

**李鴻章十二章**　梁啓超撰　清光緒二十七年（1901）石印本　二冊

130000 – 0442 – 0002312　02312

**漢詩音註十卷**　（清）李因篤評　清光緒六年（1880）今雨樓刻本　二冊

130000 – 0442 – 0002313　02313

**李空同詩集三十三卷**　（明）李夢陽撰　清宣統二年（1910）掃葉山房石印本　十冊

130000 – 0442 – 0002314　02314

**李詩直解六卷**　（清）朱崑　（清）沈寅補輯　清乾隆四十年（1775）刻本　六冊

130000 – 0442 – 0002315　02315

**李氏蒙求補注六卷**　（唐）李瀚撰　（清）金三俊補注　清道光九年（1829）刻本　二冊

130000 – 0442 – 0002316　02316

**李氏五種合刊二十八卷**　（清）李兆洛輯（清）六嚴等編集　清光緒十四年（1888）合肥李鴻章刻本　十二冊

130000 – 0442 – 0002317　02317

**李氏音鑑六卷**　（清）李汝珍撰　清嘉慶十五年（1810）刻本　四冊

130000 – 0442 – 0002318　02318

**李氏音鑑六卷**　（清）李汝珍撰　清同治七年（1868）刻本　四冊

130000 – 0442 – 0002319　02319

**李恕谷先生年譜五卷**　（清）馮辰纂　清道光十六年（1836）刻本　四冊

130000 – 0442 – 0002320　02320

**李太白詩醇五卷**　（日本）近藤元粹選評　清光緒三十四年（1908）日本鉛印本　五冊

130000 – 0442 – 0002321　02321

**李太白文集輯注三十六卷**　（清）王琦輯注　清乾隆二十四年（1759）刻本　十六冊

130000 – 0442 – 0002322　02322

**李太白文集三十卷**　（唐）李白撰　清康熙五十六年（1717）刻本　四冊

130000 – 0442 – 0002323　02323

**李太白文集三十卷**　（唐）李白撰　清光緒十四年（1888）湖北官書處刻本　四冊

130000 – 0442 – 0002324　02324

**李太白文集三十六卷**　（唐）李白撰　（清）王琦輯注　清乾隆二十四年（1759）刻本　二十四冊

130000 – 0442 – 0002325　02325

**李文忠公朋僚函稿二十四卷**　（清）李鴻章撰　清光緒二十八年（1902）保定蓮池書社鉛印本　十二冊

130000 – 0442 – 0002326　02326

**李文忠公全集一百六十五卷首一卷**　（清）李鴻章著　（清）吳汝綸編　清光緒三十一年至三十四年（1905－1908）刻本　一百冊

130000 – 0442 – 0002327　02327

**李義山詩集三卷詩譜一卷諸家詩評一卷**（唐）李商隱撰　（清）朱鶴齡箋注　（清）沈厚塽輯評　清同治九年（1870）廣州倅署刻三色套印本　四冊

130000 – 0442 – 0002328　02328

**李義山詩集三卷詩譜一卷諸家詩評一卷**（唐）李商隱撰　（清）朱鶴齡箋注　（清）沈厚塽輯評　清同治九年（1870）廣州倅署刻三色套印本　四冊

130000－0442－0002329　02329

**李義山詩集三卷詩譜一卷諸家詩評一卷**
（唐）李商隱撰　（清）朱鶴齡箋注　（清）沈厚塽輯評　清同治九年(1870)廣州倅署刻三色套印本　四冊

130000－0442－0002330　02330

**李義山詩集三卷**　（唐）李商隱撰　清宣統元年(1909)石印本　二冊

130000－0442－0002331　02331

**李忠定公別集三種十卷**　（宋）李綱撰　清光緒十年(1884)邵武徐氏刻本　二冊

130000－0442－0002332　02332

**李忠武公書牘二卷附錄一卷奏疏一卷附褒節錄一卷**　（清）李續賓撰　清光緒十七年(1891)甌江巡署刻本　四冊

130000－0442－0002333　02333

**李卓吾批點世說新語補二十卷**　（南朝宋）劉義慶撰　（南朝梁）劉孝標注　（明）何良俊增　（明）李贄批點　明萬曆八年(1580)刻本　十冊

130000－0442－0002334　02334

**理學須知不分卷**　（英國）傅蘭雅著　清光緒二十四年(1898)刻本　一冊

130000－0442－0002335　02335

**理學宗傳二十六卷**　（清）孫奇逢輯　（清）魏一鰲　（清）孫立雅編　清光緒六年(1880)浙江書局刻本　十二冊

130000－0442－0002336　02336

**禮部遺集七種九卷**　（清）黃富民輯　清同治九年(1870)刻本　三冊

130000－0442－0002337　02337

**禮記二十卷**　（漢）鄭玄注　清乾隆五十三年(1788)刻本　十冊

130000－0442－0002338　02338

**禮記二十卷**　（漢）鄭玄注　清乾隆五十三年(1788)刻本　八冊

130000－0442－0002339　02339

**禮記十卷**　（元）陳澔集說　清敬文堂刻本　十冊

130000－0442－0002340　02340

**禮記十卷**　（元）陳澔集說　清同治五年(1866)江蘇金陵書局刻本　十冊

130000－0442－0002341　02341

**禮記十卷**　（元）陳澔集說　清同治五年(1866)江蘇金陵書局刻本　十冊

130000－0442－0002342　02342

**禮記十卷**　（元）陳澔集說　清光緒四年(1878)刻本　十冊

130000－0442－0002343　02343

**禮記十卷**　（元）陳澔集說　清刻本　十冊

130000－0442－0002344　02344

**禮書通故五十篇一百卷**　（清）黃以周述　清光緒十九年(1893)黃氏試館刻本　三十二冊

130000－0442－0002345　02345

**禮說十四卷附大學說一卷**　（清）惠士奇撰　清嘉慶三年(1798)蘭陔書屋刻本　八冊

130000－0442－0002346　02346

**笠翁一家言全集十六卷**　（清）李漁撰　（清）沈心友　（清）李將舒訂　清雍正芥子園刻本　十六冊

130000－0442－0002347　02347

**笠翁一家言全集十六卷**　（清）李漁撰　（清）沈心友　（清）李將舒訂　清雍正芥子園刻本　二十冊

130000－0442－0002348　02348

**笠翁一家言全集十六卷**　（清）李漁撰　（清）沈心友　（清）李將舒訂　清雍正芥子園刻本　十六冊

130000－0442－0002349　02349

**笠翁一家言全集十六卷**　（清）李漁撰　（清）沈心友　（清）李將舒訂　清雍正芥子園刻本　十八冊

130000－0442－0002350　02350

**[光緒]溧水縣志二十二卷首一卷**　（清）蔣啟

勋　（清）趙佑宸修　（清）傅觀光　（清）施
春膏纂　清光緒九年(1883)刻本　十二冊

130000－0442－0002351　02351

**歷朝紀事本末七種**　（清）陳如升　（清）朱記
榮輯　清光緒十四年(1888)上海書業公所鉛
印本　二十冊

130000－0442－0002352　02352

**歷朝詩約選九十三卷**　（清）劉大櫆纂　清光
緒二十一年至二十三年(1895－1897)文徵閣
刻本　二十四冊

130000－0442－0002353　02353

**歷代邊事彙鈔十二卷**　（清）朱克敬編輯
（清）江孝棠參訂　清光緒二十八年(1902)上
海捷記書局石印本　四冊

130000－0442－0002354　02354

**歷代地理志韻編今釋二十卷附皇朝輿地韻編
二卷**　（清）李兆洛輯　（清）六嚴等編集　清
同治十年(1871)合肥李氏刻本　九冊

130000－0442－0002355　02355

**歷代地理志韻編今釋二十卷附皇朝輿地韻編
二卷**　（清）李兆洛輯　（清）六嚴等編集　清
同治十年(1871)合肥李氏刻本　八冊

130000－0442－0002356　02356

**歷代帝王年表三卷**　（清）齊召南編　清光緒
十二年(1886)掃葉山房刻本　三冊

130000－0442－0002357　02357

**歷代帝王年表不分卷**　（清）齊召南編　清道
光四年(1824)刻本　三冊

130000－0442－0002358　02358

**歷代名臣言行錄二十四卷**　（清）朱桓撰
（清）潘永季校定　清光緒十七年(1891)廣百
宋齋刻本　十二冊

130000－0442－0002359　02359

**歷代名臣奏議選三十卷**　（清）趙承恩輯　清
同治十年至十二年(1871－1873)紅杏山房刻
本　二十四冊

130000－0442－0002360　02360

**歷代名人年譜十卷附存疑及生卒年月無攷一
卷**　（清）吳榮光撰　（清）瞿樹辰　（清）吳
彌光編校　清咸豐二年(1852)刻本　十冊

130000－0442－0002361　02361

**歷代史略鼓詞二卷**　（清）賈梟西撰　清刻本
一冊

130000－0442－0002362　02362

**歷代史略六卷**　（清）柳詒徵編纂　清光緒三
十一年(1905)中新書局刻本　八冊

130000－0442－0002363　02363

**歷代史論十二卷宋史論三卷元史論一卷**
（明）張溥著　**左傳史論二卷**　（清）高士奇撰
**明史論四卷**　（清）谷應泰撰　清光緒五年
(1879)刻本　八冊

130000－0442－0002364　02364

**歷代史論十二卷宋史論三卷元史論一卷**
（明）張溥著　**左傳史論二卷**　（清）高士奇撰
**明史論四卷**　（清）谷應泰撰　清光緒五年
(1879)刻本　八冊

130000－0442－0002365　02365

**歷代史論十二卷宋史論三卷元史論一卷**
（明）張溥著　**左傳史論二卷**　（清）高士奇撰
**明史論四卷**　（清）谷應泰撰　清光緒十三
年(1887)刻本　八冊

130000－0442－0002366　02366

**歷代史論一編四卷**　（明）張溥著　清光緒五
年(1879)敏德堂刻本　四冊

130000－0442－0002367　02367

**歷代史論一編四卷**　（明）張溥著　清光緒十
八年(1892)學海堂刻本　二冊

130000－0442－0002368　02368

**歷代史事論海三十二卷**　（清）□□撰　清光
緒二十八年(1902)石印本　三十二冊

130000－0442－0002369　02369

**歷代同姓名錄二十二卷補遺一卷**　（清）劉長
華輯　清光緒五年(1879)刻本　六冊

130000－0442－0002370　02370

歷代循吏傳八卷　（清）朱軾　（清）蔡世遠訂　（清）張福昶分纂　清雍正七年(1729)刻本　二冊

130000－0442－0002371　02371

歷代輿地沿革險要圖一卷　楊守敬　（清）饒敦秩撰　清光緒三十二年至宣統三年(1906－1911)刻本　三十二冊

130000－0442－0002372　02372

歷代輿地沿革險要圖一卷　楊守敬　（清）饒敦秩撰　清光緒五年(1879)東湖饒氏刻朱墨套印本　一冊

130000－0442－0002373　02373

歷代輿地沿革險要圖一卷　楊守敬　（清）饒敦秩撰　清光緒五年(1879)東湖饒氏刻朱墨套印本　一冊

130000－0442－0002374　02374

歷代輿地沿革險要圖一卷　楊守敬　（清）饒敦秩撰　清光緒二十四年(1898)江南王氏石印本　一冊

130000－0442－0002375　02375

歷代職官表六卷　（清）黃本驥輯　清光緒六年(1880)膽詰齋刻本　二冊

130000－0442－0002376　02376

歷代職官表六卷　（清）黃本驥輯　清光緒六年(1880)膽詰齋刻本　四冊

130000－0442－0002377　02377

歷代鐘鼎彝器款識法帖二十卷　（宋）薛尚功撰　清嘉慶二年(1797)刻本　四冊

130000－0442－0002378　02378

歷代鐘鼎彝器款識法帖二十卷　（宋）薛尚功撰　清嘉慶二年(1797)刻本　四冊

130000－0442－0002379　02379

歷科鼎甲策不分卷　（清）張謇編　清光緒二十年(1894)刻本　十冊

130000－0442－00C2380　02380

隸辨八卷　（清）顧藹吉撰　清同治十二年(1873)刻本　八冊

130000－0442－0002381　02381

隸辨八卷　（清）顧藹吉撰　清康熙五十七年(1718)刻本　十六冊

130000－0442－0002382　02382

隸法彙纂十卷　（清）項懷撰　清乾隆四十五年(1780)刻本　四冊

130000－0442－0002383　02383

隸經雜箸甲編二卷乙編二卷　（清）顧震福撰　清光緒十八年(1892)刻本　二冊

130000－0442－0002384　02384

隸篇不分卷　（清）翟文泉編　清道光十八年(1838)刻本　十冊

130000－0442－0002385　02385

隸篇不分卷　（清）翟文泉編　清道光十八年(1838)刻本　十冊

130000－0442－0002386　02386

隸釋二十七卷隸續二十一卷　（宋）洪适編　清同治十年至十一年(1871－1872)皖南洪氏晦木齋刻本　八冊

130000－0442－0002387　02387

隸釋二十七卷隸續二十一卷　（宋）洪适編　清同治十年至十一年(1871－1872)皖南洪氏晦木齋刻本　八冊

130000－0442－0002388　02388

麗廔叢書八種　葉德輝輯　清光緒三十三年(1907)刻本　八冊

130000－0442－0002389　02389

連筠簃叢書十二種　（清）楊尚文輯　清道光二十八年(1848)靈石楊氏刻本　三十六冊

130000－0442－0002390　02390

廉立堂文集十二卷　（清）衛既齊撰　清乾隆四十年(1775)刻本　六冊

130000－0442－0002391　02391

蓮洋集二十卷附錄一卷　（清）吳雯撰　清乾隆三十九年(1774)刻本　六冊

130000－0442－0002392　02392

濂洛關閩書十九卷　（清）張伯行集解　清康

熙四十八年(1709)正誼堂刻本 四冊

130000－0442－0002393 02393
**梁溪先生文集一百八十卷附錄六卷** （宋）李綱撰 清刻本 四十冊

130000－0442－0002394 02394
**梁園風雅三十七卷** （明）趙彥復撰 清康熙刻本 八冊

130000－0442－0002395 02395
**文選六十卷** （南朝梁）蕭統撰 （唐）李善注 清乾隆十一年(1746)汲古閣刻本 六冊 存二十三卷(一至二十、二十五至二十七)

130000－0442－0002396 02396
**兩般秋雨盦隨筆八卷** （清）梁紹壬撰 清光緒十年(1884)吉華室刻本 八冊

130000－0442－0002397 02397
**兩般秋雨盦隨筆八卷** （清）梁紹壬撰 清道光十七年(1837)振綺堂刻本 八冊

130000－0442－0002398 02398
**兩當軒集二十二卷攷異二卷附錄六卷補遺二卷** （清）黃景仁撰 清光緒二年(1876)刻本 六冊

130000－0442－0002399 02399
**兩當軒集二十卷攷異二卷附錄六卷** （清）黃景仁撰 清乾隆四十年(1775)集珍齋刻本 八冊

130000－0442－0002400 02400
**兩當軒全集二十二卷附錄四卷** （清）黃景仁撰 清光緒二年(1876)刻本 六冊

130000－0442－0002401 02401
**兩當軒詩鈔十四卷悔存詞鈔二卷** （清）黃景仁著 （清）趙希璜校 清嘉慶四年(1799)刻本 二冊

130000－0442－0002402 02402
**兩漢博聞十二卷** （宋）楊侃編 清咸豐十年(1860)刻本 六冊

130000－0442－0002403 02403
**兩漢策要十二卷** （宋）陶叔獻輯 清光緒十

三年(1887)石印本 八冊 存十一卷(一至二、四至十二)

130000－0442－0002404 02404
**兩漢紀六十卷** （宋）王銍輯 **兩漢字句異同一卷** （清）蔣國祚撰 清康熙三十五年(1696)刻本 十四冊

130000－0442－0002405 02405
**兩漢紀六十卷** （宋）王銍輯 清光緒五年(1879)旰南三餘書屋刻本 十六冊

130000－0442－0002406 02406
**兩漢紀六十卷** （宋）王銍輯 **校記二卷** （清）陳璞撰 清光緒二年(1876)嶺南學海堂刻本 十四冊

130000－0442－0002407 02407
**兩漢紀六十卷** （宋）王銍輯 清光緒五年(1879)旰南三餘書屋刻本 十四冊

130000－0442－0002408 02408
**兩漢書選三卷** （明）趙南星輯 明天啓元年(1621)刻本 六冊

130000－0442－0002409 02409
**兩漢韻珠十卷** （清）吳章灃撰 清光緒十八年(1892)刻本 十冊

130000－0442－0002410 02410
**兩罍軒尺牘八卷** （清）吳雲著 清宣統二年(1910)上海時中書局石印本 四冊

130000－0442－0002411 02411
**兩浙輶軒續錄五十四卷補六卷** （清）潘衍桐訂 清光緒十七年(1891)浙江書局刻本 五十一冊

130000－0442－0002412 02412
**聊齋詞不分卷** （清）蒲松齡著 清宣統二年(1910)國學扶輪社鉛印本 一冊

130000－0442－0002413 02413
**聊齋志異新評十六卷** （清）蒲松齡著 （清）王士正評 （清）但明倫新評 清道光二十二年(1842)廣順但氏刻本 十六冊

130000－0442－0002414 02414

聊齋志異新評十六卷　（清）蒲松齡著　（清）王士正評　（清）但明倫新評　清刻本　十六冊

130000－0442－0002415　02415

聊齋志異新評十六卷　（清）蒲松齡著　（清）王士正評　（清）但明倫新評　清道光二十二年(1842)廣順但氏刻本　十四冊

130000－0442－0002416　02416

遼代文學考二卷　（清）黃任恆著　清光緒三十一年(1905)刻本　一冊

130000－0442－0002417　02417

遼史紀事本末四十卷金史紀事本末五十二卷　（清）李有棠編纂　清光緒十九年(1893)同文書局石印本　五冊

130000－0442－0002418　02418

遼史拾遺補五卷　（清）楊復吉輯　清光緒三年(1877)江蘇書局刻本　二冊

130000－0442－0002419　02419

遼史拾遺二十四卷　（清）厲鶚撰　清光緒元年(1875)江蘇書局刻本　八冊

130000－0442－0002420　02420

遼史拾遺二十四卷　（清）厲鶚撰　清道光元年(1821)錢塘汪氏刻本　八冊

130000－0442－0002421　02421

遼文萃七卷藝文志補證一卷西夏文綴二卷藝文志一卷　（清）王仁俊輯　清光緒三十年(1904)刻本　一冊

130000－0442－0002422　02422

遼文存六卷　繆荃孫輯　清光緒二十二年(1896)刻本　二冊

130000－0442－0002423　02423

遼文存六卷　繆荃孫輯　清光緒二十二年(1896)刻本　二冊

130000－0442－0002424　02424

列國變通興盛記四卷　（英國）李提摩太著　清光緒二十四年(1898)上海廣學會鉛印本　一冊

130000－0442－0002425　02425

列國政要一百三十三卷　（清）戴鴻慈　（清）端方輯　清光緒三十三年(1907)石印本　三十二冊

130000－0442－0002426　02426

列女傳八卷　（漢）劉向撰　（清）梁端校注　清光緒十七年(1891)刻本　四冊

130000－0442－0002427　02427

林和靖詩集四卷拾遺一卷附錄一卷　（宋）林逋撰　清同治十二年(1873)長洲朱氏刻本　一冊

130000－0442－0002428　02428

林蘭香六十四回　（清）隨緣下士撰　清光緒二十三年(1897)鉛印本　八冊

130000－0442－0002429　02429

林文忠公政書三十七卷　（清）林則徐撰　清光緒二年(1876)刻本　十冊

130000－0442－0002430　02430

[光緒]臨榆縣志二十四卷首一卷　（清）游智開　（清）趙允祐修　（清）高錫疇纂　清光緒四年(1878)刻本　五冊

130000－0442－0002431　02431

麟角集二卷　（唐）王棨撰　清刻本　一冊　存一卷(下)

130000－0442－0002432　02432

麟洲雜著四卷　（清）錢贊黃撰　清光緒二十四年(1898)刻本　四冊

130000－0442－0002433　02433

靈芬館詞七卷補遺一卷　（清）郭麐撰　納蘭詞五卷　（清）納蘭性德撰　清光緒五年至六年(1879－1880)娛園刻本　四冊

130000－0442－0002434　02434

[光緒]靈石縣志二卷　（清）謝均修　（清）白星煒纂　清光緒元年(1875)靈石縣衙刻本　二冊

130000－0442－0002435　02435

[康熙]靈壽縣志十卷末一卷　（清）陸隴其修

（清）傅維橒纂　清康熙二十四年（1685）刻本　四冊

130000－0442－0002436　02436
**嶺南三大家詩選二十四卷**　（清）王隼撰　清道光十九年（1839）刻本　三冊

130000－0442－0002437　02437
**嶺南逸史十卷二十八回**　（清）花溪逸士編　清同治刻本　七冊　缺三回（九至十一）

130000－0442－0002438　02438
**憑山閣增定留青全集二十四卷**　（清）陳枚選輯　清康熙二十三年（1684）刻本　二十四冊

130000－0442－0002439　02439
**劉賓客文集三十卷外集十卷**　（唐）劉禹錫撰　清光緒三十一年（1905）仁和朱氏刻本　五冊

130000－0442－0002440　02440
**劉孟塗前集十卷後集二十二卷文集十卷駢體文二卷**　（清）劉開撰　清道光六年（1826）檗山草堂刻本　八冊

130000－0442－0002441　02441
**劉壯肅公奏議十卷首一卷**　（清）劉銘傳撰　清光緒三十二年（1906）鉛印本　六冊

130000－0442－0002442　02442
**柳河東全集四十五卷外集五卷遺文一卷附錄一卷**　（唐）柳宗元撰　（明）蔣之翹輯注　（清）楊挺理重刊　清道光十九年（1839）刻本　二十冊

130000－0442－0002443　02443
**六朝事迹編類十四卷**　（宋）張敦頤撰　（清）李濱校刊　清光緒十三年（1887）刻本　四冊

130000－0442－0002444　02444
**六朝四家全集十八卷附采輯歷朝詩話辨偽考異一卷**　（清）胡鳳丹校訂　清同治九年（1870）退補齋刻本　八冊

130000－0442－0002445　02445
**六朝四家全集四種十五卷附采輯歷朝詩話辨譌考異坩一卷**　（清）胡鳳丹輯　清同治九年

（1870）退補齋刻本　八冊

130000－0442－0002446　02446
**六朝文絜四卷**　（清）許槤評選　（清）朱鈞參校　清道光五年（1825）刻朱墨套印本　二冊

130000－0442－0002447　02447
**六朝文絜箋注十二卷**　（清）許槤評選　（清）黎經誥箋注　清光緒十五年（1889）枕溢書屋刻本　四冊

130000－0442－0002448　02448
**六朝文絜箋注十二卷**　（清）許槤評選　（清）黎經誥箋注　清光緒十五年（1889）刻本　四冊

130000－0442－0002449　02449
**六朝文絜四卷**　（清）許槤評選　（清）朱鈞參校　清光緒三年（1877）刻朱墨套印本　二冊

130000－0442－0002450　02450
**六臣註文選六十卷**　（南朝梁）蕭統撰　（唐）李善等註　清康熙二十四年（1685）刻本　三十二冊

130000－0442－0002451　02451
**六經圖二十四卷**　（清）鄭之橋編輯　清乾隆九年（1744）刻本　十二冊

130000－0442－0002452　02452
**六如居士全集七卷補遺一卷外集六卷制義一卷畫譜三卷花隝聯吟五卷**　（明）唐寅著　（清）唐仲冕編　（清）魏標校　**墨亭新賦一卷**　（清）錢大昕著　清嘉慶六年（1801）刻本　六冊

130000－0442－0002453　02453
**六書分類十二卷首一卷**　（清）傅世垚撰　清乾隆五十四年（1789）刻本　十二冊　缺一卷（六）

130000－0442－0002454　02454
**六書分類十二卷首一卷**　（清）傅世垚撰　清乾隆五十四年（1789）刻本　十三冊

130000－0442－0002455　02455
**六書故三十三卷通釋一卷**　（宋）戴侗撰

（清）李鼎元校刊　清乾隆四十九年（1784）李鼎元北京刻本　十六冊

130000－0442－0002456　02456

六書叚借經徵四卷　（清）朱駿聲撰　清光緒十八年（1892）金陵刻本　三冊

130000－0442－0002457　02457

六書叚借經徵四卷　（清）朱駿聲撰　清光緒十八年（1892）金陵刻本　二冊

130000－0442－0002458　02458

六書十二聲傳不分卷　（清）呂調陽述　清光緒十四年（1888）刻本　八冊

130000－0442－0002459　02459

六書十二聲傳不分卷　（清）呂調陽述　清光緒十四年（1888）刻本　十冊

130000－0442－0002460　02460

六書通十卷　（明）閔齊伋撰　（清）畢弘述訂　清光緒四年（1878）繡谷三餘堂刻本　五冊

130000－0442－0002461　02461

六書通十卷　（明）閔齊伋撰　（清）畢弘述訂　清光緒四年（1878）繡谷三餘堂刻本　五冊

130000－0442－0002462　02462

六書通十卷　（明）閔齊伋撰　（清）畢弘述訂　清上海鴻寶齋石印本　五冊

130000－0442－0002463　02463

六書系韻二十四卷檢字二卷　（清）李貞芥輯　清光緒十六年（1890）刻本　二十四冊

130000－0442－0002464　02464

六書音均表五卷　（清）段玉裁撰　清同治十一年（1872）湖北崇文書局刻本　二冊

130000－0442－0002465　02465

韻徵十六卷　（清）安吉纂輯　清嘉慶十二年（1807）刻本　五冊

130000－0442－0002466　02466

六書正譌五卷　（元）周伯琦注　元至正十一年（1351）刻本　三冊

130000－0442－0002467　02467

六藝綱目二卷　（元）舒天民述　（元）舒恭注　（明）趙宜中附注　清咸豐三年（1853）海淵閣刻本　二冊

130000－0442－0002468　02468

六藝綱目二卷　（元）舒天民述　（元）舒恭注　（明）趙宜中附注　清咸豐三年（1853）海淵閣刻本　四冊

130000－0442－0002469　02469

六藝堂詩禮七編十六卷　（清）丁晏撰　清咸豐二年（1852）海源閣刻本　十冊

130000－0442－0002470　02470

龍璧山房詩草六卷　（清）王拯撰　清咸豐九年（1859）刻本　一冊

130000－0442－0002471　02471

龍璧山房文集八卷　（清）王拯撰　清光緒七年（1881）刻本　二冊

130000－0442－0002472　02472

宋簽判龍川陳先生文鈔二卷　（宋）陳亮撰　（清）余肇鈞編訂　清同治二年（1863）刻本　一冊

130000－0442－0002473　02473

龍川文集三十卷辨譌考異二卷　（宋）陳亮著　清光緒元年（1875）崇文書局刻本　十冊

130000－0442－0002474　02474

龍岡山人古文鈔十卷詩鈔十八卷駢體文鈔四卷古今體詩鈔二卷　（清）洪良品撰　清光緒四年至十七年（1878－1891）刻本　十冊

130000－0442－0002475　02475

龍龕手鑑四卷　（遼）釋行均撰　清刻本　六冊

130000－0442－0002476　02476

樓邨詩集二十五卷　（清）王式丹撰　清雍正四年（1726）刻本　四冊

130000－0442－0002477　02477

陋軒詩集十二卷詩續二卷　（清）吳嘉紀撰　清道光二十年（1840）刻本　四冊

130000－0442－0002478　02478

**盧奮海外文編四卷**　(清)薛福成撰　清光緒二十二年(1896)石印本　二冊

130000－0442－0002479　02479
**魯詩遺說攷六卷敘錄一卷**　(清)陳壽祺撰　清道光十八年(1838)刻本　十冊

130000－0442－0002480　02480
**陸桴亭先生遺書二十二種**　(清)陸世儀撰　清光緒二十五年(1899)太倉唐受祺京師刻本　十八冊　缺二種三卷(論學酬答三至四、尊道先生年譜一卷)

130000－0442－0002481　02481
**陸象山先生文集三十六卷**　(宋)陸九淵撰　(清)李紱評點　(清)陸邦瑞刊　**附錄少湖徐先生學則辯一卷**　(明)徐階撰　清道光三年(1823)刻本　十二冊

130000－0442－0002482　02482
**陸宣公翰苑集二十四卷**　(清)張佩芳注釋　清乾隆三十三年(1768)刻本　六冊

130000－0442－0002483　02483
**菉友蛾術編二卷禹貢正字一卷**　(清)王筠撰　(清)孫藍田校　清咸豐十年(1860)刻本　二冊

130000－0442－0002484　02484
**鹿忠節公集二十一卷**　(明)鹿善繼撰　清刻本　六冊

130000－0442－0002485　02485
**鹿洲全集八種四十三卷**　(清)藍鼎元著　(清)曠敏本評　清刻本　二十四冊

130000－0442－0002486　02486
**鹿洲全集八種四十三卷**　(清)藍鼎元著　(清)曠敏本評　清光緒五年(1879)刻本　二十四冊

130000－0442－0002487　02487
**鹿洲全集八種四十三卷**　(清)藍鼎元著　(清)曠敏本評　清光緒五年(1879)刻本　二十四冊

130000－0442－0002488　02488
**鹿洲全集八種四十三卷**　(清)藍鼎元著　(清)曠敏本評　清雍正十年(1732)刻本　二十四冊

130000－0442－0002489　02489
**路史四十七卷**　(宋)羅泌撰　(宋)羅苹注　(明)喬可傳校刊　明萬曆三十九年(1611)刻本　二十冊

130000－0442－0002490　02490
**閭邱詩集十卷**　(清)顧嗣立撰　清康熙三十四年(1695)刻本　二冊

130000－0442－0002491　02491
**呂晚邨先生四書講義四十三卷**　(清)呂留良撰　(清)陳鏦編　清康熙二十五年(1686)刻本　十二冊

130000－0442－0002492　02492
**呂晚邨手書家訓五卷**　(清)呂留良撰　清光緒三十三年(1907)鉛印本　二冊

130000－0442－0002493　02493
**綠野齋前後合集六卷太湖詩草一卷**　(清)劉鴻翺撰　清道光二十四年(1844)刻本　七冊

130000－0442－0002494　02494
**綠蕓軒詩集一卷**　(清)完顏金墀撰　清光緒元年(1875)刻本　一冊

130000－0442－0002495　02495
**[同治]欒城縣志十四卷首一卷末一卷**　(清)陳詠修　(清)張惇德纂　清同治十一年(1872)刻本　六冊

130000－0442－0002496　02496
**論海四種一百七十二卷**　(清)蔡和鏗輯　清光緒二十八年(1902)石印本　三十一冊

130000－0442－0002497　02497
**論語二十卷**　(三國魏)何晏集解　(明)金蟠較訂　明崇禎十二年(1639)刻本　一冊

130000－0442－0002498　02498
**論語後案二十卷**　(清)黃式三撰　清光緒九年(1883)浙江書局刻本　十冊

130000－0442－0002499　02499

論語集註考證十卷孟子集註考證七卷　（宋）金履祥撰　（清）胡鳳丹校梓　清同治十二年（1873）退補齋刻本　三冊

130000－0442－0002500　02500

論語集注補正述疏十卷　（宋）朱熹集注（清）簡朝亮述疏　清刻本　二十一冊

130000－0442－0002501　02501

論語正義二十四卷　（清）劉寶楠撰　清光緒十八年（1892）刻本　六冊

130000－0442－0002502　02502

洛學編六卷　（清）湯斌輯　清光緒二年（1876）有不為齋刻本　二冊

130000－0442－0002503　02503

駱文忠公奏議湘中稿十六卷續刻四川奏議十一卷附錄一卷　（清）駱秉章撰　清光緒四年（1878）刻本　二十六冊

130000－0442－0002504　02504

馬東田漫稿六卷目錄一卷　（明）馬中錫撰（明）孫緒評　明嘉靖刻本　八冊

130000－0442－0002505　02505

馬端敏公奏議八卷　（清）馬新貽撰　清光緒二十年（1894）閩浙督署刻本　八冊

130000－0442－0002506　02506

毛詩補正二十五卷　（清）龍起濤撰　清光緒二十五年（1899）刻本　十二冊

130000－0442－0002507　02507

毛詩草木鳥獸蟲魚疏二卷　（清）陸機撰　清光緒十二年（1886）上海聚珍仿宋印書局鉛印本　一冊

130000－0442－0002508　02508

毛詩傳箋二十卷附毛詩音義三卷　（漢）鄭玄箋　（唐）陸德明撰　清江南書局刻本　六冊

130000－0442－0002509　02509

毛詩傳義類一卷　（清）陳奐編　鄭氏箋攷徵一卷　（清）陳奐錄　清咸豐八年至九年（1858－1859）刻本　一冊

130000－0442－0002510　02510

毛詩訂詁八卷附錄二卷　（清）顧棟高撰　清光緒二十二年（1896）江蘇書局刻本　四冊

130000－0442－0002511　02511

毛詩訂詁八卷附錄二卷　（清）顧棟高撰　清光緒二十二年（1896）江蘇書局刻本　四冊

130000－0442－0002512　02512

毛詩讀三十卷附續刻二卷　（清）王劼著　清咸豐九年（1859）重慶晚晴樓刻本　十冊　存三十卷（毛詩讀三十卷）

130000－0442－0002513　02513

毛詩古音考五卷　（明）陳第編輯　清光緒六年（1880）武昌張裕釗刻本　四冊

130000－0442－0002514　02514

毛詩古音考五卷　（明）陳第編輯　清光緒六年（1880）武昌張裕釗刻本　四冊

130000－0442－0002515　02515

毛詩古音考五卷　（明）陳第編輯　屈宋古音義三卷　（明）陳第編輯　清光緒六年（1880）武昌張裕釗刻本　六冊

130000－0442－0002516　02516

毛詩詁訓傳三十卷　（漢）鄭玄箋　（唐）陸德明音義　（唐）孔穎達疏　清刻本　八冊　存十一卷（二十至三十）

130000－0442－0002517　02517

毛詩後箋三十卷　（清）胡承珙撰　清道光十七年（1837）刻本　二十冊

130000－0442－0002518　02518

毛詩稽古編三十卷　（清）陳啟源述　（清）龐佑清校　清光緒九年（1883）上海同文書局石印本　八冊

130000－0442－0002519　02519

毛詩吋訂十卷　（清）苗夔撰　清咸豐元年（1851）刻本　三冊

130000－0442－0002520　02520

毛詩名物圖說九卷　（明）徐鼎輯　清乾隆三十六年（1771）刻本　四冊

130000－0442－0002521　02521

**毛詩天文考一卷** （清）洪亮吉撰 清咸豐元年(1851)刻本 一冊

130000－0442－0002522 02522

**毛詩異義四卷附詩譜一卷** （清）汪龍述 （清）鮑方棨校刊 清道光五年(1825)刻本 四冊

130000－0442－0002523 02523

**重刊二十四史** 清同治八年(1869)嶺南菊古堂刻本 六百六十冊 存二十種二千六百十八卷(史記一百三十卷、附司馬貞補史記一卷、史記考證一卷、前漢書一百二十卷、附武英殿本二十三史考證一卷,三國志六十五卷,晉書一百三十卷、附音義三卷、宋書一百卷、梁書五十六卷,陳書三十六卷,南齊書五十九卷,南史八十卷,北史一百卷,魏書一百十四卷,北齊書五十卷,周書五十卷,舊唐書二百卷,舊五代史一百五十卷附考證,新唐書二百二十五卷、釋音二十五卷,新五代史七十四卷,宋史一至一百九十、一百九十四至二百三十、二百三十五至四百九十六,遼史一百十五卷、語解十卷,元史二百十卷、附語解二十四卷)

130000－0442－0002524 02524

**武英殿聚珍版書** 清乾隆四十二年(1777)福建刻道光同治遞修光緒二十一年(1895)增刻本 一百十六冊 存十種三百八十三卷(山谷詩注三十九卷、彭城集四十卷、易原八卷附辨疑四篇、華陽集四十卷、景文集六十二卷、攻媿集一百二十卷、春秋釋例一至十、東觀漢記二十四卷、浮溪集三十二卷、茶山集八卷)

130000－0442－0002525 02525

**[道光]寶應圖經六卷首二卷** （清）劉寶楠撰 清道光二十八年(1848)刻本 四冊

130000－0442－0002526 02526

**[道光]德陽縣新志十二卷首一卷末一卷** （清）蔣祥墀修 清道光十七年(1837)刻本 四冊

130000－0442－0002527 02527

**[道光]太平縣志十六卷首一卷** （清）王茂松

監修 （清）李炳彥纂修 清道光五年(1825)刻本 八冊

130000－0442－0002528 02528

**[光緒]烏程縣志三十六卷** （清）周學濬等纂修 清光緒六年(1880)刻本 十六冊

130000－0442－0002529 02529

**[光緒]寶山縣志** （清）梁蒲貴修 清光緒八年(1882)學海書院刻本 八冊

130000－0442－0002530 02530

**[光緒]常昭合志稿四十八卷首一卷末一卷** （清）張瀛等修 （清）龐鴻文纂 清光緒三十年(1904)活字印本 十六冊

130000－0442－0002531 02531

**[光緒]焦山續志八卷** （清）陳任暘輯 清光緒三十一年(1905)刻本 二冊

130000－0442－0002532 02532

**[光緒]鹿邑縣志十六卷首一卷** （清）于滄瀾 （清）馬家彥主纂 （清）蔣師轍纂修 清光緒二十二年(1896)刻本 六冊

130000－0442－0002533 02533

**[光緒]南匯縣志二十二卷首一卷末一卷** （清）顧思賢等修 （清）張文虎總纂 清光緒五年(1879)刻本 十二冊

130000－0442－0002534 02534

**[光緒]蓬州志十五卷** （清）方旭修 （清）張禮杰纂 清光緒二十三年(1897)刻本 三冊

130000－0442－0002535 02535

**[光緒]順天府志一百三十卷** （清）周家楣等總裁 （清）張之洞等總纂 （清）李鴻章等監修 清光緒十二年(1886)刻本 六十四冊

130000－0442－0002536 02536

**[光緒]吳江縣續志四十卷首一卷** （清）金福曾修 （清）熊其英纂 清光緒五年(1879)刻本 八冊

130000－0442－0002537 02537

**[光緒]盱眙縣志稿十七卷首一卷** （清）高延

第等纂修　清光緒二十五年(1899)刻本　八冊

130000－0442－0002538　02538

[光緒]永年縣志四十卷首一卷　(清)夏詒鈺續纂　清光緒三年(1877)刻本　八冊

130000－0442－0002539　02539

[嘉靖]海寧縣地理志九卷首一卷附錄一卷
(明)蔡完輯　(明)董穀纂　清光緒二十四年(1898)刻本　二冊

130000－0442－0002540　02540

[嘉慶]重刊荊溪縣志四卷首一卷　(清)唐仲冕撰　清嘉慶二年(1797)刻本　二冊

130000－0442－0002541　02541

[嘉慶]安陽縣志二十八卷首一卷　(清)貴泰修　(清)武穆淳纂　清嘉慶二十四年(1819)刻本　十冊

130000－0442－0002542　02542

[嘉慶]成都縣志六卷首一卷　(清)王泰雲修　(清)袁以墢纂　(清)楊芳燦續纂　清嘉慶二十一年(1816)刻本　六冊

130000－0442－0002543　02543

[嘉慶]東臺縣志四十卷　(清)周右纂　清嘉慶二十一年(1816)刻本　十冊

130000－0442－0002544　02544

[嘉慶]華陽縣志四十四卷首一卷　(清)吳鞏　(清)董淳修　(清)潘時彤纂　清嘉慶二十一年(1816)刻本　十六冊

130000－0442－0002545　02545

[嘉慶]介休縣志十四卷　(清)陸元鏸修(清)徐品山纂　清嘉慶二十四年(1819)刻本　八冊

130000－0442－0002546　02546

[嘉慶]靈石縣志十二卷　(清)王志融修(清)黃憲臣纂　清嘉慶二十二年(1817)刻本　六冊

130000－0442－0002547　02547

[嘉慶]羅江縣志三十六卷　(清)李桂林修

清嘉慶二十年(1815)刻本　六冊

130000－0442－0002548　02548

[嘉慶]如皋縣續志二十四卷　(清)楊受廷撰　清嘉慶十三年(1808)刻本　十八冊

130000－0442－0002549　02549

[嘉慶]涉縣志八卷　(清)戚學標修　清嘉慶四年(1799)刻本　四冊

130000－0442－0002550　02550

[嘉慶]什邡縣志五十四卷　(清)紀大奎修清嘉慶十七年(1812)刻本　十二冊

130000－0442－0002551　02551

[嘉慶]松江府志八十四卷首二卷　(清)宋如林纂修　清嘉慶二十二年(1817)刻本　四十冊

130000－0442－0002552　02552

[嘉慶]重刊續纂宜荊縣志十四卷　(清)黃冕等纂修　清嘉慶二十二年(1817)刻本　四冊

130000－0442－0002553　02553

[嘉慶]重刊宜興縣志四卷首一卷　(清)阮升基撰　清嘉慶二年(1797)刻本　二冊

130000－0442－0002554　02554

[康熙]靈壽縣志十卷末一卷　(清)陸隴其修　(清)傅維櫅等纂　清康熙二十四年(1685)刻本　四冊

130000－0442－0002555　02555

[康熙]天柱縣志二卷　(清)王復宗彙輯　清康熙二十二年(1683)刻本　四冊

130000－0442－0002556　02556

[乾隆]甯武府志十二卷續一卷　(清)魏元樞草纂　(清)周景柱修纂　清刻本　七冊

130000－0442－0002557　02557

[乾隆]山東通志三十六卷　(清)法敏修(清)杜詔纂　清乾隆元年(1736)刻本　四十二冊

130000－0442－0002558　02558

[乾隆]烏青鎮志十二卷　(清)董世寧撰　清乾隆二十五年(1760)鉛印本　二冊

130000－0442－0002559　02559

**［乾隆］無極縣志十一卷末一卷**　（清）黄可潤纂修　清乾隆二十二年（1757）刻本　四册

130000－0442－0002560　02560

**［乾隆］新刊康對山先生武功縣志三卷首一卷**　（明）康海纂　（清）孫景烈評注　清乾隆二十六年（1761）刻本　一册

130000－0442－0002561　02561

**［乾隆］震澤縣志三十八卷首一卷**　（清）陳和志修　（清）倪師孟　（清）沈彤纂　清光緒十九年（1893）刻本　九册

130000－0442－0002562　02562

**［同治］昌黎縣志十卷**　（清）何嵩泰裁定　（清）馬恂纂修　（清）何爾泰續修　清同治五年（1866）刻本　四册

130000－0442－0002563　02563

**［同治］黄縣志十四卷首一卷**　（清）尹繼美纂修　清同治十一年（1872）刻本　四册

130000－0442－0002564　02564

**［同治］上海縣志三十二卷圖説一卷補遺敘録一卷**　（清）應寶時修　（清）俞樾　（清）方宗誠纂　清同治十年（1871）刻本　十六册

130000－0442－0002565　02565

**［咸豐］房縣志十二卷首一卷**　（清）楊延烈等纂修　清同治五年（1866）刻本　六册

130000－0442－0002566　02566

**［咸豐］汾陽縣志十四卷首一卷**　（清）周貽纓　（清）曹文錦纂修　清咸豐元年（1851）刻本　八册

130000－0442－0002567　02567

**［咸豐］邳州志二十卷首一卷**　（清）董用威修　（清）馬軼群　（清）魯一同撰　清光緒二十一年（1895）刻本　四册

130000－0442－0002568　02568

**［咸豐］重修興化縣志十卷**　（清）梁園棣總修　（清）鄭之僑等協修　清咸豐二年（1852）刻本　八册

130000－0442－0002569　02569

**安樂鄉人詩集六卷**　（清）金兆蕃撰　清刻本　一册

130000－0442－0002570　02570

**安南史四卷**　（日本）引田利章著　（清）毛乃庸譯　清光緒二十九年（1903）教育世界社石印本　二册

130000－0442－0002571　02571

**安吴四種三十六卷**　（清）包世臣撰　清同治十一年（1872）刻本　二十四册

130000－0442－0002572　02572

**安溪李文貞公解義三種四卷**　（清）李光地注　清康熙五十八年（1719）刻本　一册

130000－0442－0002573　02573

**安溪李文貞公解義三種四卷**　（清）李光地注　清康熙五十八年（1719）刻本　一册

130000－0442－0002574　02574

**八代文粹二百二十卷**　（清）陳崇哲　（清）簡燊編　清光緒十一年（1885）刻本　四十册　缺一百二十四卷（一至一百二十四）

130000－0442－0002575　02575

**八家四六文注八卷**　（清）吴鼒輯　（清）許貞幹注　清石印本　一册　存二卷（五至六）

130000－0442－0002576　02576

**八家四六文注八卷首一卷**　（清）孫星衍撰　（清）許貞幹注　清光緒十七年（1891）刻本　十六册

130000－0442－0002577　02577

**八史經籍志十種三十卷**　（清）張壽榮輯　清光緒九年（1883）刻本　十六册

130000－0442－0002578　02578

**八矢注字圖説一卷鐘律陳數一卷**　（清）顧陳垿撰　清味菜廬刻本　一册

130000－0442－0002579　02579

**白圭堂詩抄八卷**　（清）江之紀撰　清同治三年（1864）刻本　一册

130000－0442－0002580　02580

白虎通疏證十二卷 （清）陳立撰 清光緒元年(1875)淮南書局刻本 四冊

130000－0442－0002581 02581

白虎通四卷 （漢）班固撰 （清）盧文弨校訂 義攷一卷校勘補遺一卷闕文一卷 （清）莊述祖撰 清乾隆四十九年(1784)刻本 四冊

130000－0442－0002582 02582

白話朝鮮亡國痛史一卷 （□）□□撰 清宣統二年(1910)石印本 一冊

130000－0442－0002583 02583

白沙子全集十卷首一卷末一卷白沙子古詩教解二卷 （明）陳獻章撰 清乾隆三十六年(1771)刻本 十四冊

130000－0442－0002584 02584

白蘇齋集二十二卷 （明）袁宗道撰 清光緒七年(1881)刻本 三冊 缺八卷（十一至十四、十九至二十二）

130000－0442－0002585 02585

白田草堂存稿二十四卷崇祀鄉賢錄一卷行狀一卷 （清）王懋竑撰 清乾隆十七年(1752)刻本 六冊

130000－0442－0002586 02586

白香詞譜箋四卷 （清）舒夢蘭輯 （清）謝朝徵箋 （清）張蔭桓校 清光緒十二年(1886)刻本 二冊

130000－0442－0002587 02587

白香詞譜箋四卷 （清）舒夢蘭輯 （清）謝朝徵箋 （清）張蔭桓校 清光緒十二年(1886)刻本 四冊

130000－0442－0002588 02588

白香山詩長慶集二十卷後集十七卷別集一卷補遺二卷 （唐）白居易撰 （清）汪立名編 清康熙四十一年(1702)一隅草堂刻本 十冊

130000－0442－0002589 02589

白香山詩長慶集二十卷後集十七卷別集一卷補遺二卷 （唐）白居易撰 （清）汪立名編

清康熙一隅草堂刻本 六冊 缺二十卷（白香山詩長慶集二十卷）

130000－0442－0002590 02590

白香山詩長慶集二十卷後集十七卷別集一卷補遺二卷 （唐）白居易撰 年譜一卷 （清）汪立名撰 年譜舊本一卷 （宋）陳振孫撰 清康熙四十二年(1703)一隅草堂刻本 八冊

130000－0442－0002591 02591

柏梘山房文集十六卷文續集一卷詩集十卷詩續集二卷駢體文二卷 （清）梅曾亮撰 清咸豐六年(1856)刻本 十二冊

130000－0442－0002592 02592

柏梘山房文集十六卷文續集一卷詩集十卷詩續集二卷駢體文二卷 （清）梅曾亮撰 清咸豐六年(1856)刻本 八冊

130000－0442－0002593 02593

柏梘山房文集十六卷文續集一卷詩集十卷詩續集二卷駢體文二卷 （清）梅曾亮撰 清咸豐六年(1856)刻同治三年(1864)補刻本 八冊

130000－0442－0002594 02594

板橋雜記不分卷 （清）余懷撰 清宣統三年(1911)刻本 四冊

130000－0442－0002595 02595

半巖廬遺集二卷 （清）邵懿辰撰 清光緒三十四年(1908)刻本 二冊

130000－0442－0002596 02596

寶綸堂集十卷拾遺一卷 （清）陳洪綬撰 清光緒十四年(1888)刻本 八冊

130000－0442－0002597 02597

抱邥山房駢體文五卷續稿二卷 （清）尹恭保撰 清光緒十八年(1892)刻本 七冊

130000－0442－0002598 02598

抱邥山房詩稿二卷 （清）尹恭保撰 清光緒六年(1880)刻本 二冊

130000－0442－0002599 02599

抱邥山房詩稿二卷 （清）尹恭保撰 清光緒

七年(1881)刻本　二冊

130000－0442－0002600　02600

抱氄山房詩稿七卷　（清）尹恭保撰　清光緒
十八年(1892)刻本　七冊

130000－0442－0002601　02601

鮑明遠集十卷　（南朝宋）鮑照撰　（明）汪士
賢校　明正德五年(1510)刻本　二冊

130000－0442－0002602　02602

鮑氏戰國策注十卷　（宋）鮑彪注　明嘉靖元
年(1522)刻本　四冊

130000－0442－0002603　02603

碑版文廣例十卷　（清）王芑孫輯　清道光二
十一年(1841)刻本　二冊

130000－0442－0002604　02604

碑傳集一百六十卷末二卷　（清）錢儀吉纂錄
　清光緒十九年(1893)江蘇書局刻本　六十
冊

130000－0442－0002605　02605

北堂書鈔一百六十卷首一卷　（唐）虞世南撰
（清）孔廣陶校註　清光緒十四年(1888)南
海孔氏校注刻本　二十冊

130000－0442－0002606　02606

本草綱目五十二卷附圖三卷　（明）李時珍撰
　清芥子園刻本　四十冊

130000－0442－0002607　02607

比丘尼傳四卷　（晉）釋寶唱撰　清光緒十一
年(1885)金陵刻經處刻本　一冊

130000－0442－0002608　02608

皕宋樓藏書志一百二十卷　（清）陸心源編
清光緒八年(1882)十萬卷樓刻本　二十四冊

130000－0442－0002609　02609

皕宋樓藏書志一百二十卷續志四卷　（清）陸
心源編　清光緒八年(1882)十萬卷樓刻本
三十六冊

130000－0442－0002610　02610

碧血錄五卷　（清）莊仲方著　清光緒八年
(1882)同文書局石印本　五冊

130000－0442－0002611　02611

避寇日記二卷　（清）符南樵著　清抄本　二
冊

130000－0442－0002612　02612

邊華泉集八卷補遺一卷附錄一卷集稿六卷
（明）邊貢撰　清宣統三年(1911)刻本　六冊

130000－0442－0002613　02613

邊華泉詩集四卷　（明）邊貢撰　（清）王士禛
選　清康熙三十九年(1700)刻本　一冊

130000－0442－0002614　02614

變法自強奏議彙編二十卷　（清）毛佩之彙纂
　清光緒二十七年(1901)上海書局石印本
十冊

130000－0442－0002615　02615

變法奏議叢鈔不分卷　（□）□□撰　清光緒
二十六年(1900)刻本　四冊

130000－0442－0002616　02616

變法奏議叢鈔二卷　（清）劉坤一　（清）張之
洞撰　清光緒書業德刻本　四冊

130000－0442－0002617　02617

表異錄二十卷　（明）王志堅輯　清康熙四十
七年(1708)抄本　四冊

130000－0442－0002618　02618

別雅訂五卷　（清）吳玉輯　（清）許瀚校勘
清光緒三年(1877)潘氏八囍齋刻本　一冊

130000－0442－0002619　02619

別雅五卷　（清）吳玉輯　清道光二十九年
(1849)小蓬萊山館刻本　五冊

130000－0442－0002620　02620

別雅五卷　（清）吳玉撰　清乾隆七年(1742)
督經堂刻本　四冊

130000－0442－0002621　02621

別雅五卷　（清）吳玉輯　清乾隆七年(1742)
督經堂刻本　六冊

130000－0442－0002622　02622

別雅五卷　（清）吳玉撰　清乾隆七年(1742)
督經堂刻本　五冊

130000－0442－0002623　02623

賓退錄十卷　（宋）趙與旹撰　清康熙五十七年(1718)刻本　四冊

130000－0442－0002624　02624

豳風廣義三卷　（清）楊屾編　清乾隆六年(1741)刻本　三冊

130000－0442－0002625　02625

博物志十卷　（晉）張華撰　（清）周心如校　清刻本　二冊

130000－0442－0002626　02626

補不足齋雜著五卷　（清）黃家鼎撰　清光緒六年(1880)刻本　四冊

130000－0442－0002627　02627

補籬遺稿八卷　（清）姚福均撰　（清）王伊編次　清光緒三十一年(1905)刻本　二冊

130000－0442－0002628　02628

不懨齋漫存七卷　（清）徐賡陛著　清光緒八年(1882)南海官署刻本　十冊

130000－0442－0002629　02629

才調集補註十卷　（五代）韋縠輯　（清）殷元勳箋註　（清）宋邦綏補註　清乾隆五十八年(1793)刻本　六冊

130000－0442－0002630　02630

才調集補註十卷　（五代）韋縠輯　（清）殷元勳箋註　（清）宋邦綏補註　清乾隆五十八年(1793)刻本　四冊

130000－0442－0002631　02631

才調集十卷　（五代）韋縠輯　清康熙四十三年(1704)新安汪氏垂雲堂刻本　二冊

130000－0442－0002632　02632

采菽堂古詩選三十八卷補遺四卷　（清）陳祚明評選　清乾隆二十三年(1758)刻本　二十冊

130000－0442－0002633　02633

菜根譚一卷　（明）洪應明著　清道光元年(1821)刻本　二冊

130000－0442－0002634　02634

蔡中郎集十卷外紀一卷外集四卷附列傳一卷年表一卷　（漢）蔡邕撰　（清）高均儒輯　清光緒十六年(1890)刻本　五冊

130000－0442－0002635　02635

蔡中郎外集四卷　（漢）蔡邕撰　清海源閣刻本　二冊

130000－0442－0002636　02636

蔡中郎文集十卷　（漢）蔡邕撰　（清）陸心源校　清光緒七年(1881)陸心源十萬卷樓刻本　二冊

130000－0442－0002637　02637

滄浪詩話註二卷　（宋）嚴羽撰　（清）胡鑑註　（清）任世熙校　清光緒七年(1881)刻本　一冊

130000－0442－0002638　02638

滄浪小志二卷　（清）宋犖編　清光緒十年(1884)刻本　一冊

130000－0442－0002639　02639

滄溟先生集三十卷附錄一卷　（明）李攀龍撰　明刻本　八冊

130000－0442－0002640　02640

滄溟先生集三十卷附錄一卷　（明）李攀龍撰　（明）張弘道校　明刻本　八冊

130000－0442－0002641　02641

滄溟先生集三十卷目錄一卷附錄一卷　（明）李攀龍撰　清道光二十七年(1847)刻本　八冊

130000－0442－0002642　02642

曹集銓評十卷逸文一卷年譜一卷附錄一卷　(三國魏)曹植　（清）丁晏撰　清同治十一年(1872)刻本　二冊

130000－0442－0002643　02643

曹集銓評十卷逸文一卷年譜一卷附錄一卷　(三國魏)曹植　（清）丁晏撰　清同治二年(1863)刻本　二冊

130000－0442－0002644　02644

曹李尺牘二卷　（清）曹溶撰　（清）茅復選

清刻本 一冊

130000－0442－0002645 02645

**曹子建文集十卷** （三國魏）曹植撰 清刻本
二冊

130000－0442－0002646 02646

**曹子建文集十卷** （三國魏）曹植撰 清刻藍
印本 二冊

130000－0442－0002647 02647

**草木疏校正二卷** （清）趙佑撰 清乾隆四十
四年（1779）白鷺洲書院刻本 一冊

130000－0442－0002648 02648

**草書韻會一卷** （金）張天錫集 清順治八年
（1651）刻本 二冊

130000－0442－0002649 02649

**草字彙十二卷** （清）石梁輯 清乾隆五十三
年（1788）刻本 六冊

130000－0442－0002650 02650

**冊府元龜一千卷** （宋）王欽若等撰 （明）李
嗣京參閱 （明）文翔鳳訂正 （明）黃國琦較
釋 清乾隆十九年（1754）刻本 三百二十冊

130000－0442－0002651 02651

**禪源諸詮集都序四卷** （唐）釋宗密述 清光
緒十八年（1892）金陵刻經處刻本 一冊

130000－0442－0002652 02652

**昌黎先生集考異十卷** （宋）朱熹撰 清光緒
十一年（1885）新陽趙氏刻本 二冊

130000－0442－0002653 02653

**昌黎先生集四十卷外集十卷遺文一卷** （唐）
韓愈撰 （宋）廖瑩中校正 **朱子校昌黎先生
集傳一卷** （宋）朱熹撰 **韓集點勘四卷**
（清）陳景雲撰 清同治九年（1870）江蘇書局
刻本 十一冊

130000－0442－0002654 02654

**昌黎先生集四十卷外集十卷遺文一卷** （唐）
韓愈撰 （宋）廖瑩中校正 清同治九年
（1870）萃文堂刻本 六冊

130000－0442－0002655 02655

**昌黎先生集四十卷附遺文一卷** （唐）韓愈撰
（宋）廖瑩中校正 清同治八年（1869）刻本
六冊

130000－0442－0002656 02656

**昌黎先生集四十卷外集十卷遺集一卷** （唐）
韓愈撰 清光緒十九年（1893）刻本 八冊

130000－0442－0002657 02657

**昌黎先生集四十卷外集十卷遺文一卷** （唐）
韓愈撰 （宋）廖瑩中校正 **朱子校昌黎先生
集傳一卷** （宋）朱熹撰 **韓集點勘四卷**
（清）陳景雲撰 清同治八年（1869）江蘇書局
刻本 十冊 缺四卷（韓集點勘四卷）

130000－0442－0002658 02658

**昌黎先生集四十卷外集十卷遺文一卷** （唐）
韓愈撰 （宋）廖瑩中校正 **朱子校昌黎先生
集傳一卷** （宋）朱熹撰 **韓集點勘四卷**
（清）陳景雲撰 清同治八年（1869）江蘇書局
刻本 十一冊

130000－0442－0002659 02659

**昌黎先生詩集注十一卷** （唐）韓愈撰 （清）
顧嗣立刪補 清道光二十五年（1845）膺德堂
刻朱墨套印本 四冊

130000－0442－0002660 02660

**昌黎先生詩集注十一卷** （唐）韓愈撰 （清）
顧嗣立刪補 清道光十七年（1837）刻本 二
冊

130000－0442－0002661 02661

**昌黎先生詩集注十一卷** （唐）韓愈撰 （清）
顧嗣立刪補 （清）何焯等評 清光緒九年
（1883）膺德堂刻顧氏紅藍套印本 四冊

130000－0442－0002662 02662

**昌黎先生詩增注証訛十一卷** （唐）韓愈撰
（清）顧嗣立刪補 （清）黃鉞增注証訛 清咸
豐七年（1857）刻本 四冊

130000－0442－0002663 02663

**長安獲古編二卷補一卷** （清）劉燕庭撰 清
光緒三十一年（1905）刻本 一冊

130000－0442－0002664　02664

**長恩書室叢書十九種**　（清）莊肇麟輯　清咸豐四年(1854)刻本　十六冊

130000－0442－0002665　02665

**長江圖說十二卷首一卷**　（清）馬徵麟撰　清同治十年(1871)刻本　五冊　存十一卷(三至十二、首一卷)

130000－0442－0002666　02666

**長生殿傳奇四卷**　（清）洪昇填詞　清光緒十六年(1890)石印本　二冊

130000－0442－0002667　02667

**常州先哲遺書四十一種**　（清）盛宣懷輯　清光緒二十五年(1899)武進盛氏刻本　六十二冊　缺三種十七卷(戎庵老人漫筆四卷、梁溪遺稿二卷,歸愚集十卷、附信齋詞一卷)

130000－0442－0002668　02668

**晁具茨先生詩集十五卷**　（宋）晁沖之撰　清光緒七年(1881)知不足齋刻本　一冊　存六卷(一至六)

130000－0442－0002669　02669

**巢經巢詩鈔九卷**　（清）鄭珍撰　清咸豐四年(1854)刻本　二冊

130000－0442－0002670　02670

**巢經巢文集六卷詩集九卷後集四卷遺詩一卷附屈廬詩集四卷**　（清）鄭珍撰　清光緒二十年(1894)刻本　八冊

130000－0442－0002671　02671

**陳迦陵文集六卷詞全集三十卷**　（清）陳維崧撰　清康熙二十九年(1690)刻本　八冊

130000－0442－0002672　02672

**陳檢討詞鈔十二卷**　（清）陳維崧撰　清康熙二十八年(1689)刻本　二冊

130000－0442－0002673　02673

**陳檢討集二十卷**　（清）陳維崧撰　（清）程師恭注　清康熙三十三年(1694)刻本　四冊

130000－0442－0002674　02674

**陳明卿集二卷**　（明）陳仁錫撰　（明）陸雲龍選　（明）陳嘉兆評　清刻本　二冊

130000－0442－0002675　02675

**陳氏毛詩五種**　（清）陳奐撰　清咸豐刻本　十冊　缺六卷(詩毛氏傳疏六卷)

130000－0442－0002676　02676

**陳忠裕公兵垣奏議一卷**　（明）陳子龍著　清光緒二十三年(1897)刻本　二冊

130000－0442－0002677　02677

**陳忠裕全集三十卷首一卷年譜三卷末一卷**　（明）陳子龍撰　清嘉慶八年(1803)刻本　十冊

130000－0442－0002678　02678

**晨風閣叢書二十三種**　（清）沈宗畸輯　清宣統元年(1909)番禺沈氏刻本　十六冊

130000－0442－0002679　02679

**程氏家塾讀書分年日程三卷**　（元）程端禮編　清同治七年(1868)湖北崇文書局刻本　二冊

130000－0442－0002680　02680

**程氏家塾讀書分年日程三卷**　（元）程端禮編　清康熙二十八年(1689)陸氏刻本　一冊

130000－0442－0002681　02681

**程侍郎遺集初編十卷**　（清）程恩澤撰　清道光二十六年(1846)刻本　二冊

130000－0442－0002682　02682

**誠齋詩集十六卷**　（宋）楊萬里撰　（清）徐達源校　清嘉慶七年(1802)刻本　八冊

130000－0442－0002683　02683

**澄衷蒙學堂字課圖說四卷**　（清）劉樹屏等撰　吳子城繪圖　清光緒二十七年(1901)順成書局石印本　八冊

130000－0442－0002684　02684

**池北偶談二十六卷**　（清）王士禎撰　（清）王廷掄較　清康熙四十年(1701)刻本　八冊

130000－0442－0002685　02685

**池北偶談二十六卷**　（清）王士禎撰　（清）王廷掄較　清康熙三十九年(1700)刻本　八冊

130000－0442－0002686　02686

**池上草堂筆記八卷**　（清）梁恭辰著　清刻本
　八冊

130000－0442－0002687　02687

**尺木堂綱鑑易知錄九十二卷明鑑易知錄十五
卷**　（清）吳乘權等輯　清光緒三十年（1904）
鉛印本　十六冊

130000－0442－0002688　02688

**恥躬堂文鈔十卷詩鈔十六卷**　（清）彭士望撰
　清咸豐二年（1852）刻本　八冊

130000－0442－0002689　02689

**恥堂存稿八卷**　（宋）高斯得撰　清同治八年
（1869）刻本　四冊

130000－0442－0002690　02690

**仇十洲繡像列女傳二卷**　（清）仇英補圖　清
光緒十二年（1886）上海同文書局石印本　二
冊

130000－0442－0002691　02691

**疇人傳四十六卷續補六卷**　（清）阮元撰
（清）羅士琳續補　清光緒八年（1882）海鹽常
惺齋張氏刻本　十二冊

130000－0442－0002692　02692

**籌濟編三十二卷首一卷**　（清）楊景仁輯　清
光緒四年（1878）刻本　六冊

130000－0442－0002693　02693

**出使英法義比四國日記六卷**　（清）薛福成著
　清光緒二十年（1894）校經堂刻本　六冊

130000－0442－0002694　02694

**初使泰西紀要四卷**　（清）避熱主人編　清光
緒十四年（1888）刻本　二冊

130000－0442－0002695　02695

**初唐四傑文集四種二十一卷**　（清）□□撰
清光緒五年（1879）淮南書局刻本　四冊

130000－0442－0002696　02696

**初學集箋注二十卷**　（清）錢曾撰　清刻本
十三冊

130000－0442－0002697　02697

**初學記三十卷**　（唐）徐堅等撰　（清）陳大科
校　清康熙刻本　四冊

130000－0442－0002698　02698

**初學記三十卷校勘記補遺一卷**　（唐）徐堅等
撰　清刻本　十六冊

130000－0442－0002699　02699

**楚辭燈四卷**　（清）林雲銘撰　清康熙三十六
年（1697）刻本　二冊

130000－0442－0002700　02700

**楚辭燈四卷**　（清）林雲銘撰　清康熙三十六
年（1697）刻本　四冊

130000－0442－0002701　02701

**楚辭燈四卷**　（清）林雲銘撰　清康熙三十六
年（1697）刻本　二冊

130000－0442－0002702　02702

**楚辭燈四卷**　（清）林雲銘撰　清康熙三十六
年（1697）刻本　四冊

130000－0442－0002703　02703

**楚辭集註八卷附楚辭辯證二卷**　（宋）朱熹撰
　清光緒三年（1877）湖北崇文書局刻本　二
冊

130000－0442－0002704　02704

**楚辭十七卷**　（漢）王逸注　（宋）洪興祖補注
　清同治十一年（1872）金陵書局刻本　四冊

130000－0442－0002705　02705

**楚辭十七卷**　（漢）王逸注　（宋）洪興祖補注
　清同治十一年（1872）金陵書局刻本　四冊

130000－0442－0002706　02706

**楚辭疏十九卷讀楚辭語一卷楚辭雜論一卷**
（明）陸時雍撰　**屈原傳一卷**　（漢）司馬遷撰
　（明）張煥如閱　明緝柳齋刻本　五冊

130000－0442－0002707　02707

**楚辭釋十一卷**　（漢）王逸章句　王闓運注
清光緒二十七年（1901）刻本　一冊

130000－0442－0002708　02708

**楚辭釋十一卷**　（漢）王逸章句　王闓運注
清光緒十二年（1886）成都尊經書院刻本　二

冊

130000－0442－0002709　02709

**楚辭天問箋一卷** （清）丁晏撰　清咸豐四年
（1854）刻本　一冊

130000－0442－0002710　02710

**楚辭章句十七卷** （漢）王逸章句　（宋）洪興
祖注　清光緒九年（1883）長沙書堂山館刻本
四冊

130000－0442－0002711　02711

**楚庭耆舊遺詩前集二十一卷後集二十一卷續
集二十一卷** （清）伍學曜輯　清道光刻本
十三冊

130000－0442－0002712　02712

**船山師友記十七卷首一卷** （清）羅正鈞纂
（清）吳汝楫校　清光緒三十三年（1907）刻本
四冊

130000－0442－0002713　02713

**船山詩草二十卷** （清）張問陶撰　清嘉慶二
十年（1815）刻本　八冊

130000－0442－0002714　02714

**船山遺書六十一種二百九十七卷附校勘記二
卷** （清）王夫之撰　清同治四年（1865）湘鄉
曾國荃刻本　一百冊

130000－0442－0002715　02715

**重刊船山遺書六十六種附一種** （清）王夫之
撰　清同治四年（1865）湘鄉曾氏刻光緒十三
年（1887）船山書院補刻本　一百十一冊　存
五十七種三百三十一卷（周易內傳六卷、發例
一卷，周易大象解一卷，周易稗疏四卷，周易
考異一卷，周易外傳七卷，書經稗疏四卷，尚
書引義六卷，詩經稗疏四卷，詩經考異一卷，
詩經叶韻辨一卷，詩廣傳五卷，禮記章句四十
九卷，春秋家說三卷，春秋稗疏二卷，春秋世
論五卷，讀春秋左氏傳博議二卷，四書訓議三
十八卷，讀四書大全說十卷，四書稗疏一卷，
四書考異一卷，說文廣義三卷，讀通鑑論三十
卷，宋論十五卷，永曆實錄二十六卷，蓮峯志
五卷，張子正蒙注九卷，思問錄內篇一卷、外

篇一卷，俟解一卷，噩夢一卷，黃書一卷，識小
錄一卷，老子衍一卷，莊子解三十三卷，莊子
通一卷，愚鼓詞一卷，楚辭通釋十四卷、末一
卷，薑齋文集十卷，薑齋五十自定稿一卷，薑
齋六十自定稿一卷，薑齋七十自定稿一卷，柳
岸吟一卷，落花詩一卷，遣興詩一卷，和梅花
百詠一卷，洞庭秋詩一卷，雁字詩一卷，倣體
詩一卷，嶽餘集一卷，薑齋詩剩稿一卷，船山
鼓棹初集一卷、二集一卷，瀟湘怨詞一卷，詩
譯一卷，夕堂永日緒論內編一卷、外編一卷，
南窗漫記一卷，龍舟會雜劇二卷，經義一卷，
附王船山叢書校勘記二卷）

130000－0442－0002716　02716

**船山遺書五十六種二百八十八卷附校勘記二
卷** （清）王夫之撰　清同治四年（1865）湘鄉
曾國荃刻本　一百二十八冊

130000－0442－0002717　02717

**傳家寶全集三十二卷** （清）石成金撰　清光
緒二十一年（1895）上海書局石印本　七冊
存二十八卷（初集一至四、二集八卷、三集八
卷、四集八卷）

130000－0442－0002718　02718

**傳家寶全集三十二卷** （清）石成金撰　清光
緒二十一年（1895）上海書局石印本　十六冊

130000－0442－0002719　02719

**傳音快字不分卷** （清）蔡錫勇撰　清光緒三
十一年（1905）湖北官書局刻本　一冊

130000－0442－0002720　02720

**窗課存稿一卷** （清）衡齋撰　清光緒十七年
（1891）刻本　一冊

130000－0442－0002721　02721

**吹網錄六卷** （清）葉廷琯撰　清同治八年
（1869）刻本　六冊

130000－0442－0002722　02722

**春暉堂叢書十二種** （清）林侗纂輯　（清）徐
渭仁校　清道光二十一年（1841）刻本　六冊

130000－0442－0002723　02723

**春秋大事表五十卷** （清）顧棟高撰　清光緒

十四年(1888)陝西求有斋刻本　二十四册

130000－0442－0002724　02724
**春秋大事表五十卷**　(清)顧棟高撰　清光緒
十四年(1888)陝西求友斋刻本　四十三册

130000－0442－0002725　02725
**春秋大事表五十卷**　(清)顧棟高輯　清同治
十二年(1873)尚志堂刻本　二十册

130000－0442－0002726　02726
**春秋大事表五十卷輿圖一卷附錄一卷**　(清)
顧棟高輯　清乾隆十二年(1747)刻本　二十
四册

130000－0442－0002727　02727
**春秋大事表五十卷輿圖一卷附錄一卷**　(清)
顧棟高輯　清同治十三年(1874)尚志堂刻本
　二十四册

130000－0442－0002728　02728
**春秋大事表五十卷輿圖一卷附錄一卷**　(清)
顧棟高輯　清乾隆十二年至十四年(1747－
1749)萬卷樓刻本　六十四册

130000－0442－0002729　02729
**春秋董氏學八卷**　康有為撰　清光緒十九年
(1893)刻本　五册

130000－0442－0002730　02730
**春秋董氏學八卷**　康有為撰　清光緒十九年
(1893)刻本　四册

130000－0442－0002731　02731
**春秋董氏學八卷**　康有為撰　清上海大同譯
書局刻本　六册

130000－0442－0002732　02732
**春秋董氏學八卷**　康有為撰　清上海大同譯
書局刻本　六册

130000－0442－0002733　02733
**春秋繁露義證十七卷年表一卷考證一卷**
(漢)董仲舒撰　(□)蘇輿學　清宣統二年
(1910)刻本　四册　存十二卷(一至十二)

130000－0442－0002734　02734
**春秋繁露義證十七卷年表一卷考證一卷**

(漢)董仲舒撰　(□)蘇輿學　清宣統二年
(1910)刻本　四册

130000－0442－0002735　02735
**春秋公羊傳十一卷**　(漢)何休撰　(唐)陸德
明音義　清同治七年(1868)崇文書局刊本
四册

130000－0442－0002736　02736
**春秋公羊傳十一卷**　(晉)范甯集解　(唐)陸
德明音義　清同治十一年(1872)山東書局刻
本　四册

130000－0442－0002737　02737
**春秋穀梁傳十二卷**　(晉)范甯集解　(唐)陸
德明音義　清光緒十二年(1886)刻本　四册

130000－0442－0002738　02738
**春秋穀梁傳十二卷**　(晉)范甯集解　(唐)陸
德明音義　清同治十一年(1872)山東書局尚
志堂刻本　四册

130000－0442－0002739　02739
**春秋穀梁經傳補注二十四卷首一卷末一卷**
(晉)范寧集解　(清)鍾文烝詳補　清光緒二
年(1876)刻本　八册

130000－0442－0002740　02740
**春秋穀梁經傳補注二十四卷首一卷末一卷**
(晉)范寧集解　(清)鍾文烝詳補　清光緒二
年(1876)鍾氏信美室刻本　八册

130000－0442－0002741　02741
**春秋穀梁經傳補註二十四卷首一卷末一卷**
(晉)范寧集解　(清)鍾文烝詳補　清光緒二
年(1876)鍾氏信美室刻本　八册

130000－0442－0002742　02742
**春秋胡傳十二卷**　(宋)胡安國撰　清順治八
年(1651)迎紫堂刻本　六册

130000－0442－0002743　02743
**春秋經傳集解三十卷**　(晉)杜預撰　清刻本
　二十册

130000－0442－0002744　02744
**春秋經傳集解三十卷年表一卷春秋名號歸一**

圖二卷 （晉）杜預注 （三國蜀）馮繼先撰
清同治八年(1869)崇文書局刻本 十二冊
存二十一卷(一、十二至十六、十九至三十,年
表一卷,春秋名號歸一圖二卷)

130000－0442－0002745 02745
春秋例表二十八卷 （清）王代豐撰 清光緒
七年(1881)四川尊經書院刻本 二冊

130000－0442－0002746 02746
春秋經傳集解三十卷年表一卷春秋名號歸一
圖二卷 （晉）杜預注 清乾隆四十八年
(1783)刻本 十三冊

130000－0442－0002747 02747
春秋世族譜一卷補鈔一卷 （清）陳厚耀撰
（清）葉蘭補鈔 清嘉慶五年(1800)刻本 二
冊

130000－0442－0002748 02748
春秋小學六卷 （清）莊有可撰 清嘉慶二年
(1797)刻本 三冊

130000－0442－0002749 02749
春秋左傳初學讀本七卷 （清）萬廷蘭編 清
光緒二年(1876)四川學院衙門刻本 七冊

130000－0442－0002750 02750
春秋左傳杜注補輯三十卷首一卷 （晉）杜預
注 （清）姚培謙撰 清光緒九年(1883)江南
書局刻本 十冊

130000－0442－0002751 02751
春秋左傳二十六卷 （周）左丘明著 （晉）杜
預 （宋）林堯叟注釋 （唐）陸元郎音義 清
光緒刻本 八冊

130000－0442－0002752 02752
春秋左傳詁二十卷 （清）洪亮吉撰 （清）洪
用懃校刊 清光緒四年(1878)刻本 六冊
存十二卷(九至二十)

130000－0442－0002753 02753
如酉所刻諸名家評點春秋綱目左傳句解彙雋
六卷 （清）韓菼編 清光緒十年(1884)刻本
九冊

130000－0442－0002754 02754
春秋左傳三十卷 （晉）杜預注 （宋）林堯叟
附注 （唐）陸德明音義 （清）馮李驊集解
清同治七年(1868)楚北崇文書局刻本 六冊
存十六卷(一至十六)

130000－0442－0002755 02755
春秋左傳五十卷 （晉）杜預 （宋）林堯叟注
釋 （唐）陸德明音義 （明）鍾惺批點 清刻
本 七冊 存三十八卷(九至四十六)

130000－0442－0002756 02756
春在堂全書 （清）俞樾撰 清光緒二十八年
(1902)刻本 一百六十冊

130000－0442－0002757 02757
春在堂全書 （清）俞樾撰 清光緒二十三年
(1897)石印本 三十一冊 缺二種十六卷
(賓萌集七、春在堂詩編一至十五)

130000－0442－0002758 02758
春在堂全書 （清）俞樾撰 清光緒十五年
(1889)刻本 一百八冊

130000－0442－0002759 02759
春渚紀聞十卷 （宋）何薳撰 （明）毛晉訂
錦帶書一卷 （南朝梁）蕭統撰 （明）毛晉訂
清順治六年(1649)汲古閣刻本 四冊

130000－0442－0002760 02760
輟耕錄三十卷 （明）陶宗儀撰 清光緒十一
年(1885)上海福瀛書局刻本 八冊

130000－0442－0002761 02761
輟耕錄三十卷 （明）陶宗儀撰 清光緒十一
年(1885)上海福瀛書局刻本 八冊

130000－0442－0002762 02762
輟耕錄三十卷 （明）陶宗儀撰 清光緒十一
年(1885)上海福瀛書局刻本 八冊

130000－0442－0002763 02763
詞辨二卷 （清）周濟撰 清光緒四年(1878)
刻本 一冊

130000－0442－0002764 02764
詞律二十卷附拾遺八卷補遺一卷 （清）萬樹

撰　清光緒二年(1876)吳下刻本　十六冊

130000－0442－0002765　02765

**詞律校勘記二卷**　(清)杜文瀾撰　清咸豐十一年(1861)刻本　二冊

130000－0442－0002766　02766

**詞譜四十卷**　(清)陳廷敬輯　清刻本　二十冊

130000－0442－0002767　02767

**詞選二卷續詞選二卷**　(清)張惠言錄　清同治十一年(1872)刻本　一冊

130000－0442－0002768　02768

**詞選二卷續詞選二卷附錄一卷**　(清)張惠言錄　清道光十年(1830)刻本　四冊

130000－0442－0002769　02769

**詞學全書**　(清)查培繼輯　清乾隆十一年(1746)刻本　八冊

130000－0442－0002770　02770

**詞綜三十八卷**　(清)朱彝尊輯　清康熙十七年(1678)刻本　十冊

130000－0442－0002771　02771

**詞綜三十八卷**　(清)朱彝尊輯　(清)汪森書明詞綜十二卷國朝詞綜四十八卷二集八卷　(清)王昶纂　清嘉慶七年(1802)刻本　二十四冊

130000－0442－0002772　02772

**從古堂欵識學十六卷**　(清)徐同柏撰　清光緒三十二年(1906)蒙學報館石印本　十六冊

130000－0442－0002773　02773

**從戎紀略一卷**　(清)朱洪章撰　清光緒十九年(1893)刻本　一冊

130000－0442－0002774　02774

**從祀名賢傳六卷**　(清)常安輯　清雍正十二年(1734)刻本　二冊

130000－0442－0002775　02775

**翠柏山房詩草三編一卷續編一卷**　(清)王汝純著　(清)徐建藩校　清宣統三年(1911)刻本　二冊

130000－0442－0002776　02776

**存吾春軒詩集十卷附錄一卷香岊詩稿一卷**　(清)周大樞　(清)周鉞撰　清乾隆八年(1743)刻本　六冊

130000－0442－0002777　02777

**達觀堂詩話八卷**　(清)張晉本著　清同治十二年(1873)刻本　四冊

130000－0442－0002778　02778

**大廣益會玉篇三十卷廣韻二十八卷校勘一卷**　(宋)陳彭年等修　清道光三十年(1850)新化鄧氏東山精舍刻本　八冊

130000－0442－0002779　02779

**大金國志四十卷**　(宋)宇文懋昭撰　清嘉慶二年(1797)掃葉山房刻本　三冊

130000－0442－0002780　02780

**大金國志四十卷**　(宋)宇文懋昭撰　清嘉慶二年(1797)掃葉山房刻本　一冊

130000－0442－0002781　02781

**大梅山館集三種五十一卷**　(清)姚燮撰　清咸豐六年(1856)姚氏刻本　十八冊

130000－0442－0002782　02782

**大美欽命會議銀價大臣條議中國新園法覺書**　(清)精琪記　清光緒二十九年(1903)商務館鉛印本　一冊

130000－0442－0002783　02783

**大明律集解附例三十卷**　(明)□□集解　清光緒三十四年(1908)刻本　十冊　缺四卷(二十至二十三)

130000－0442－0002784　02784

**大清高宗純皇帝聖訓三百卷首一卷**　(清)高宗弘曆撰　清光緒石印本　一百六十冊

130000－0442－0002785　02785

**大清搢紳全書四卷**　(清)□□撰　清光緒十七年(1891)榮錄堂刻本　四冊

130000－0442－0002786　02786

**大清搢紳全書四卷附大清中樞備覽二卷**　(清)□□撰　清光緒二十五年(1899)榮錄堂

刻本　八冊

130000－0442－0002787　02787

**大清律表不分卷**　（清）曹沂編　清乾隆五十六年（1791）刻本　八冊

130000－0442－0002788　02788

**大清律例彙輯便覽四十卷督捕則例附纂二卷三流道里表二卷**　（清）湖北讞局輯　清同治十一年（1872）刻本　三十二冊

130000－0442－0002789　02789

**大清律例統纂集成四十卷末一卷督捕則例附纂二卷**　（清）姚雨薌纂　清道光四年（1824）刻本　二十四冊

130000－0442－0002790　02790

**大清律例刑案統纂集成四十卷**　（清）姚雨薌纂　（清）胡仰山輯　清同治十年（1871）刻本　二十四冊

130000－0442－0002791　02791

**大清律例重訂通纂匯覽四十卷**　（清）胡肇楷（清）周孟隣輯　清嘉慶十三年（1808）友益齋書場刻本　二十四冊

130000－0442－0002792　02792

**大清律例重訂統纂集成四十卷**　（清）胡肇楷（清）周孟隣輯　清道光元年（1821）刻本　二十四冊

130000－0442－0002793　02793

**大清律纂修條例不分卷**　清道光二年（1822）刻本　五冊

130000－0442－0002794　02794

**大清仁宗睿皇帝聖訓一百十卷**　（清）仁宗顒琰撰　清光緒武英殿鉛印本　八十冊

130000－0442－0002795　02795

**大清聖祖仁皇帝聖訓六十卷**　（清）聖祖玄燁撰　清光緒武英殿鉛印本　二十四冊

130000－0442－0002796　02796

**大清世宗憲皇帝聖訓三十六卷**　（清）世宗胤禛撰　清光緒武英殿鉛印本　二十

130000－0442－0002797　02797

**大清世祖章皇帝聖訓六卷**　（清）世祖福臨撰　清光緒武英殿鉛印本　六冊

130000－0442－0002798　02798

**大清太宗文皇帝聖訓六卷**　（清）太宗皇太極撰　清光緒武英殿鉛印本　六冊

130000－0442－0002799　02799

**大清太祖高皇帝聖訓四卷**　（清）太祖努爾哈赤撰　清光緒武英殿鉛印本　四冊

130000－0442－0002800　02800

**大清太祖高皇帝聖訓四卷大清太宗文皇帝聖訓六卷大清世祖章皇帝聖訓六卷**　（清）太祖努爾哈赤　（清）太宗皇太極　（清）世祖福臨撰　清乾隆四年（1739）刻本　八冊

130000－0442－0002801　02801

**大清通禮五十卷**　（清）來保等纂　清嘉慶二十三年（1818）刻本　十二冊

130000－0442－0002802　02802

**大清文宗顯皇帝聖訓一百十卷**　（清）文宗奕詝撰　清光緒武英殿鉛印本　四十八冊

130000－0442－0002803　02803

**大清宣宗成皇帝聖訓一百三十卷**　（清）宣宗旻寧撰　清光緒武英殿鉛印本　一百冊

130000－0442－0002804　02804

**大清一統志表一卷**　（清）萬芝堂參訂校正　清乾隆五十八年（1793）刻本　六冊

130000－0442－0002805　02805

**大清一統志五百卷**　（清）和珅纂修　清光緒二十八年（1902）寶善齋石印本　六十冊

130000－0442－0002806　02806

**大清中外壹統輿圖三十二卷**　（清）嚴樹森撰　清同治二年（1863）經香閣刻本　六冊

130000－0442－0002807　02807

**大唐太宗文皇帝製三藏聖教序一卷**　（清）劉殿撰　清光緒三十一年（1905）石印本　一冊

130000－0442－0002808　02808

**大唐西域記十二卷**　（唐）釋玄奘譯　（唐）釋辯機撰　清宣統元年（1909）刻本　四冊

130000－0442－0002809　02809

**大亭山館叢書二十種**　（清）楊葆彝撰　清光緒十年(1884)刻本　六冊　缺四種四卷(奇物論齋集一卷、蒙雅一卷、衡論一卷、說文理董一卷)

130000－0442－0002810　02810

**帶經堂集九十二卷**　（清）王士禛撰　（清）程哲編　清乾隆十二年(1747)槐蔭草堂刻本　三十五冊

130000－0442－0002811　02811

**帶經堂詩話三十卷首一卷**　（清）王士禛撰　清同治十二年(1873)刻本　十冊

130000－0442－0002812　02812

**帶經堂詩話三十卷首一卷**　（清）王士禛撰　清宣統掃葉山房石印本　十冊

130000－0442－0002813　02813

**帶經堂詩話三十卷首一卷**　（清）王士禛撰　清乾隆二十八年(1763)刻本　八冊

130000－0442－0002814　02814

**帶經堂詩話三十卷首一卷**　（清）王士禛撰　清乾隆五十四年(1789)刻本　十冊

130000－0442－0002815　02815

**帶經堂詩話三十卷首一卷**　（清）王士禛撰　清乾隆二十七年(1762)刻本　十一冊　缺十五卷(十六至三十)

130000－0442－0002816　02816

**貸園叢書初集十二種四十九卷**　（清）周永年輯　清乾隆五十四年(1789)刻本　十六冊

130000－0442－0002817　02817

**戴東原集十二卷**　（清）戴震撰　清光緒十年(1884)蛟川秋樹根齋刻本　四冊

130000－0442－0002818　02818

**戴東原集十二卷附年譜一卷札記一卷**　（清）戴震撰　清乾隆五十七年(1792)刻本　五冊　缺二卷(一至二)

130000－0442－0002819　02819

**戴東原集十二卷附年譜一卷札記一卷**　（清）戴震撰　清宣統二年(1910)渭南嚴氏孝義家塾刻本　六冊

130000－0442－0002820　02820

**戴南山文鈔六卷首一卷**　（清）戴名世著　清宣統二年(1910)國學扶輪社刻本　一冊

130000－0442－0002821　02821

**戴氏遺書十二種**　（清）戴震撰　清乾隆微波榭刻本　十一冊

130000－0442－0002822　02822

**淡墨錄十六卷**　（清）李調元撰　清乾隆六十年(1795)刻本　四冊

130000－0442－0002823　02823

**彈指詞二卷**　（清）顧貞觀撰　（清）顧開陸(清)顧鍾珦校錄　清乾隆十八年(1753)刻本　二冊

130000－0442－0002824　02824

**憺園全集三十六卷**　（清）徐乾學撰　清光緒九年(1883)嘉興金吳瀾刻本　十二冊

130000－0442－0002825　02825

**當歸草堂叢書八種**　（清）丁丙輯　清同治錢塘丁氏刻本　六冊

130000－0442－0002826　02826

**道古堂全集七十四卷**　（清）杭世駿撰　清乾隆四十三年(1778)刻本　二十四冊

130000－0442－0002827　02827

**道古堂詩集二十六卷**　（清）杭世駿撰　清乾隆三十二年(1767)刻本　五冊

130000－0442－0002828　02828

**道古堂文集四十六卷詩集二十六卷**　（清）杭世駿撰　清乾隆五十五年(1790)刻本　十六冊

130000－0442－0002829　02829

**道生堂全稿八卷**　（清）鍾聲撰　清光緒五年(1879)刻本　八冊

130000－0442－0002830　02830

**道學淵源錄一百卷首一卷**　（清）黃嗣東纂　清光緒三十四年(1908)鳳山學舍刻本　十四

冊

130000－0442－0002831　02831

**得一錄八卷首一卷**　（清）孫念劬輯　清光緒
十三年（1887）四川臬署刻本　八冊

130000－0442－0002832　02832

**得一山房詩集二卷請纓日記十卷**　（清）唐懋
功　（清）唐景崧撰　清光緒十九年（1893）刻
本　五冊

130000－0442－0002833　02833

**[光緒]德陽縣志續編十卷首一卷末一卷**
（清）鈕傳善編　（清）李炳靈纂　清光緒三十
一年（1905）刻本　三冊

130000－0442－0002834　02834

**德音堂琴譜十卷**　（清）吳之振撰　清康熙三
十年（1691）刻本　四冊

130000－0442－0002835　02835

**等切元聲十卷**　（清）熊西牧撰　清康熙四十
五年（1706）刻本　六冊

130000－0442－0002836　02836

**等韻輯略三卷**　（清）龐大堃述　清咸豐九年
（1859）常熟龐氏影印本　二冊

130000－0442－0002837　02837

**地學淺釋三十八卷**　（英國）雷俠兒撰　（美
國）瑪高溫口譯　（清）華蘅芳筆述　清同治
十二年（1873）刻本　八冊

130000－0442－0002838　02838

**地志須知一卷附地理須知一卷**　（英國）傅蘭
雅著　清光緒八年（1882）刻本　二冊

130000－0442－0002839　02839

**弟一生修梅華館詞**　（清）況周儀撰　清光緒
十八年（1892）刻本　一冊

130000－0442－0002840　02840

**帝範四卷**　（唐）太宗李世民撰　清道光二十
七年（1847）刻本　一冊

130000－0442－0002841　02841

**帝王表一卷**　（清）齊召南編　帝王廟謚年諱
譜一卷　（清）阮福撰　清同治二年（1863）武

林葉氏敦怡堂刻本　六冊

130000－0442－0002842　02842

**帝王表一卷**　（清）齊召南編　清道光四年
（1824）小瑯嬛仙館刻本　六冊

130000－0442－0002843　02843

**帝王經世圖譜十六卷**　（宋）唐仲友撰　（清）
紀昀纂修　清乾隆五十二年（1787）武英殿木
活字印本　六冊

130000－0442－0002844　02844

**第九才子書平鬼傳四卷**　（清）樵雲山人編
清康熙五十九年（1720）同文堂刻本　四冊

130000－0442－0002845　02845

**第一才子書六十卷首一卷一百二十回**　（明）
羅貫中撰　（清）毛宗崗評　清咸豐三年
（1853）上海同文書局石印本　十二冊

130000－0442－0002846　02846

**第一才子書六十卷首一卷一百二十回**　（明）
羅貫中撰　（清）毛宗崗評　清咸豐九年
（1859）汲古堂刻本　二十冊

130000－0442－0002847　02847

**第一才子書六十卷首一卷一百二十回**　（明）
羅貫中撰　（清）毛宗崗評　清咸豐三年
（1853）上海同文書局石印本　十六冊

130000－0442－0002848　02848

**典故列女傳四卷**　（□）□□撰　明萬曆西湖
寶文堂刻本　四冊

130000－0442－0002849　02849

**殿本詩經八卷**　（宋）朱熹集傳　清光緒六年
（1880）聚珍堂書坊刻本　四冊

130000－0442－0002850　02850

**雕菰集紀署二十四卷**　（清）焦循著　清道光
四年（1824）刻本　六冊

130000－0442－0002851　02851

**疊雅十三卷**　（清）史夢蘭撰　清同治四年
（1865）止園莊刻本　四冊

130000－0442－0002852　02852

**定盦文集三卷續集四卷文集補八卷**　（清）龔

自珍撰　清光緒二十三年(1897)刻本　六冊

130000－0442－0002853　02853

**定峰樂府十卷**　(清)沙張白撰　(清)曹禾評
清道光十八年(1838)刻本　一冊

130000－0442－0002854　02854

**定山堂詩集四十卷附詩餘四卷**　(清)龔鼎孳
校　清光緒九年(1883)刻本　十六冊

130000－0442－0002855　02855

**東都事略一百三十卷**　(宋)王稱撰　清光緒
九年(1883)淮南書局刻本　八冊

130000－0442－0002856　02856

**東方兵事紀略五卷**　(清)姚錫光撰　清光緒
二十三年(1897)刻本　二冊

130000－0442－0002857　02857

**東漢會要四十卷**　(宋)徐天麟撰　清光緒五
年(1879)嶺南學海堂刻本　八冊

130000－0442－0002858　02858

**東漢會要四十卷**　(宋)徐天麟撰　清光緒十
年(1884)江蘇書局刻本　八冊

130000－0442－0002859　02859

**東漢會要四十卷**　(宋)徐天麟撰　清刻本
八冊

130000－0442－0002860　02860

**東華錄三十二卷**　(清)蔣良騏撰　清乾隆三
十年(1765)刻本　十八冊

130000－0442－0002861　02861

**東華錄一百九十五卷東華續錄二百三十卷**
王先謙編　清光緒十三年(1887)石印本　六
十五冊

130000－0442－0002862　02862

**東華錄一百九十五卷東華續錄二百三十卷**
王先謙編　清光緒十年(1884)石印本　六十
六冊

130000－0442－0002863　02863

**東華錄一百九十五卷東華續錄四百二十卷**　王
先謙編　清光緒十三年至二十四年(1887－
1898)石印本　一百十八冊

130000－0442－0002864　02864

**東華續錄光緒朝二百二十卷**　(清)朱壽朋編
清宣統鉛印本　六十一冊　存二百九卷
(四至一百七十六、一百八十一至一百八十
八、一百九十三至二百二十)

130000－0442－0002865　02865

**東華續錄光緒朝二百二十卷**　(清)朱壽朋編
清宣統鉛印本　三十二冊　存一百七卷
(三十六至一百、一百四十三至一百八十四)

130000－0442－0002866　02866

**東華續錄嘉慶朝五十卷**　王先謙編　清光緒
石印本　六冊

130000－0442－0002867　02867

**東華續錄咸豐朝六十九卷**　(清)潘頤福編
清宣統三年(1911)存古齋石印本　十冊

130000－0442－0002868　02868

**東萊博議四卷**　(宋)呂祖謙撰　(清)馮泰松
編　清光緒二十年(1894)刻本　三冊　存三
卷(一、三至四)

130000－0442－0002869　02869

**東萊詩集二十卷**　(宋)呂本中撰　(清)呂儁
孫校刊　清咸豐九年(1859)刻本　四冊

130000－0442－0002870　02870

**東萊先生古文關鍵二卷**　(宋)呂祖謙撰
(宋)蔡文子注　(清)謝甘盤總校　清光緒二
十四年(1898)尚友堂金記刻本　二冊

130000－0442－0002871　02871

**東萊先生音註唐鑑二十四卷**　(宋)范祖禹撰
(宋)呂祖謙音注　清光緒十八年(1892)浙
江書局刻本　四冊

130000－0442－0002872　02872

**東萊先生音註唐鑑二十四卷**　(宋)范祖禹撰
(宋)呂祖謙音注　清同治十三年(1874)刻
本　四冊

130000－0442－0002873　02873

**東萊左氏博議二十五卷**　(宋)呂祖謙撰
(清)紀昀校勘　清道光十九年(1839)清吟閣

刻本　一册

130000－0442－0002874　02874

**東萊左氏博議二十五卷**　(宋)吕祖謙撰　(清)紀昀校勘　清光緒八年(1882)清吟閣刻本　六册

130000－0442－0002875　02875

**東林本末三卷**　(明)吴應箕纂　(清)夏燮　(清)朱航校　清同治三年(1864)刻本　一册

130000－0442－0002876　02876

**東南紀事十二卷**　(清)邵廷采撰　清光緒十年(1884)邵武徐幹刻本　二册

130000－0442－0002877　02877

**東喦艸堂評定唐詩鼓吹十卷**　(清)郝天挺注　(清)廖文炳解　清康熙二十七年(1688)刻本　五册

130000－0442－0002878　02878

**東坡全集三十二卷目録三卷**　(宋)蘇軾撰　(明)黄嘉芳校正　清刻本　四册

130000－0442－0002879　02879

**東坡詩選十二卷附宋史本傳一卷**　(宋)蘇軾撰　(明)譚元春選　**東坡先生年譜一卷**　(宋)王宗稷編　明天啓元年(1621)文盛堂刻本　四册

130000－0442－0002880　02880

**東坡事類二十二卷**　(清)梁廷枏撰　清道光十年(1830)刻本　八册

130000－0442－0002881　02881

**東坡先生文集七十五卷首一卷**　(宋)蘇軾撰　(明)陳仁錫評閲　明刻本　二十一册

130000－0442－0002882　02882

**東潛文稾二卷**　(清)趙一清撰　清乾隆五十九年(1794)小山堂刻本　二册

130000－0442－0002883　02883

**東塾讀書記十五卷**　(清)陳澧撰　清光緒二十七年(1901)大泉書局刻本　六册

130000－0442－0002884　02884

**東廂記四卷首一卷**　(清)湯世瀠撰　清道光十三年(1833)刻本　四册

130000－0442－0002885　02885

**東軒筆録十五卷**　(宋)魏泰撰　清光緒二十五年(1899)刻本　四册

130000－0442－0002886　02886

**東周列國全志二十三卷**　(清)蔡昇評點　清光緒九年(1883)刻本　十二册

130000－0442－0002887　02887

**東周列國全志二十三卷**　(清)蔡昇評點　清光緒十二年(1886)上海江左書林刻本　二十四册

130000－0442－0002888　02888

**東周列國全志二十三卷**　(清)蔡昇評點　清光緒十三年(1887)書業德刻本　二十册

130000－0442－0002889　02889

**東周列國全志二十三卷**　(清)蔡昇評點　清乾隆十七年(1752)刻本　二十四册

130000－0442－0002890　02890

**東周列國全志二十三卷**　(清)蔡昇評點　清乾隆十七年(1752)刻本　二十四册

130000－0442－0002891　02891

**東洲草堂文鈔二十卷**　(清)何紹基撰　**眠琴閣遺文一卷遺詩二卷**　(清)何慶涵撰　清刻本　六册

130000－0442－0002892　02892

**洞蕭樓詩紀二卷**　(清)宋翔鳳撰　清道光十年(1830)刻本　二册

130000－0442－0002893　02893

**獨笑齋金石攷略四卷**　(清)鄭業斆撰　清光緒十三年(1887)刻本　二册

130000－0442－0002894　02894

**讀杜心解六卷首二卷**　(清)浦起龍撰　清雍正二年(1724)寧我齋刻本　八册

130000－0442－0002895　02895

**讀杜心解六卷首二卷**　(清)浦起龍撰　清雍正二年(1724)寧我齋刻本　八册

130000 – 0442 – 0002896　02896

**讀風臆補二卷**　（明）戴君恩撰　（清）陳繼揆輯　清光緒六年(1880)寧郡述古堂刻本　二冊

130000 – 0442 – 0002897　02897

**讀禮通考一百二十卷**　（清）徐乾學撰　清光緒七年(1881)江蘇書局刻本　三十二冊

130000 – 0442 – 0002898　02898

**讀禮通考一百二十卷**　（清）徐乾學撰　清康熙三十五年(1696)刻本　三十冊

130000 – 0442 – 0002899　02899

**讀全唐詩鈔三十八卷**　（清）金世綏撰　清嘉慶二十四年(1819)刻本　十冊

130000 – 0442 – 0002900　02900

**讀詩考字二卷補一卷**　（清）程大鏞纂　（清）程人麟　（清）程人驥校　清道光二十五年(1845)叢桂軒刻本　二冊

130000 – 0442 – 0002901　02901

**讀史兵略四十六卷**　（清）胡林翼纂　清咸豐十一年(1861)武昌節署刻本　十六冊

130000 – 0442 – 0002902　02902

**讀史兵略四十六卷**　（清）胡林翼纂　清咸豐十一年(1861)武昌節署刻本　二十四冊

130000 – 0442 – 0002903　02903

**讀史大略六十卷**　（清）沙張白著　清咸豐七年(1857)恭壽堂刻本　十二冊

130000 – 0442 – 0002904　02904

**讀史大略六十卷小沙子史略一卷**　（清）沙張白著　清咸豐七年(1857)刻本　十二冊

130000 – 0442 – 0002905　02905

**讀史方輿紀要一百三十卷輿地要覽四卷**　（清）顧祖禹輯　（清）彭元瑞校　清光緒二十五年(1899)慎記書莊石印本　三十二冊

130000 – 0442 – 0002906　02906

**讀史管見三十卷**　（宋）胡寅撰　清康熙五十三年(1714)刻本　三十二冊

130000 – 0442 – 0002907　02907

**讀史紀略四卷**　（清）蕭浚輯　（清）楊尚文校　清道光二十年(1840)靈石楊氏澹靜齋刻本　一冊

130000 – 0442 – 0002908　02908

**讀史舉正八卷**　（清）張燧撰　清光緒十七年(1891)廣雅書局刻本　二冊

130000 – 0442 – 0002909　02909

**讀史論略一卷**　（清）杜詔撰　清光緒十一年(1885)刻本　二冊

130000 – 0442 – 0002910　02910

**讀史論略一卷**　（清）杜詔撰　清光緒二十八年(1902)今是軒刻本　一冊

130000 – 0442 – 0002911　02911

**讀史碎金六卷**　（清）胡文炳撰　清光緒二年(1876)刻本　六冊

130000 – 0442 – 0002912　02912

**讀史提要錄十二卷**　（清）夏之蓉編　清乾隆三十七年(1772)刻本　四冊

130000 – 0442 – 0002913　02913

**讀史提要錄十二卷**　（清）夏之蓉編　清乾隆三十七年(1772)刻本　六冊

130000 – 0442 – 0002914　02914

**讀書後八卷**　（明）王世貞撰　清乾隆二十一年(1756)味菜廬刻本　四冊

130000 – 0442 – 0002915　02915

**讀書後八卷**　（明）王世貞撰　（清）顧朝泰校　清乾隆二十七年(1762)天隨堂刻本　二冊

130000 – 0442 – 0002916　02916

**讀書紀數略五十四卷**　（清）宮夢仁撰　（清）宋澤元校　清光緒六年(1880)懺花庵刻本　十二冊

130000 – 0442 – 0002917　02917

**讀書紀數略五十四卷**　（清）宮夢仁撰　清康熙五十年(1711)刻本　十六冊

130000 – 0442 – 0002918　02918

**讀書敏求記四卷**　（清）錢曾撰　清乾隆六十年(1795)刻本　二冊

130000－0442－0002919　02919

**讀書敏求記四卷**　（清）錢曾撰　清乾隆六十年（1795）刻本　四冊

130000－0442－0002920　02920

**讀書堂杜工部詩集註解二十卷文集註解二卷年譜一卷**　（唐）杜甫撰　（清）張溍評註　清康熙三十六年（1697）張氏讀書堂刻本　十二冊

130000－0442－0002921　02921

**讀書雜釋七卷**　（清）徐鼒撰　清光緒十二年（1886）鉛印本　二冊

130000－0442－0002922　02922

**讀書雜志八十二卷餘編二卷**　（清）王念孫撰　清同治九年（1870）刻本　二十四冊

130000－0442－0002923　02923

**讀通鑑論三十卷**　（清）王夫之撰　清光緒二十五年（1899）申昌書莊石印本　六冊

130000－0442－0002924　02924

**讀通鑑綱目條記二十卷首一卷**　（清）李述來著　清嘉慶七年（1802）刻本　六冊

130000－0442－0002925　02925

**讀雪山房唐詩鈔十五卷**　（清）管世銘著　清光緒十二年（1886）湖北官書處刻本　六冊

130000－0442－0002926　02926

**讀左補義五十卷**　（清）姜炳璋輯　清光緒三十年（1904）刻本　十六冊

130000－0442－0002927　02927

**讀左補義五十卷首一卷**　（清）姜炳璋輯　清乾隆三十三年（1768）刻本　十四冊

130000－0442－0002928　02928

**賭棋山莊集詞話十二卷續五卷酒邊詞八卷**　（清）謝章鋌撰　清光緒刻本　八冊

130000－0442－0002929　02929

**賭棋山莊集詩集十四卷文集七卷**　（清）謝章鋌撰　清光緒十四年（1888）刻本　八冊

130000－0442－0002930　02930

**篤素堂文集十六卷詩集七卷**　（清）張英撰

清康熙四十年（1701）刻本　六冊

130000－0442－0002931　02931

**杜樊川詩集四卷外集一卷別集一卷補遺一卷**　（清）馮集梧注　清嘉慶六年（1801）刻本　四冊

130000－0442－0002932　02932

**杜樊川詩集注七卷**　（清）馮集梧　（□）吳錫麟注　清光緒十六年（1890）湘南書局刻本　四冊

130000－0442－0002933　02933

**杜工部集二十卷**　（唐）杜甫撰　（清）鄭雲輯　清同治十一年（1872）刻本　十冊

130000－0442－0002934　02934

**杜工部集二十卷**　（唐）杜甫撰　（清）錢謙益箋註　清宣統三年（1911）時中書局石印本　八冊

130000－0442－0002935　02935

**杜工部集二十卷**　（唐）杜甫撰　清光緒二年（1876）刻本　十冊

130000－0442－0002936　02936

**杜工部集二十卷**　（唐）杜甫撰　清光緒二年（1876）刻本　十冊

130000－0442－0002937　02937

**杜工部集二十卷**　（唐）杜甫撰　清光緒二年（1876）刻本　十冊

130000－0442－0002938　02938

**杜工部集二十卷**　（唐）杜甫撰　清光緒二年（1876）刻本　十冊

130000－0442－0002939　02939

**杜工部集二十卷**　（唐）杜甫撰　清光緒二年（1876）刻本　十冊

130000－0442－0002940　02940

**杜工部集二十卷**　（唐）杜甫撰　清光緒二年（1876）刻本　十冊

130000－0442－0002941　02941

**杜工部集二十卷**　（唐）杜甫撰　清光緒二年（1876）刻本　十冊

130000－0442－0002942　02942

**杜工部集二十卷附錄一卷**　（唐）杜甫撰
（清）錢謙益箋註　清康熙六年（1667）刻本
十冊

130000－0442－0002943　02943

**杜工部集五家評本二十卷**　（唐）杜甫撰
（清）盧坤編　（明）王世貞　（明）王慎中
（清）王士禎　（清）邵長蘅　（清）宋犖評
清道光十四年（1834）刻五色套印本　八冊

130000－0442－0002944　02944

**杜少陵全集詳注二十卷末一卷**　（清）江浩編
清乾隆四十八年（1783）刻本　十二冊

130000－0442－0002945　02945

**杜詩會稡二十四卷**　（唐）杜甫撰　（清）張遠
箋　清康熙二十七年（1688）刻本　八冊

130000－0442－0002946　02946

**杜詩集評十五卷**　（清）劉濬輯　清嘉慶九年
（1804）刻本　八冊

130000－0442－0002947　02947

**杜詩鏡銓二十卷**　（唐）杜甫撰　（清）楊倫編
清同治十一年（1872）昆菱章氏刻本　八冊

130000－0442－0002948　02948

**杜詩鏡銓二十卷**　（唐）杜甫撰　（清）楊倫注
清乾隆五十六年（1791）刻本　十冊

130000－0442－0002949　02949

**杜詩鏡銓二十卷附錄一卷**　（唐）杜甫撰
（清）楊倫編　**杜工部文集註解二卷**　（清）張
潛評註　清光緒十八年（1892）著易堂鉛印本
六冊

130000－0442－0002950　02950

**杜詩鏡銓二十卷附錄一卷**　（唐）杜甫撰
（清）楊倫編　**杜工部文集註解二卷**　（清）張
潛評註　清光緒十八年（1892）著易堂鉛印本
六冊

130000－0442－0002951　02951

**杜詩鏡銓二十卷附錄一卷**　（唐）杜甫撰
（清）楊倫編　**杜工部文集註解二卷**　（清）張

潛評註　清光緒十八年（1892）著易堂鉛印本
六冊

130000－0442－0002952　02952

**杜詩鏡銓二十卷附錄一卷**　（唐）杜甫撰
（清）楊倫編　**杜工部文集註解二卷**　（清）張
潛評註　清光緒十八年（1892）著易堂鉛印本
六冊

130000－0442－0002953　02953

**杜詩鏡銓二十卷附錄一卷**　（唐）杜甫撰
（清）楊倫編　**杜工部文集註解二卷**　（清）張
潛評註　清同治十一年（1872）望三益齋刻本
十冊

130000－0442－0002954　02954

**杜詩鏡銓二十卷附錄一卷**　（唐）杜甫撰
（清）楊倫編　**杜工部文集註解二卷**　（清）張
潛評註　清同治十一年（1872）望三益齋刻本
十冊

130000－0442－0002955　02955

**杜詩鏡銓二十卷附錄一卷**　（唐）杜甫撰
（清）楊倫編　**杜工部文集註解二卷**　（清）張
潛評註　清同治十一年（1872）望三益齋刻本
十冊

130000－0442－0002956　02956

**杜詩鏡銓二十卷附錄一卷**　（唐）杜甫撰
（清）楊倫編　**杜工部文集註解二卷**　（清）張
潛評註　清同治十一年（1872）望三益齋刻本
十二冊

130000－0442－0002957　02957

**杜詩鏡銓二十卷附錄一卷**　（唐）杜甫撰
（清）楊倫編　**杜工部文集註解二卷**　（清）張
潛評註　清同治十一年（1872）昆菱章氏刻本
十二冊

130000－0442－0002958　02958

**杜詩鏡銓二十卷附錄一卷**　（唐）杜甫撰
（清）楊倫編　**杜工部文集註解二卷**　（清）張
潛評註　清同治十一年（1872）望三益齋刻本
十冊

130000－0442－0002959　02959

杜詩瑣證二卷　（清）史炳撰　清道光五年(1825)句儉山房刻本　二冊

130000－0442－0002960　02960

杜詩詳注二十五卷首一卷附錄二卷　（唐）杜甫撰　（清）仇兆鰲輯註　清康熙三十二年(1693)刻本　十四冊

130000－0442－0002961　02961

杜詩詳注二十五卷首一卷附錄二卷　（唐）杜甫撰　（清）仇兆鰲輯註　清康熙三十二年(1693)刻本　二十八冊

130000－0442－0002962　02962

杜詩詳注二十五卷首一卷附錄二卷　（唐）杜甫撰　（清）仇兆鰲輯註　清康熙三十二年(1693)刻本　二十四冊

130000－0442－0002963　02963

杜詩注釋二十四卷首一卷　（清）許寶善編　清嘉慶七年(1802)刻本　十二冊

130000－0442－0002964　02964

杜氏通典二百卷　（唐）杜佑纂　（清）弘晝等纂修　清光緒二十七年(1901)刻本　十六冊

130000－0442－0002965　02965

段氏說文注訂八卷　（清）鈕樹玉撰　清同治十三年(1874)崇文書局刻本　二冊

130000－0442－0002966　02966

段氏說文注訂八卷　（清）鈕樹玉撰　清同治十三年(1874)崇文書局刻本　二冊

130000－0442－0002967　02967

段氏說文注訂八卷　（清）鈕樹玉撰　清同治十三年(1874)崇文書局刻本　二冊

130000－0442－0002968　02968

段式說文注訂八卷　（清）鈕樹玉撰　清道光三年(1823)刻本　二冊

130000－0442－0002969　02969

對雨樓叢書五種　繆荃孫輯　清光緒三十一年(1905)刻本　五冊

130000－0442－0002970　02970

敦夙好齋詩初編十二卷　（清）葉名灃著　清

咸豐六年(1856)刻本　二冊

130000－0442－0002971　02971

恪靖侯盾鼻餘瀋一卷　（清）左宗棠撰　清光緒七年(1881)刻本　一冊

130000－0442－0002972　02972

鈍翁類稿六十二卷　（清）汪琬撰　清康熙十四年(1675)刻本　十二冊

130000－0442－0002973　02973

鄂國金佗稡編二十八卷續編三十卷　（宋）岳珂編　清光緒九年(1883)浙江書局刻本　十二冊

130000－0442－0002974　02974

鄂宰四種　（清）王筠撰　清咸豐二年(1852)刻本　二冊

130000－0442－0002975　02975

鄂宰四種　（清）王筠撰　清咸豐二年(1852)刻本　四冊

130000－0442－0002976　02976

鄂宰四種　（清）王筠撰　清咸豐二年(1852)刻本　二冊

130000－0442－0002977　02977

鄂宰四種　（清）王筠撰　清咸豐二年(1852)刻本　二冊

130000－0442－0002978　02978

而菴說唐詩二十二卷　（清）徐增撰　清乾隆二十三年(1758)刻本　八冊

130000－0442－0002979　02979

爾雅補郭二卷　（清）翟灝撰　清刻本　一冊

130000－0442－0002980　02980

爾雅古義二卷　（清）胡承珙撰　清道光十七年(1837)刻本　一冊

130000－0442－0002981　02981

爾雅古注斠三卷　（清）葉蕙心撰　清光緒二年(1876)刻本　二冊

130000－0442－0002982　02982

爾雅郭注佚存補訂二十卷　（清）王樹枏撰

清光緒十八年(1892)刻本　六冊

130000－0442－0002983　02983

**爾雅郭注義疏二十卷**　(清)郝懿行撰　清光緒八年(1882)刻本　十二冊

130000－0442－0002984　02984

**爾雅匡名二十卷**　(清)嚴元照撰　清光緒十一年(1885)刻本　四冊

130000－0442－0002985　02985

**爾雅匡名二十卷**　(清)嚴元照撰　清光緒十一年(1885)刻本　四冊

130000－0442－0002986　02986

**爾雅匡名二十卷**　(清)嚴元照撰　清光緒十六年(1890)刻本　四冊

130000－0442－0002987　02987

**爾雅蒙求二卷**　(清)李拔式撰　清嘉慶三年(1798)蟠根書屋刻本　二冊

130000－0442－0002988　02988

**爾雅蒙求二卷**　(清)李拔式撰　清嘉慶三年(1798)金陵洪萬盈刻本　二冊

130000－0442－0002989　02989

**爾雅三卷**　(晉)郭璞撰　(唐)陸德明音義　清嘉慶二十二年(1817)刻本　三冊

130000－0442－0002990　02990

**爾雅三卷**　(晉)郭璞撰　(唐)陸德明音義　清光緒九年(1883)刻本　三冊

130000－0442－0002991　02991

**爾雅十一卷**　(晉)郭璞注　明永懷堂刻本　三冊

130000－0442－0002992　02992

**爾雅疏十卷**　(宋)邢昺校定　(清)陸心源校　清光緒四年(1878)刻本　四冊

130000－0442－0002993　02993

**爾雅圖四卷**　(晉)郭璞撰　清光緒十年(1884)同文書局石印本　二冊

130000－0442－0002994　02994

**爾雅新義二十卷附錄一卷**　(宋)陸佃撰　清

咸豐五年(1855)刻本　四冊

130000－0442－0002995　02995

**爾雅義疏二十卷**　(清)郝懿行撰　清同治四年(1865)刻本　八冊

130000－0442－0002996　02996

**爾雅義疏二十卷**　(清)郝懿行撰　清同治四年(1865)刻本　八冊

130000－0442－0002997　02997

**爾雅翼三十二卷**　(宋)羅願著　(元)洪焱祖音釋　清光緒十年(1884)刻本　六冊

130000－0442－0002998　02998

**新刻爾雅翼三十二卷**　(宋)羅願撰　(明)畢效欽校　清刻本　六冊

130000－0442－0002999　02999

**爾雅正義二十卷**　(清)邵晉涵撰　**爾雅釋文三卷**　(唐)陸德明釋義　清乾隆五十三年(1788)刻本　十二冊

130000－0442－0003000　03000

**爾雅正義二十卷**　(清)邵晉涵撰　**爾雅釋文三卷**　(唐)陸德明釋義　清乾隆五十三年(1788)邵氏家塾刻本　八冊

130000－0442－0003001　03001

**爾雅直音二卷**　(清)孫佀輯　清光緒十三年(1887)三經書屋刻本　二冊

130000－0442－0003002　03002

**爾雅直音二卷**　(清)孫佀輯　清光緒六年(1880)刻本　二冊

130000－0442－0003003　03003

**爾雅註疏十一卷**　(晉)郭璞註　(宋)邢昺疏　清刻本　三冊

130000－0442－0003004　03004

**爾雅註疏十一卷**　(晉)郭璞註　(宋)邢昺疏　清同治十二年(1873)江西書局刻本　六冊

130000－0442－0003005　03005

**二程語錄十八卷**　(宋)朱熹編　(清)張伯行訂　清同治五年(1866)正誼書局刻本　七冊

130000－0442－0003006　03006

**二家詩選二卷**　（清）王士禎輯　清康熙十四年(1675)刻本　一冊

130000－0442－0003007　03007

**二林居集二十四卷**　（清）彭紹升著　清光緒七年(1881)刻本　六冊

130000－0442－0003008　03008

**二曲全集二十六卷附四書反身錄八卷首一卷**　（清）李顒撰　清咸豐元年(1851)刻本　八冊

130000－0442－0003009　03009

**二申野錄八卷**　（清）孫之騄輯　清同治六年(1867)吟香館刻本　四冊

130000－0442－0003010　03010

**二十二史二十二種**　（漢）司馬遷等撰　清光緒三十四年(1908)上海集成圖書公司刻本　三百八十六冊

130000－0442－0003011　03011

**二十二子三百四十卷**　（清）浙江書局輯　清光緒元年至三年(1875－1877)浙江書局刻本　八十三冊

130000－0442－0003012　03012

**二十四史九通政典類要合編三百二十卷**　（清）黃書霖編　清光緒二十八年(1902)約雅堂刻本　六十冊

130000－0442－0003013　03013

**二十四史九通政典類要合編三百二十卷**　（清）黃書霖編　清光緒二十八年(1902)約雅堂刻本　六十冊

130000－0442－0003014　03014

**二十四史論贊七十八卷**　（清）陳闌撰　清光緒二十九年(1903)上海慎記書莊石印本　十二冊

130000－0442－0003015　03015

**二十四史三千二百三十三卷**　（清）弘晝（清）張廷玉校刻　清光緒二十八年至二十九年(1902－1903)刻本　一百九十六冊　缺六十五卷(三國志六十五卷)

130000－0442－0003016　03016

**二十五子匯函二十五種**　（清）鴻文書局輯（清）孫星衍編注　清光緒十九年(1893)鴻文書局石印本　十冊　存十五種一百六十八卷(孔子集語十七卷,鬼谷子一卷,孫子十家注十三卷、遺說一卷、敘錄一卷,荀子二十卷、附校勘補遺一卷,文子纘義十二卷,商君書五卷、附考一卷,呂氏春秋十六卷、附一卷,老子道德經二卷、附音義一卷,管子二十四卷,墨子十六卷、附篇目考一卷,列子八卷,尸子二卷、存疑一卷,莊子十卷,晏子春秋七卷、音義二卷、校勘二卷,鶡冠子三卷)

130000－0442－0003017　03017

**法言疏證十三卷校補一卷**　（清）汪榮寶撰　清宣統三年(1911)金薤琳瑯齋鉛印本　四冊

130000－0442－0003018　03018

**番禺陳氏東塾叢書五種**　（清）陳澧撰集　清咸豐八年至光緒十年(1858－1884)刻本　九冊

130000－0442－0003019　03019

**翻切簡可篇二卷**　（清）張爕承述　清同治十一年(1872)刻本　一冊

130000－0442－0003020　03020

**翻譯名義集二十卷**　（宋）釋法雲編　清光緒四年(1878)金陵刻經處刻本　六冊

130000－0442－0003021　03021

**樊川詩集四卷別集一卷外集一卷**　（清）馮集梧注　清光緒三十二年(1906)刻本　二冊

130000－0442－0003022　03022

**樊川文集二十卷外集一卷別集一卷**　（唐）杜牧撰　清光緒二十二年(1896)景蘇園影印本　四冊

130000－0442－0003023　03023

**樊南文集補編十二卷首一卷附錄一卷**　（唐）李商隱撰　（清）錢振倫箋　（清）錢振常注　清同治五年(1866)望三益齋刻本　六冊

130000－0442－0003024　03024

**樊南文集補編十二卷首一卷附錄一卷**　（唐）李商隱撰　（清）錢振倫箋　（清）錢振常注　清同治五年(1866)望三益齋刻本　四冊

130000－0442－0003025　03025

**樊南文集補編十二卷首一卷附錄一卷**　（唐）李商隱撰　（清）錢振倫箋　（清）錢振常注　清同治五年(1866)望三益齋刻本　四冊

130000－0442－0003026　03026

**樊南文集補編十二卷首一卷附錄一卷**　（唐）李商隱撰　（清）錢振倫箋　（清）錢振常注　清同治五年(1866)望三益齋刻本　四冊

130000－0442－0003027　03027

**樊南文集箋注八卷首一卷**　（唐）李商隱撰　（清）馮浩編　清乾隆三十年(1765)刻本　四冊

130000－0442－0003028　03028

**樊南文集詳註八卷**　（唐）李商隱撰　（清）馮浩編　清同治七年(1868)德聚堂刻本　四冊

130000－0442－0003029　03029

**樊山集二十五種樊山續集二十五種二家詠古詩一種二家試帖一種二家詞鈔一種樊山時文一種樊山公牘一種樊山批判一種**　樊增祥撰　清同治九年至光緒三十二年(1870－1906)刻本　二十四冊

130000－0442－0003030　03030

**樊榭山房全集四十四卷**　（清）厲鶚撰　清光緒十年(1884)錢塘汪氏振綺堂刻本　十冊

130000－0442－0003031　03031

**返生香一卷附集一卷**　（明）葉小鸞撰　清光緒二十二年(1896)刻本　二冊

130000－0442－0003032　03032

**范伯子詩集十九卷**　（清）范當世撰　**蘊素軒詩集四卷**　（清）姚倚雲撰　清光緒三十年(1904)刻本　四冊

130000－0442－0003033　03033

**范聲山雜著十三卷**　（清）范鍇錄　清同治十

年(1871)刻本　四冊

130000－0442－0003034　03034

**范忠宣公集二十卷奏議二卷遺文一卷附錄一卷補編一卷**　（宋）范純仁撰　清康熙四十六年(1707)歲寒堂刻本　四冊

130000－0442－0003035　03035

**範家集畧六卷**　（清）秦坊輯　清道光二十一年(1841)刻本　三冊

130000－0442－0003036　03036

**方望溪先生全集三十二卷**　（清）方苞撰　（清）戴鈞衡編　清咸豐元年(1851)刻本　十六冊

130000－0442－0003037　03037

**方言箋疏十三卷**　（晉）郭璞撰　（清）錢繹撰集　清光緒十六年(1890)紅蝠山房刻本　六冊

130000－0442－0003038　03038

**方言箋疏十三卷**　（晉）郭璞撰　（清）錢繹撰集　清光緒十六年(1890)紅蝠山房刻本　六冊

130000－0442－0003039　03039

**方言箋疏十三卷**　（晉）郭璞撰　（清）錢繹撰集　清光緒十六年(1890)紅蝠山房刻本　六冊

130000－0442－0003040　03040

**方言十三卷**　（漢）揚雄撰　（晉）郭璞注　清刻本　一冊

130000－0442－0003041　03041

**方言十三卷首一卷續方言二卷續方言補一卷**　（晉）郭璞撰　（清）杭世駿纂　（清）程際盛補纂　清光緒十七年(1891)思賢講舍刻本　三冊

130000－0442－0003042　03042

**方言疏證十三卷續方言二卷**　（清）戴震疏證　清刻本　四冊

130000－0442－0003043　03043

**方正學先生遜志齋集二十四卷年譜一卷拾補**

145

一卷外紀一卷校勘記一卷　（明）方孝孺撰
清同治十二年(1873)吳縣孫氏刻本　十六冊

130000－0442－0003044　03044
方正學先生遜志齋文集十三卷年譜一卷
（明）方孝孺撰　（明）張紹謙纂定　（明）盧
演輯訂　清康熙四十四年(1705)刻本　八冊

130000－0442－0003045　03045
芳茂山人文集五種　（清）孫星衍撰　清光緒
十二年(1886)刻本　六冊

130000－0442－0003046　03046
放翁題跋六卷放翁家訓一卷　（宋）陸游撰
清光緒四年(1878)葛氏嘯園刻本　四冊

130000－0442－0003047　03047
分類補註李太白詩二十五卷　（唐）李白撰
（明）許自昌校　清刻本　十冊

130000－0442－0003048　03048
分類韻錦十二卷　（清）郭雨三輯　清道光二
十六年(1846)書業德刻本　十二冊

130000－0442－0003049　03049
封泥攷略十卷　（清）吳式芬　（清）陳介祺輯
清光緒三十年(1904)石印本　十冊

130000－0442－0003050　03050
楓南山館遺集七卷末一卷　（清）莊受祺撰
清同治十三年(1874)刻本　二冊

130000－0442－0003051　03051
奉天錄四卷　（唐）趙元一撰　清光緒二十一
年(1895)刻本　一冊

130000－0442－0003052　03052
浮沚集九卷　（宋）周行已撰　清同治八年
(1869)刻本　三冊

130000－0442－0003053　03053
甫田集三十五卷附錄一卷　（明）文徵明撰
清宣統三年(1911)刻本　十二冊

130000－0442－0003054　03054
附釋文互注禮部韻略五卷　（宋）歐陽德隆輯
清光緒二年(1876)川東官舍刻本　五冊

130000－0442－0003055　03055
附釋音春秋左傳註疏六十卷　（唐）孔穎達撰
（唐）陸德明釋文　清光緒十三年(1887)石
印本　六冊

130000－0442－0003056　03056
附釋音禮記註疏六十三卷　（漢）鄭玄注
（唐）孔穎達疏　（清）阮元校勘　清江西南昌
府學刻本　二冊　存六卷(十九至二十四)

130000－0442－0003057　03057
傅徵君霜紅龕詩鈔一卷　（清）傅山撰　清乾
隆三十二年(1767)刻本　四冊

130000－0442－0003058　03058
傅徵君霜紅龕詩鈔一卷　（清）傅山撰　清乾
隆三十二年(1767)刻本　二冊

130000－0442－0003059　03059
富強叢書續全集一百二十九種　（清）袁俊德
輯　清光緒小倉山房刻本　六十四冊　缺五
種十七卷(聲學揭要六卷,光學揭要七卷、附
一卷,美國議院章程一卷,礦物總表一卷,東
方時局論一卷)

130000－0442－0003060　03060
復初齋詩集六十二卷　（清）翁方綱撰　清乾
隆五十八年(1793)刻本　三十二冊

130000－0442－0003061　03061
復初齋文集三十五卷　（清）翁方綱撰　清光
緒三年(1877)刻本　十二冊

130000－0442－0003062　03062
復初齋文集三十五卷　（清）翁方綱撰　清光
緒三年(1877)刻本　八冊

130000－0442－0003063　03063
復初齋文集三十五卷　（清）翁方綱撰　清光
緒四年(1878)刻本　八冊

130000－0442－0003064　03064
復古編二卷　（宋）張有撰　清光緒十八年
(1892)香山劉氏小書齋刻本　二冊

130000－0442－0003065　03065
復古編二卷校正一卷附錄一卷曾樂軒稿一卷

安陸集一卷　(宋)張有等撰　清乾隆四十六年(1781)刻本　三冊

130000－0442－0003066　03066

復古編二卷校正一卷附錄一卷曾樂軒稿一卷安陸集一卷　(宋)張有等撰　清光緒八年(1882)淮南書局刻本　三冊

130000－0442－0003067　03067

復古編二卷校正一卷附錄一卷曾樂軒稿一卷安陸集一卷　(宋)張有等撰　清光緒八年(1882)淮南書局刻本　三冊

130000－0442－0003068　03068

復堂類集二十一卷　(清)譚獻撰　清光緒十一年(1885)刻本　六冊

130000－0442－0003069　03069

復堂類集二十一卷　(清)譚獻撰　清光緒十一年(1885)刻本　六冊

130000－0442－0003070　03070

復堂類集二十一卷　(清)譚獻撰　清光緒十一年(1885)刻本　八冊

130000－0442－0003071　03071

復堂類集文四卷　(清)譚獻撰　清光緒五年(1879)刻本　四冊

130000－0442－0003072　03072

賦鈔箋略十五卷　(清)雷琳　(清)張杏濱撰　清乾隆三十一年(1766)刻本　八冊

130000－0442－0003073　03073

賦匯海續編前集六卷後集二卷　(清)黃爵滋輯　清咸豐元年(1851)刻本　八冊

130000－0442－0003074　03074

陔蘭書屋詩集六卷詩二集三卷詩補遺一卷睡香花室詩鈔一卷　(清)潘雷綬撰　(清)汪紐蘭撰　清道光八年(1828)刻本　六冊

130000－0442－0003075　03075

陔餘叢考四十三卷　(清)趙翼撰　清乾隆五十五年(1790)刻本　十四冊

130000－0442－0003076　03076

陔餘叢考四十三卷　(清)趙翼撰　清乾隆五

十五年(1790)刻本　十二冊

130000－0442－0003077　03077

陔餘叢考四十三卷　(清)趙翼撰　清乾隆五十五年(1790)刻本　八冊

130000－0442－0003078　03078

陔餘叢考四十三卷　(清)趙翼撰　清乾隆五十五年(1790)刻本　十二冊

130000－0442－0003079　03079

陔餘叢考四十三卷　(清)趙翼撰　清乾隆五十五年(1790)刻本　十二冊

130000－0442－0003080　03080

改良繪圖施公案全集十六卷　(□)文光主人校　清宣統元年(1909)石印本　十二冊

130000－0442－0003081　03081

甘泉鄉人稿二十四卷　(清)錢泰吉撰　清同治十一年(1872)刻本　六冊

130000－0442－0003082　03082

甘泉鄉人稿二十四卷四水子遺著一卷甘泉鄉人餘稿目二卷　(清)錢泰吉撰　邠農偶吟稿一卷　(清)錢炳森撰　年譜一卷　(清)錢應溥撰　清同治十一年(1872)刻本　七冊

130000－0442－0003083　03083

感舊集十六卷補遺一卷　(清)王士禛選(清)盧見曾補傳　清乾隆十七年(1752)刻本　八冊

130000－0442－0003084　03084

綱鑑會編九十八卷　(清)劉德芳撰　(清)葉澐輯錄　清康熙刻本　五十六冊

130000－0442－0003085　03085

綱鑑擇言十卷　(清)司徒脩選輯　(清)李嘉樹補注　清光緒二十八年(1902)濟南雙和堂刻本　六冊

130000－0442－0003086　03086

綱鑑正史約三十六卷　(明)顧錫疇編　(清)陳宏謀增訂　清同治八年(1869)浙江書局刻本　二十冊

130000－0442－0003087　03087

綱鑑正史約三十六卷 （明）顧錫疇編 （清）陳宏謀增訂 清同治八年(1869)浙江書局刻本 二十冊

130000－0442－0003088 03088

網師園唐詩箋十八卷 （清）宋宗元輯 清乾隆三十二年(1767)刻本 十冊

130000－0442－0003089 03089

網師園唐詩箋十八卷 （清）宋宗元輯 清乾隆三十二年(1767)刻本 六冊

130000－0442－0003090 03090

高峰大師語錄一卷 （元）釋高峰撰 清光緒十五年(1889)金陵刻經處刻本 一冊

130000－0442－0003091 03091

高平祁氏三世詩文集四卷 （清）祁汝撰 清光緒十八年(1892)刻本 四冊

130000－0442－00C3092 03092

高僧傳二集四十卷 （唐）釋道宣撰 清光緒十六年(1890)金陵刻經處刻本 十冊

130000－0442－0003093 03093

高僧傳四集六卷 〔明〕釋如惺撰 清光緒十八年(1892)金陵刻經處刻本 二冊

130000－0442－0003094 03094

歌麻古韻考四卷 （清）吳樹聲撰 清咸豐元年(1851)刻本 四冊

130000－0442－0003095 03095

各國約章纂要七卷附錄一卷 勞乃宣編 清光緒十七年(1891)刻本 四冊

130000－0442－0003096 03096

艮齋先生薛常州浪語集三十五卷 （宋）薛季宣撰 清同治十年(1871)金陵書局刻本 六冊

130000－0442－0003097 03097

庚辰集五卷唐人試律說一卷 （清）紀昀編 清乾隆二十七年(1762)刻本 六冊

130000－0442－0003098 03098

庚子北京事變紀略不分卷 （清）鹿完天撰 清光緒二十七年(1901)刻本 二冊

130000－0442－0003099 03099

庚子詩鑑四卷 （清）龍顧山人撰 清刻本 四冊

130000－0442－0003100 03100

庚子銷夏記八卷 （清）孫承澤撰 清乾隆二十六年(1761)刻本 二冊

130000－0442－0003101 03101

公羊傳注十二卷附音本阮氏校勘記 （漢）何休撰 清道光四年(1824)汪氏問禮堂刻本 二冊

130000－0442－0003102 03102

公餘集一卷續編一卷 （清）如許齋主人撰 清光緒十七年(1891)刻本 二冊

130000－0442－0003103 03103

功順堂叢書十八種七十五卷 （清）潘祖蔭輯 清光緒刻本 二十四冊

130000－0442－0003104 03104

功順堂叢書十八種七十五卷 （清）潘祖蔭輯 清光緒刻本 二十四冊

130000－0442－0003105 03105

龔定盦全集十五卷 （清）龔自珍撰 清宣統二年(1910)國學扶輪社鉛印本 七冊

130000－0442－0003106 03106

龔定盦全集十五卷 （清）龔自珍撰 清宣統二年(1910)鉛印本 七冊

130000－0442－0003107 03107

龔定盦全集十五卷 （清）龔自珍撰 清宣統二年(1910)掃葉山房石印本 四冊

130000－0442－0003108 03108

峿嶁鑑撮四卷附歷朝割據諸國一卷讀史論略一卷 （清）曠敏本編 清光緒二十八年(1902)刻本 五冊

130000－0442－0003109 03109

姑妄聽之四卷 （清）紀昀撰 清乾隆五十八年(1793)在園草堂刻本 四冊

130000－0442－0003110 03110

觚賸八卷 （清）鈕琇輯 清康熙三十九年

(1700)臨野堂刻本　　三冊

130000－0442－0003111　　03111

**古今詞選十二卷**　（清）沈時棟撰　　清康熙五
十三年(1714)刻本　　四冊

130000－0442－0003112　　03112

**古今通韻十二卷**　（清）毛奇齡撰　　清康熙二
十三年(1684)刻本　　八冊

130000－0442－0003113　　03113

**古今萬姓統譜一百四十卷歷代帝王姓系統譜
六卷氏族博考十四卷**　（明）凌迪知輯　　（明）
吳京校　明萬曆七年(1579)刻本　　三十二冊

130000－0442－0003114　　03114

**古今僞書考一卷**　（清）姚首源著　　清光緒三
年(1877)刻本　　二冊

130000－0442－0003115　　03115

**古今僞書考一卷**　（清）姚首源著　　清光緒三
年(1877)蘇州文學山房刻本　　一冊

130000－0442－0003116　　03116

**古今僞書考一卷**　（清）姚首源著　　清光緒三
年(1877)蘇州文學山房刻本　　二冊

130000－0442－0003117　　03117

**古今文字通釋十四卷**　（清）呂世宜撰　　清光
緒五年(1879)刻本　　八冊

130000－0442－0003118　　03118

**古今文字通釋十四卷附愛吾廬題跋一卷**
（清）呂世宜撰　　（清）莊中正校　　（清）龍溪
林校刊　清光緒五年(1879)刻本　　八冊

130000－0442－0003119　　03119

**古今韻會舉要三十卷**　（宋）黃公紹編　　（宋）
熊忠舉要　清光緒十二年(1886)刻本　　十冊

130000－0442－0003120　　03120

**古今韻略五卷**　（清）邵長蘅纂　　清康熙三十
五年(1696)刻本　　五冊

130000－0442－0003121　　03121

**古今中外音韻通例一卷**　（清）胡垣撰　　清光
緒十二年(1886)刻本　　四冊

130000－0442－0003122　　03122

**古經解鉤沉三十卷**　（清）余蕭客撰　　清光緒
二十一年(1895)刻本　　八冊

130000－0442－0003123　　03123

**古經解彙函十六種一百二十八卷附小學彙函
十四種一百五十卷**　（清）鍾謙鈞等輯　　清同
治十二年(1873)刻本　　六十五冊

130000－0442－0003124　　03124

**古經解彙函三十種二百八十三卷續附十種三
十八卷**　　（清）鍾謙鈞輯　　清光緒十四年
(1888)上海蜚英館石印本　　十九冊　缺二十
七卷(說文解字六至十四、說文繫傳一至十
八)

130000－0442－0003125　　03125

**古均閣遺箸三卷**　（清）許槤撰　　清光緒十四
年(1888)平湖徐惟琨刻本　　一冊

130000－0442－0003126　　03126

**古均閣遺箸三卷**　（清）許槤撰　　清光緒十四
年(1888)平湖徐惟琨刻本　　一冊

130000－0442－0003127　　03127

**古列女傳八卷**　（漢）劉向撰　　（明）黃魯曾贊
　　清光緒三年(1877)湖北崇文書局刻本　　四
冊

130000－0442－0003128　　03128

**古聖賢像傳略十六卷**　（清）顧沅輯　　清道光
六年(1826)刻本　　六冊

130000－0442－0003129　　03129

**古聖賢像傳略十六卷**　（清）顧沅輯　　清道光
十年(1830)刻本　　六冊

130000－0442－0003130　　03130

**古詩歸十五卷**　（明）鍾惺　　（明）譚元春輯
明刻本　　四冊

130000－0442－0003131　　03131

**古詩歸十五卷**　（明）鍾惺　　（明）譚元春輯
明萬曆四十五年(1617)刻本　　六冊

130000－0442－0003132　　03132

**古詩源十三卷**　（清）沈德潛選　　清光緒十七

年(1891)思賢書局刊本　四冊

130000－0442－0003133　03133

**古詩源十四卷**　（清）沈德潛輯　清康熙五十八年(1719)刻本　四冊

130000－0442－0003134　03134

**古詩源十四卷**　（清）沈德潛輯　清康熙五十八年(1719)刻本　六冊

130000－0442－0003135　03135

**古唐詩合解十二卷古詩合解四卷**　（清）王堯衢注　清道光十年(1830)刻本　六冊

130000－0442－0003136　03136

**古唐詩合解十二卷古詩合解四卷**　（清）王堯衢注　清刻本　六冊

130000－0442－0003137　03137

**古微堂集內集三卷外集七卷**　（清）魏源撰　清光緒四年(1878)淮南書局刻本　四冊

130000－0442－0003138　03138

**古微堂集內集三卷外集七卷**　（清）魏源撰　清光緒四年(1878)淮南書局刻本　四冊

130000－0442－0003139　03139

**古微堂集內集三卷外集七卷**　（清）魏源撰　清光緒四年(1878)淮南書局刻本　四冊

130000－0442－0003140　03140

**古文辯體四卷**　（清）張炘編　（清）屠之申注　清道光二年(1822)刻本　二冊

130000－0442－0003141　03141

**古文詞略二十四卷**　（清）梅曾亮編　清同治六年(1867)合肥李氏刻本　五冊

130000－0442－0003142　03142

**古文詞略二十四卷**　（清）梅曾亮編　清同治六年(1867)合肥李氏刻本　五冊

130000－0442－0003143　03143

**古文辭類纂七十五卷**　（清）姚鼐纂　清光緒二十七年(1901)李氏求要堂刻本　十二冊

130000－0442－0003144　03144

**古文辭類纂七十四卷**　（清）姚鼐纂　清同治

八年(1869)江蘇書局刻本　十二冊

130000－0442－0003145　03145

**古文辭類纂七十四卷**　（清）姚鼐纂　**續古文辭類纂三十四卷**　王先謙纂　清光緒十九年(1893)刻本　二十冊

130000－0442－0003146　03146

**古文辭類纂七十四卷**　（清）姚鼐纂　清光緒三十年(1904)商務印書館刻本　八冊

130000－0442－0003147　03147

**古文辭類纂七十四卷**　（清）姚鼐纂　**續古文辭類纂三十四卷**　王先謙纂　清光緒三十三年(1907)石印本　十二冊

130000－0442－0003148　03148

**古文辭類纂十五卷續十卷**　（清）姚鼐纂　清光緒二十四年(1898)石印本　十冊

130000－0442－0003149　03149

**古文觀止十二卷**　（清）吳承權　（清）吳大職編　清康熙三十四年(1695)鉛印本　六冊

130000－0442－0003150　03150

**古文尚書攷二卷**　（清）惠棟撰　清乾隆五十七年(1792)刻本　一冊

130000－0442－0003151　03151

**古文審八卷**　（清）劉心源撰　清光緒十七年(1891)嘉魚劉氏龍江樓刻本　四冊

130000－0442－0003152　03152

**古文四聲韻五卷**　（宋）夏竦撰　清乾隆四十四年(1779)刻本　四冊

130000－0442－0003153　03153

**古文四聲韻五卷附錄一卷**　（宋）夏竦撰　清光緒八年(1882)刻本　四冊

130000－0442－0003154　03154

**古文雅正十四卷**　（清）蔡世遠評選　清同治七年(1868)湘鄉曾氏刻本　八冊

130000－0442－0003155　03155

**古文淵鑑六十四卷**　（清）徐乾學編　清康熙二十四年(1685)刻本　三十六冊

130000－0442－0003156　03156

**古文淵鑑六十四卷**　（清）徐乾學編　清康熙二十四年(1685)刻本　二十四冊

130000－0442－0003157　03157

**古文淵鑑六十四卷**　（清）徐乾學編　清康熙二十四年(1685)刻四色套印本　二十二冊缺七卷(五至八、十七至十九)

130000－0442－0003158　03158

**古文約選不分卷**　（清）允禮編　清雍正十一年(1733)刻本　十六冊

130000－0442－0003159　03159

**古香齋鑒賞袖珍初學記三十卷**　（唐）徐堅等撰　清刻本　十二冊

130000－0442－0003160　03160

**古香齋新刻袖珍淵鑑類函四百五十卷**　（清）張英等撰　清同治十三年(1874)刻本　一百六十冊

130000－0442－0003161　03161

**古逸叢書二十六種**　（清）黎庶昌輯　清光緒十年(1884)遵義黎氏日本東京使署影刻本四十九冊

130000－0442－0003162　03162

**古音類表九卷**　（清）傅壽彤撰　清光緒二年(1876)刻本　四冊

130000－0442－0003163　03163

**古音獵要五卷附錄一卷古音複字五卷**　（明）楊慎撰　（清）李調元校　清刻本　二冊

130000－0442－0003164　03164

**古音諧八卷首一卷**　（清）姚文田撰　清道光二十六年(1846)刻本　四冊

130000－0442－0003165　03165

**古玉圖考一卷**　（清）吳大澂撰　清光緒十五年(1889)石印本　四冊

130000－0442－0003166　03166

**古韻標準四卷**　（清）江永編　清乾隆六十年(1795)刻本　一冊

130000－0442－0003167　03167

**古韻標準四卷首一卷**　（清）江永編　清乾隆三十六年(1771)刻本　四冊

130000－0442－0003168　03168

**古韻發明不分卷**　（清）張畊撰　清道光六年(1826)刻本　三冊

130000－0442－0003169　03169

**古韻論三卷**　（清）胡秉虔撰　清光緒二年(1876)世澤樓刻本　一冊

130000－0442－0003170　03170

**古韻溯源八卷**　（清）安念祖　（清）華湛恩輯　清道光十九年(1839)親仁堂刻本　四冊

130000－0442－0003171　03171

**古韻通說二十卷**　（清）龍啟瑞撰　清光緒九年(1883)刻本　四冊

130000－0442－0003172　03172

**古籀拾遺三卷**　（清）孫詒讓撰　清光緒十四年(1888)刻本　三冊

130000－0442－0003173　03173

**顧端文公遺書十四種六十三卷**　（明）顧憲成撰　清光緒三年(1877)刻本　十四冊

130000－0442－0003174　03174

**顧千里年譜二卷**　（清）趙詒琛撰　清同治十一年(1872)刻本　二冊

130000－0442－0003175　03175

**顧氏四十家小說四十種四十三卷**　（明）顧元慶編　清宣統三年(1911)鉛印本　八冊

130000－0442－0003176　03176

**顧氏音學五書三十八卷**　（清）顧炎武撰　清刻本　八冊

130000－0442－0003177　03177

**顧氏音學五書三十八卷**　（清）顧炎武撰　清光緒十六年(1890)思賢講舍刻本　十二冊

130000－0442－0003178　03178

**顧氏音學五書三十八卷附答李子德書一卷**（清）顧炎武撰　清康熙刻本　十二冊

130000－0442－0003179　03179

顧亭林先生年譜一卷　（清）張穆編　清道光
二十四年(1844)刻本　一冊

130000－0442－0003180　03180

顧亭林先生詩箋注十七卷校補一卷　（清）徐
嘉輯　清光緒二十三年(1897)刻本　六冊

130000－0442－0003181　03181

顧亭林先生遺書十種二十七卷　（清）顧炎武
撰　清光緒三十二年(1906)刻本　八冊

130000－0442－0003182　03182

關中金石記八卷　（清）畢沅撰　（清）焦興儒
校　清光緒三十四年(1908)嚴氏刻本　四冊

130000－0442－0003183　03183

觀復堂稿略一卷　（明）朱集璜著　清光緒二
十六年(1900)刻本　一冊

130000－0442－0003184　03184

觀古堂彙刻書二十二種五十六卷　葉德輝撰
　清光緒二十八年(1902)湘潭葉氏刻本　十
六冊

130000－0442－0003185　03185

觀古堂所著書十七種　葉德輝撰　清光緒二
十八年(1902)湘潭葉氏刻本　十六冊

130000－0442－0003186　03186

觀象居詩鈔二卷　（清）陳蘭瑞撰　清道光二
十三年(1843)刻本　一冊

130000－0442－0003187　03187

管城碩記三十卷　（清）徐文靖著　清乾隆九
年(1744)刻本　十二冊

130000－0442－0003188　03188

管子地員篇注四卷　（清）王紹蘭著　（清）胡
燏棻校刊　清光緒十七年(1891)寄虹山館刻
本　四冊

130000－0442－0003189　03189

管子二十四卷　（唐）房玄齡注　（明）劉績補
　清光緒二十九年(1903)新政書局鉛印本
二冊　存十二卷(一至十二)

130000－0442－0003190　03190

貫華堂才子書彙稿十種　（清）金人瑞撰　清
宣統二年(1910)鉛印本　四冊

130000－0442－0003191　03191

廣東考古輯要四十六卷　（清）周廣輯　清光
緒十九年(1893)刻本　十冊

130000－0442－0003192　03192

廣東文選十卷　（清）屈大均輯　清康熙二十
六年(1687)刻本　十冊

130000－0442－0003193　03193

廣東新語二十八卷　（清）屈大均撰　清康熙
三十九年(1700)水天閣刻本　十冊

130000－0442－0003194　03194

廣東新語二十八卷　（清）屈大均撰　清康熙
三十九年(1700)文匯堂刻本　十冊

130000－0442－0003195　03195

廣廣事類賦三十二卷　（清）吳世旃撰　（清）
吳學洙參訂　清道光三十年(1850)刻本　六
冊

130000－0442－0003196　03196

廣漢魏叢書八十種　（明）何允中輯　明萬曆
二十年(1592)刻本　九十六冊

130000－0442－0003197　03197

廣列女傳二十卷　（清）劉開撰　清光緒十年
(1884)皖城俞樾刻本　六冊

130000－0442－0003198　03198

廣列女傳二十卷　（清）劉開撰　清同治八年
(1869)刻本　六冊

130000－0442－0003199　03199

廣陵詩事十卷　（清）阮元撰　清光緒十六年
(1890)刻本　二冊

130000－0442－0003200　03200

廣陵通典十卷　（清）汪中撰　清同治八年
(1869)揚州書局刻本　二冊

130000－0442－0003201　03201

廣續方言四卷　（清）程先甲撰　清光緒二十
三年(1897)刻本　二冊

130000－0442－0003202　03202

廣雅書局叢書一百五十七種　（清）廣雅書局輯　清光緒刻本　一百十二冊　存七十五種四百一卷[新舊唐書互證二十卷,續唐書七十卷,後漢書辨疑十一卷,續漢書辨疑九卷,後漢書注又補一卷,後漢書注補正八卷,後漢書補注續一卷,前漢書注攷證一卷,後漢書注攷證一卷,補三國疆域志二卷,小爾雅訓纂六卷,三國紀年表一卷,大戴禮記解詁十三卷,國語翼解六卷,學詁齋文集二卷,白田草堂存稿八卷,句溪雜著六卷,毛詩天文攷一卷,親屬記二卷,韓詩補注一卷,爾雅補註殘本一卷,輪輿私箋二卷,釋名疏證八卷,續釋名一卷、校議一卷、補遺一卷,釋穀四卷,宋史藝文志補一卷,補三史藝文志一卷,補後漢書藝文志四卷,禹貢班義述三卷,史表功比說一卷,漢書西域傳補注二卷,漢志水道疏證四卷,史記天官書補目一卷,史記月表正譌一卷,金史詳校十卷、首一卷、末一卷,後漢書補表八卷,補續漢書藝文志一卷,史記毛本正誤一卷,後漢三公年表一卷,後漢郡國令長攷一卷,五代紀年表一卷,宋遼金元四史朔閏攷二卷,楚漢諸侯疆域志三卷,史記注補正一卷,少室山房筆叢四十八卷,詩藪十六卷,東晉疆域志四卷,三國志補注續一卷,補晉兵志一卷,新校晉書地理志一卷,三國志注證遺四卷,補四卷,晉太康三年地記一卷,王隱晉書地道記一卷,晉書地理志新補正五卷,補梁疆域志四卷,十六國春秋纂錄校勘記一卷,宋州郡志校勘記一卷,補宋書刑法志一卷,補宋書食貨志一卷,晉宋書故一卷,晉書校勘記五卷,晉書校勘記三卷,補三國藝文志四卷,東塾遺書水經註西南諸水攷三卷、弧三角平視法一卷、摹印述一卷(缺三統術詳說),史漢駢枝一卷,先聖生卒年月日攷二卷,三國志辨疑三卷,補遼金元藝文志一卷,補五代史藝文志一卷,詩集傳附釋一卷,吳氏遺著五卷、附錄一卷,劉氏遺書八卷,漢書辨疑十一卷,儀禮私箋八卷,三國志攷證八卷,陳司業遺書掌錄二卷]

130000－0442－0003203　03203
廣雅疏證補正十卷　（清）王念孫撰　清光緒二十六年(1900)黃氏借竹宦刻本　一冊

130000－0442－0003204　03204
廣雅疏證十卷附博雅音十卷　（清）王念孫撰　清光緒五年(1879)淮南書局刻本　八冊

130000－0442－0003205　03205
廣雅疏證十卷附博雅音十卷　（清）王念孫撰　清光緒五年(1879)淮南書局刻本　八冊

130000－0442－0003206　03206
歸震川先生全集三十卷別集十卷　（明）歸有光撰　（清）歸莊校勘　（清）歸玠編　清光緒元年(1875)常熟歸氏刻本　十二冊

130000－0442－0003207　03207
癸巳存稿十五卷　（清）俞正燮撰　清光緒十年(1884)刻本　六冊

130000－0442－0003208　03208
癸巳類稿十五卷　（清）俞正燮撰　清光緒五年(1879)刻本　十二冊

130000－0442－0003209　03209
癸巳類稿十五卷　（清）俞正燮撰　清道光十六年(1836)刻本　八冊

130000－0442－0003210　03210
癸巳類稿十五卷　（清）俞正燮撰　清道光十六年(1836)求日益齋刻本　八冊

130000－0442－0003211　03211
貴池二妙集五十一卷　（明）吳應箕　（明）劉城撰　（明）劉世珩編　清光緒二十六年(1900)刻本　十冊

130000－0442－0003212　03212
郭氏傳家易說十一卷總論一卷　（宋）郭雍撰　清同治十三年(1874)江西書局刻本　八冊

130000－0442－0003213　03213
廣雅十卷　（三國魏）張楫撰　（隋）曹憲音　清刻本　一冊

130000－0442－0003214　03214
大宋重修廣韻五卷　（隋）陸法言撰　（唐）長孫訥言箋注　（清）湯金鑄校　清光緒十四年(1888)刻本　六冊

130000－0442－0003215　03215

大宋重修廣韻五卷　（宋）陸法言撰　（宋）長孫納言箋注　（清）廖廷相校　清光緒刻本　六冊

130000－0442－0003216　03216

茶山集八卷　（宋）曾幾撰　清乾隆四十一年（1776）武英殿聚珍版木活字印本　二冊

130000－0442－0003217　03217

春秋釋例十五卷　（晉）杜預撰　清道光活字印本　七冊　存十卷（一至十）

130000－0442－0003218　03218

方言注十三卷　（漢）揚雄撰　（晉）郭璞注　清乾隆四十四年（1779）活字印本　三冊

130000－0442－0003219　03219

春秋左傳注疏六十卷附考證　（晉）杜預注　（唐）陸德明音義　（唐）孔穎達疏　清乾隆四年（1739）刻本　二十冊

130000－0442－0003220　03220

春秋公羊傳注疏二十八卷附考證　（漢）何休學　（唐）陸德明音義　清乾隆四年（1739）刻本　八冊

130000－0442－0003221　03221

說文解字篆韻譜五卷　（五代）徐鉉述　清錦州李氏刻本　二冊

130000－0442－0003222　03222

御纂七經　清同治十一年（1872）江西書局重修本　一百八冊　存四種一百六十二卷（欽定詩經傳說彙纂二十一卷、首二卷、詩序二卷，欽定春秋傳說彙纂三十八卷，欽定儀禮義疏四十八卷、首二卷，欽定周官義疏四十八卷、首一卷）

130000－0442－0003223　03223

九通　清光緒二十七年（1901）上海圖書集成局鉛印本　一百八十三冊　存五種一千三百九十三卷（欽定續文獻通考二百五十卷，欽定續通典一百五十卷，欽定續通志六百四十卷，通志二百卷、附考證三卷，文獻通考一至六十、二百二十五至三百十四）

# 書名筆畫字頭索引

# 六畫

# 七畫

## 八畫

157

# 十畫

# 十一畫

# 十二畫

# 十三畫

163

164

# 書名筆畫索引

166

# 四畫

168

# 五畫

171

172

# 六畫

# 七畫

# 九畫

184

# 十畫

# 十一畫

# 十三畫

198

# 十五畫

204

# 十八畫

# 十九畫